Geest-Verlag
Verlag für engagierte Literatur

Bittersüße Wirklichkeiten

Anthologie von Menschen
mit Behinderung
in zwei Bänden

Band 2 L – Z

Herausgegeben von Marianne Behechti,
Linda Daum, Doris Egger, Kira Flieder,
Inge Witzlau und Alfred Büngen

Bittersüße Wirklichkeiten
Anthologie von Menschen mit Behinderung

Band 2 L – Z

Herausgegeben von Marianne Behechti,
Linda Daum, Doris Egger, Kira Flieder,
Inge Witzlau und Alfred Büngen

Geest-Verlag 2022

© 2022 Geest, Vechta
Lange Straße 41 a, 49377 Vechta-Langförden
Tel. 04447/856580
Geest-Verlag@t-online.de
www.Geest-Verlag.de

Druck: Geest-Verlag
Alle Rechte vorbehalten

ISBN 978-3-86685-896-1
Printed in Germany

Inhalt

ALFRED BÜNGEN
Bittersüße Wirklichkeiten

2021 sollte der Wettbewerb unter oben angeführtem Titel für Menschen mit Behinderungen bereits abgeschlossen sein. Doch Corona machte alle Planungen zunichte, deshalb erscheint das Buch mit allen von der Jury ausgewählten Beiträgen erst 2022. Von seiner Aktualität und Brisanz hat es dabei nichts eingebüßt. Davon zeugt unter anderem die großartige Beteiligung.

Mehr als 500 AutorInnen aus Deutschland, Österreich, der Schweiz, Georgien und Italien mit den unterschiedlichsten Beeinträchtigungen nahmen mit ihren Beiträgen teil. Körperliche oder psychische Beeinträchtigung – der jeweilige Beitrag wurde nicht kategorisiert, alle Texte gingen in die Wertung der Jury ein. 206 Autorinnen und Autoren schafften es mit ihren Gedichten, Erzählungen, Briefen und Beschreibungen in die Anthologie. Das heißt nicht, dass die anderen Beiträge ungeeignet waren. Jeder einzelne eingegangene Text war authentisch und ein wesentlicher Bericht über bittersüße Realitäten des Lebens. Dennoch musste ausgewählt werden, auch konnten etwa inhaltlich Wiederholungen dadurch vermieden werden.

Einige Texte wurden – wie angekündigt – von der Jury als Siegerbeiträge besonders ausgezeichnet.

Mit dem großen Engagement einer Autorin ohne Behinderung war es möglich, eine umfangreiche Anthologie in zwei Bänden zu finanzieren, sodass mehr Autorinnen und Autoren in die Veröffentlichung aufgenommen werden konnten, als ursprünglich geplant. Dafür sei der Spenderin unser herzlicher Dank ausgesprochen!

Es bleibt zu hoffen, dass auch diese Anthologie – wie schon die zwei Vorgängeranthologien – auch Menschen ohne Behinderung Einblicke in die Besonderheiten des hier publizierten Personenkreises gibt, auch Einblicke in den besonderen Mut, gegen ihre jeweiligen Schwierigkeiten anzukämpfen. Insbesondere Corona mit den sozialen Isolierungen stürzte viele Menschen noch einmal in eine besondere Problematik.

Es würde uns freuen, wenn die beiden Bände mit zahlreichen Lesungen, auch durch die AutorInnen selbst, erweiterte Verbreitung finden würden.

Unser Dank gilt allen teilnehmenden Autorinnen und Autoren, der Jury und allen Helferinnen und Helfern, die die Herausgabe dieser umfangreichen Anthologie möglich gemacht haben.

MICHAEL LAMMER, BENSHEIM
DU

Du bist nicht da, ich vermisse dich
Mein Dasein ohne dich ist nicht Fleisch, nicht Fisch
Mein Herz ist dafür gemacht, um zu zerbrechen
Mein Verstand lässt sich nicht mehr ansprechen
Meine Flugzeuge hatten Totalschaden im Bauch
Aber jetzt quillt aus meinen Ohren weißer Rauch
Denn meine Augen haben dich wieder gesehen
Meine Nase hat dich wieder gerochen
Meine Organe tanzen euphorisch Rock 'n' Roll
Mein ganzer Körper ist von Liebe voll

MICHAEL LAMMER, BENSHEIM
ZEIT:

Zeit zu leben, Zeit zu sterben
Zeit für Neues, Zeit für Scherben
Zeit zu lachen, Zeit zu weinen
Zeit für viele, Zeit für keinen
Zeit zu hoffen, Zeit zu bangen
Zeit für Gebisse, Zeit für Spangen
Zeit zu lieben, Zeit zu leiden
Zeit zu heiraten, Zeit zu scheiden
Zeit für große Feste, Zeit für dich allein
Zeit für Reisen, Zeit für daheim
Zeit für zu früh, Zeit für zu spät
Zeit die vergeht, das ist die Zeit, die sich dreht
Zeit, um neue Wege zu gehen.
Zeit, um Träume zu leben,
Zeit, um Liebe zu geben.
Zeit, um Schmerz zu vergessen,
Zeit, sich an neuen Dingen zu messen.
Zeit, keine Ausreden mehr zu erfinden
Zeit, seine sea legs zu finden.
Zeit, meine Angst zu besiegen,
Zeit, den Moment zu leben und Zeit, mein Leben zu lieben.

ANDREA LAUER, NAUEN
Schneewittchens Sargdeckel

Ich bleibe hier. Immer. Ich liege. Tag um Tag um Tag liege ich im Bett. Ich schaue an die Decke. Ein Scherzkeks hat eine Glasscheibe eingelassen. Frank heißt der Scherzkeks. Frank ist mein Bruder. Frank reist und reist und reist. Immer. Um die ganze Welt. Mit dem Flieger, wie er salopp sagt. Und weil ich eben nicht reise, sondern liege, hat er mich kurzerhand in ein Heim verlegen lassen. Hat das Dach abgetragen und stattdessen eine Glasplatte obendrauf gelegt. Wie der Deckel auf Schneewittchens Sarg. Nur, dass ich keinen Apfel verschluckt habe, sondern jede Menge Wasser. Mein Personal war dann öfter auf dem Dach als in meinem Zimmer. So ein Dach ist ja auch nicht ständig schlecht gelaunt, sagt Frank, und recht hat er. So ein Dach zahlt aber auch nicht halb so gut wie Frank, also kommen die Leute jetzt wieder an mein Bett und lesen mir vor. Alles, was sie zwischen die Finger kriegen. Die Bild. Die Bravo. Den Duden. Den Brockhaus. Die Bibel. Und Mickey Mouse. Sie glauben, ich kriege nichts mit. Sie lesen nur wegen Franks Kamera. Wenn ich je wieder hier rauskomme, hab ich ein derart gefährliches Halbwissen, dass ich in einer Talkshow auftreten und es meinem Bruder heimzahlen kann. Mein Leben lang werde ich in Saus und Braus leben. Und das nur wegen einer Kamera, die mein Bruderherz hat einbauen lassen, um das Personal zu überwachen. Die Kamera, wegen der ich mich nicht traue, in der Nase zu bohren. Gut, das kann ich nicht, aber die potenzielle Möglichkeit, die zählt. Ich liege. Sehe in den Himmel. Jeden Tag. Möchte ihn einmal kennenlernen, den Himmel, einmal zu ihm auffliegen, mich vorstellen, wo ich ihn doch nun schon immerzu anstarre. Heute ist er verdeckt. Verdeckt, nicht bewölkt. Ich liege. Sehe gen Himmel, der heute so ganz und gar unvertraut scheint. Ich sehe dem Mann zu, der sich bemüht, den Sargdeckel, in dem mein Bruder den Zugang zur Welt erkennen will, sauber zu bekommen. Bekommt er nicht. Jedenfalls nicht so, dass Frank zufrieden wäre. Wir sind halt eine Familie mit Ansprüchen. Frank will, dass die Leute für ihr Geld anständig arbeiten. Ich will unbeobachtet in der Nase bohren können. Potenziell. Nach dem zweiten Anschiss legt der Mann sich richtig ins Zeug, genauer: auf die Glasplatte. Seine Haut auf dem Glas erinnert mich an die Nase meines Bruders, die er als Kind am Küchenfenster platt gedrückt hat. Das wird so nichts, denke ich, und recht habe ich. Frank sieht das auch so. Er geht raus, brüllt gen Himmel, er möge verdammt noch mal da runterkommen. Und der Mann, der mir klare Sicht bringen sollte, liefert den Klassiker. Er steht auf, als wäre die Platte zum Stehen, nicht zum Gucken gemacht. Ich höre es knirschen, noch bevor ich das Glas reißen sehe. Es kommt, wie es kommen muss, das Arrangement bricht zusammen, der Mann landet auf mir, liegt reglos wie ein Liebender, atmet fünf Atemzüge, tief, als sei er froh, sich noch atmen zu hören. Stemmt sich auf. Sieht mir in die Augen, bemerkt das Meeresblau. Erst sind die Strudel meiner Iris noch klein, dann größer, und ich lasse sie gewähren, als sie den Mann vom Dach einsaugen. Der Mann dreht sich und dreht sich schneller, taucht ein in mein Augenmeer. Seine Hand, die an der linken Taille, gleitet höher, am Brustkorb vorbei, beinahe, aber eben nur beinahe, erfasst sie meinen Busen, der sich in Erwartung eben jener Berührung strafft. Mein Bruder stürmt zur Tür herein. Schreit, der Idiot solle sofort, wobei er das Wort sofort großbuchstabig ausspricht, von mir runterklettern. Der eine

Trottel hört auf den anderen, rollt von mir und beginnt, knallrot im Gesicht, die Scherben einzusammeln.
Lass das!
Frank nimmt ihm das Gesammelte aus der Hand, streckt den Zeigefinger samt Arm in Richtung Tür. Auf Wiedersehen.
Schön wäre es, denke ich.

Manchmal fühlt es sich so an ...

Wenn ich zu schreiben beginne, dann werfe ich meistens erst einen Blick auf das Wetter, obwohl ich spüre, dass ich heute wieder nicht nach draußen gehen werde. Mich interessieren der Himmel, seine Farbe, die Bewegung der Wolken, auch die der grauen, tief hängenden. Fast ist ein Tag, an dem die Sonne scheint, noch schwerer auszuhalten als Regen und Sturm. Die warmen Strahlen und die von vielen als so erholsam beschriebene frische Luft sind kraftlos in meinen Augen. Ich verkrieche mich in meiner Wohnung. Eine endlose Müdigkeit begleitet mich. Es kommt vor, dass ich sogar tagsüber einschlafe, was früher undenkbar war. Abends hingegen, wenn ich zu Bett gehe, fange ich an zu grübeln. Oder ich spüre so eine Art Schwärze hinter meinen Augen, die an vergangene Zeiten erinnert, in denen ich unsagbar traurig war. Das zog sich über Jahre hinweg. Ich frage mich heute, wie ich das überhaupt so lange aushalten konnte.

Der Weg zu einer Art innerem Frieden führte durch mehrere Psychosen. Das habe ich nicht bereut, denn ich konnte dadurch viele Erfahrungen sammeln. Ich bin zäh, aber vor allem finde ich immer einen Grund zum Lachen. Im Alltag gibt es so zahlreich komische Situationen. Ich erinnere mich an einen Tag im damaligen Psychiatrischen Landeskrankenhaus Wiesloch, an dem mir das Lachen irgendwo ganz tief stecken geblieben war. Das gehörte zu den schlimmsten Tagen, die ich, mich selbst betreffend, erlebt habe. Dagegen ist diese Unfähigkeit, den Alltag zu bewältigen, zwar entmutigend, aber nicht unlösbar. Ich versuche, gut zu mir zu sein. Dazu gehört auch, diese Schwächen auszuhalten und mir Verständnis entgegenzubringen. Gleichzeitig weiß ich natürlich, dass es mir besser geht, wenn ich handlungsfähig bin. Manchmal mache ich mir eine Liste, die ich nach und nach abarbeite. Damit trickse ich mich aus und bin am Abend zufriedener. Gegen die Müdigkeit anzukommen, ist jedoch nicht immer möglich. Ich schiebe das nicht auf die Psychopharmaka. Das wäre zu einfach. Es ist das Leben selbst, das oft an der Kraft zehrt. Ich habe viele Freunde, die keine psychische Krankheit haben und mit denen ich viele schöne Momente verbringe. Aber wenn ich mich dummerweise mit ihnen vergleiche, dann ergeben die 50 % Eingeschränktheit auf meinem Behindertenausweis schon einen Sinn. Ich habe Stress in Alltagssituationen, die andere gar nicht wahrnehmen würden. Darüber redete ich schon und traf auf viel Verständnis. Manche Dinge darf ich dann „auf meine Weise" angehen. Zudem habe ich das Glück, bei bestimmten Schwierigkeiten Hilfe zu bekommen. Mit meiner Müdigkeit bin ich jedoch allein.

Neulich waren wir zu viert am Meer und haben gepicknickt. Ich saß auf einer Bank, und der Blick zu den Inseln im Golf du Morbihan war schön. Dennoch fühlte ich mich vollkommen erschöpft. Ich hätte mich am liebsten hingelegt. Im Augenblick kann ich nicht sagen, was diese Phase zu bedeuten hatte. Vielleicht mache ich zu wenig Sport. Während der Ausgangssperre in Frankreich sind die Sportstätten geschlossen. Mein Karatetrainer hat jedoch eine Möglichkeit gefunden, dennoch Kurse zu geben. Qi Gong und Karate finden auf einem Parkplatz an der frischen Luft statt. Eigentlich eine gute Sache, aber ich bin im Moment nicht sehr motiviert. Der Weg dorthin ist mir zu weit. Dabei stehen ein VW-Käfer und ein Fahrrad in der Garage. Auch eine Busverbindung, die allerdings etwas umständlich ist, könnte die Lösung sein. Eine Zeit lang bot mein Trainer

Online-Kurse an. Da habe ich regelmäßig teilgenommen, insbesondere von Deutschland aus. Jetzt mache ich nur noch Internetmeditation. Das erweist sich als äußerst interessant, weil die Teilnehmer so unfassbare Gefühle haben. Ich bin dagegen eher nüchtern. Das muss ich wohl auch sein, denn starke Gefühle und schnelle Gedanken haben mich in die Psychosen geführt. Da gerät alles außer Kontrolle. Ich spürte starke Energieschübe in meinem Körper, was unter Medikation nicht auftritt. Meine rasenden Gedanken wurden von einer fremden Person gesteuert. Ich war meinem eigenen Tun ausgeliefert. Folglich tat ich Dinge, welche ich sonst nie „gewagt" hätte. Eigentlich ein interessanter Zustand. Im Gegensatz zu vielen anderen, die ich in der Psychiatrie kennengelernt hatte, konnte ich mich an unzählige Details dieser Periode erinnern. Das brachte mich auf die Idee, das Ganze aufzuschreiben. Ich nannte es „Die vierte Wirklichkeit ...", weil das die Ebene des Verrücktseins war, die mir am besten gefiel. Es handelt sich hierbei um den übersinnlichen Aspekt der Krankheit. Wir hatten Zugang zu paranormalen Fähigkeiten wie etwa Telepathie. Ich glaube, dass die Medikamente dieses Können blockieren. Jedenfalls wird es dadurch beeinträchtigt. Der unbewusste Sinn, der uns leitet, ist nicht mehr voll einsatzfähig, und man muss auf einfachere Ebenen zurückgreifen. Daran kann es liegen, dass das Leben weniger erfüllt ist, da man nicht die Begegnungen hat, die man sich erwünscht, oder die Arbeit findet, die einem Spaß macht.

Ich hatte eine Stelle als Koordinatorin für Medizinstudenten (ERASMUS) in Paris und war erstaunt, dass ich in der Lage war, Vollzeit zu arbeiten. Mein damaliger Psychiater meinte, ich sei stabil und die letzte Krise läge zehn Jahre zurück. Ein Medikament wurde abgesetzt, und ich wurde wieder krank. Dadurch, dass ich wusste, wie sich mein Krankheitsverlauf darstellte, war ich kaum beunruhigt, obwohl das Szenario in geschlossenen Einrichtungen eine gewisse Härte hat. Man wird mit Medikamenten vollgepumpt, weil die Ärzte nur ahnen können, was hilft. Der Bewegungsapparat ist eingeschränkt, und ich ging wieder einmal wie ein Roboter. Dann muss man damit klarkommen, dass man eingesperrt ist, obwohl man nichts verbrochen hat, außer krank zu sein. Das Personal in der Klinik verfügt über nur wenig Zeit, sodass man keine Wünsche vortragen kann. Also tauscht man sich mit den Mitpatienten aus, die auch in einer eigentümlichen Phase sind, d. h. herzlich, aggressiv oder abwesend den Tag verbringen. Ich saß meine Zeit ab. Nein, ich war eher aktiv. Ich erwies mich schon immer als Motor in schwierigen Lagen. Wenn ich ein Ziel habe, kann ich kämpfen. Doch in den „gesunden" Zeiten fehlt es meist an solchen. Ich hatte schon verschiedene Arbeitsstellen inne, aber nichts war von Dauer. Das hängt nicht nur mit der Krankheit zusammen, sondern auch mit einer gewissen Orientierungslosigkeit. Sicher, es gibt bestimmte Berufe, die ich krankheitsbedingt nicht ausüben kann. Ich zittere mehr oder weniger stark, was das sogenannte Parkinson-Syndrom ist – eine Nebenwirkung von Lithium. Manchmal kann ich mein Glas zum Trinken nur mit beiden Händen halten. Ich habe mich an solche Tage gewöhnt. Allerdings fällt das anderen Menschen auf, die sogar schon befürchtet haben, ich sei schwer krank. Unter „schwer krank" verstehe ich jedoch etwas anderes. Ich bin nicht in Lebensgefahr. Mein Körper funktioniert noch. Und Selbstmord gehört zu den Gedankenspielen, vor allem in der Jugendzeit, die fernab von der Realität waren. Wenn ich tot vor einem Zug liege, dann hat mich jemand gestoßen. Ich weiß nicht, weshalb ich das immer als Beispiel bringe. Vielleicht, weil in Paris ständig Metro-Unfälle waren. Die Metropole ist eine Stadt der Verzweiflung. Ich bin froh, dass ich nicht mehr dort lebe. Ich verbringe meine Zeit in Hessen und in der Bretagne. Vor ein paar Jahren habe ich mich selbstständig gemacht. Mein Beruf ist nunmehr das Schreiben. Ich verfasse für Internetplattformen Werbetexte, erledige die Korrespondenz von anderen, übersetze hin und wieder, schreibe Lyrik, Prosa, Kurzgeschichten und Tagebuch. Mein Verlag meint, meine Texte seien interessant oder originell, aber nicht wirklich vermarktbar. Dennoch glaube ich, dass ich einmal ein größeres Publikum erreichen werde, denn ich bin im Grunde ein optimistischer Mensch. Das betrifft auch die ganze Welt oder die Universen. Die Nachrichten sind immer schlecht. Beinahe überall herrscht Grauen. Eine Freundin von mir ist erfüllt von Sorge und Schmerz über das, was ist und was zu kommen scheint. Ich kann nicht genau sagen warum, aber ich glaube, dass die Welt viele Chancen hat. Möglicherweise hängt das damit zusammen, dass ich das Übersinnliche als gegenwärtig empfinde. Es gibt unglaubliche Kräfte, die positiv auf das Geschehen wirken können. Wenn man das Elend auf der Erde sieht, fällt es sicher schwer, an Lösungen zu glauben. Wichtig ist es, bei sich selbst anzufangen und dann den Schneeball ins Rollen zu bringen. Im Augenblick dreht sich beinahe alles um die Coronakrise. Die Menschen leiden nicht nur körperlich. Die Angst geht um. Oder die ständigen Lockdowns zehren an der Substanz. Viele psychische Erkrankungen treten auf. Ich bin davon nicht betroffen, mir geht es eigentlich wie immer. Mein Leben hat sich nicht einschneidend verändert, da ich wie gewohnt zu Hause arbeite und meine besten Freunde in der Nähe wohnen, sodass ich sie auch sehen kann, wenn der französische Staat die Bewegungsfreiheit einschränkt. Als aufwendig erweist sich das Reisen innerhalb Europas, als gäbe es keine offenen Grenzen mehr. Wenn es um die Freundschaft zwischen Frankreich und Deutschland geht, dann werde ich hellhörig, da sie mir sehr viel bedeutet. Die Vorstellung, sich nicht mehr frei bewegen zu können, ist mit Schmerz verbunden. Ich will nicht zurück in die Zeit, in der Feindschaft und Trennung vorherrschten. Von einer deutschen Eiche habe ich gedanklich Früchte mit in den Westen genommen und die kleinen Bäumchen sind stetig am Wachsen. Wenn ich hin- und herfahre, erzähle ich, wie alles gut gedeiht. Nun habe ich wieder ein paar Zeilen geschrieben. Das ist besser als jede Therapie. Ich bin weder müde noch unzufrieden über den vergangenen Tag. Im Vergleich zu den Menschen, die offiziell gesund sind, bin ich natürlich sehr langsam in meinem Tun. Ich würde bestimmt den schnellen Rhythmus der heutigen Gesellschaft nicht aushalten. Daher bin ich froh, dass ich im Schreiben eine Nische gefunden habe, in der ich Anerkennung erhalte und mich gleichzeitig wohlfühlen kann. Wenn auch manche Phasen schwierig sind, bin ich dennoch auf dem richtigen Weg. Gesund werden kann ich wohl nicht, aber manchmal fühlt es sich so an, als wäre ich es.

MONIKA LAUPUS, BAD HOMBURG

Niemals aufgeben

Geträumt
den blauen Planeten in sich zu spüren
mit sonnengelben Gedankenblitzen zu reisen
Gelandet
vom Fliegen
durch die Universen
auf den harten Asphaltboden der ersten Wirklichkeit
Gewesen
weit über den schwebenden Wolken
nach vielen Jahren des Kriechens
durch ein finsteres Tal voller Traurigkeit
Gefangen
hinter verschlossenen Sicherheitstüren
Gerissen
in eine gesunde, seelische Welt
mit farbenfrohen Psychopharmaka-Pillen
Gezwungen
zu bleiben über Wochen und Monate
Gedürstet
nach Freiheit
Genötigt
dem Geist Ruhe zu geben
Gequält
durch Langeweile und Hilflosigkeit
Geraucht
in Gedanken

Doch niemals aufgegeben
Hoffnungsvoll
einen Fuß vorsichtig vor den anderen gesetzt
Sich durch einen Tunnel gegraben
nach draußen
in die Sonne
ins Licht
ins Leben

JOHANNA LEITSCHUH, RENDSBURG
Eine bittere Zeit, die mein Leben versüßte

Für viele Menschen dürfte es sich toll anhören, 10 Wochen Urlaub zu haben. 10 Wochen keine Arbeit, 10 Wochen keine Pflichten, kein frühes Aufstehen, nur faulenzen und das tun, worauf man gerade Lust hat. 10 Wochen Zwangsurlaub hört sich da schon bedeutend negativer an. Vielleicht könnte einem langweilig werden, man könnte die Kollegen vermissen. Wenn dann alle Läden, Cafés und sogar die Kinos nicht aufhaben, könnte man wirklich sagen, dass das eine ganz schön lange Zeit ist. Aber warum sollte es dazu kommen? Noch vor zwei Jahren wäre niemand auch nur auf die Idee gekommen. Dann kam Corona und alles veränderte sich. Irgendwo in China entstand ein Virus, das sich rasend schnell verbreitete und von dem anfangs niemand dachte, dass daraus mal eine weltweite Pandemie werden würde.

Es war ein ganz normaler Montagmorgen im März. Die Vögel zwitscherten wie immer, die Blumen blühten und die Sonne leistete ganze Arbeit. Ich war, ebenfalls wie immer, früh aufgestanden, hatte geduscht und mich für die Arbeit fertig gemacht. Bevor ich mit dem Bus zur Arbeit fuhr, holte ich wie jeden Tag meine Medikamente im Büro bei den Betreuern ab. Von Corona hatten wir mittlerweile alle gehört, es war der erste Tag, an dem die Schulen nicht mehr öffnen durften. Die Verunsicherung war groß, auch bei mir. Es stellten sich viele Fragen und es gab nur wenige Antworten. Um mich selbst machte ich mir wenig Sorgen, immerhin bin ich körperlich gesund, aber für einige meiner Mitbewohner wäre so eine Corona-Infektion vermutlich sehr gefährlich. Jedenfalls musste ich an diesem ganz normalen Montagmorgen mit meinem

Betreuer ziemlich diskutieren, ob ich überhaupt zur Arbeit fahren konnte. Schlussendlich habe ich gewonnen.

In der Holzwerkstatt war alles wie immer. Hier schraubte jemand, dort wurde gesägt und eine Kollegin war gerade dabei, ihre Figur zu bemalen. Jeden Tag haben wir um 10 Uhr Frühstückspause. Nach der Frühstückspause wurden wir an diesem Tag alle in die Kantine gebeten. Dort teilte uns die Leitung mit, dass alle Nutzer (man könnte auch Klienten sagen), die im Werkstattbereich arbeiteten (das ist der 2. Arbeitsmarkt), sofort nach Hause müssen und dass sie erst einmal nicht würden zurückkehren dürfen. „Okay", dachte ich, „ich habe anscheinend Glück gehabt." Denn weiter hieß es, dass die Menschen, die im Arbeits- und Beschäftigungsbereich tätig waren (3. Arbeitsmarkt) weiter zur Arbeit kommen dürfen. Dies sei eine tagesstrukturierende Maßnahme und daher erlaubt. Keine 10 Minuten nachdem die Sitzung beendet war, erhielt ich einen Anruf von meinem Betreuer. Ich solle sofort nach Hause kommen, das Arbeiten sei momentan zu gefährlich, ich müsse ja auch an meine Mitbewohner denken. Also fuhr ich mit dem nächsten Bus nach Hause. Dort angekommen, empfing mich mein Betreuer schon. Er erklärte mir, dass er auch nicht wisse, wann ich wieder arbeiten könnte. Ich war den Tränen nahe. Die folgenden Tage waren für mich ziemlich hart. Ich arbeite sehr gerne. Die Arbeit gibt mir eine Struktur, ich habe das Gefühl, etwas wirklich Sinnvolles zu tun, und ich kann viel lernen. Lange Jahre konnte ich dies nicht. Immer wieder wurden meine Versuche, ins Arbeitsleben zu finden, durch erneute Psychiatrieaufenthalte beendet, bis ich irgendwann aufgab. Damals dachte ich, das Leben sei sehr bitter und ich würde es nie schaffen, ein normales, geregeltes Leben zu führen. Seit ich denken kann, ist es mein Wunsch, ein Leben zu führen, das andere vielleicht langweilig nennen würden. Als ich vor zwei Jahren anfing, mit wenigen Wochenstunden in der Werkstatt zu arbeiten, und merkte, dass ich es schaffte, dass ich sogar Fortschritte machte und belastbarer wurde, da merkte ich zum allerersten Mal, dass das Leben auch schön sein kann, und da entstand diese Hoffnung, dass ich eines Tages vielleicht doch ein ganz normales Leben würde führen können.

Die Arbeit war also mein Anker. Als diese so von jetzt auf gleich wegbrach, brach auch ich erst mal weg. Mir fehlte die Arbeit so schrecklich doll. Die Tage waren lang und dehnten sich wie Kaugummi. Mit sehr viel Mühe schaffte ich es, morgens trotzdem aufzustehen. Aber den Rest des Tages war ich antriebslos und niedergeschlagen. Meine Betreuer versprachen mir, dass sie sich eine Aufgabe für mich überlegen würden. So kam es, dass ich anfing, Masken zu nähen. Für meine Mitbewohner, für die Betreuer, für Freunde und Bekannte. Bis zum heutigen Tag habe ich beinahe 200 Masken genäht. Es war eine Beschäftigung und es gab meinen Tagen wieder einen Sinn.

Dennoch waren die Tage so anders als vorher. Die wohl wichtigste Stütze während dieser besonderen und schwierigen Zeit (und natürlich auch davor und danach) waren meine Freunde. Eine gute Freundin kam regelmäßig bei mir vorbei und brachte mir DVDs und Puzzles. Rein durfte sie nicht, aber wir trafen uns draußen, machten lange Spaziergänge mit ihrem Hund und unterhielten uns viel. Mit einem anderen Freund machte ich jeden Sonntag lange Radtouren. Wir fuhren am Nord-Ostsee-Kanal entlang, machten Touren durch Wälder, zu Seen oder ins Moor. Immer dabei die Brotdose mit Gurke und Käse als Pausensnack. Eine andere Freundin, die in Hamburg lebt, durfte ich einige Zeit nicht sehen, weil ich dann hätte Bahn oder Bus fahren müssen. Das war hart. Aber wir telefonierten jeden Tag und waren uns auf diese Weise nah. Es war das erste Mal, dass mir so bewusst wurde, was ich für tolle Freunde habe, und ich denke heute, dass uns diese Wochen noch enger zusammengeschweißt haben. Ja, mit den richtigen Menschen um einen rum kann das Leben tatsächlich richtig süß sein. So wie ein kühles Eis im Sommer oder ein heißer Kakao im Winter. Und wenn man dies mit seinen Freunden zusammen genießen kann, dann ist das Leben gleich doppelt so süß.

Irgendwie gingen die 10 Wochen um und so plötzlich, wie ich nicht mehr arbeiten durfte, wurde diese Einschränkung wieder aufgehoben. Alle Kollegen und mein Anleiter freuten sich sehr, mich wiederzusehen, und ich freute mich. Mittlerweile war der Sommer gekommen. Bus fahren galt immer noch als recht riskant, daher entschied ich mich, fortan mit dem Fahrrad zur Arbeit zu fahren. Das mache ich noch immer, und es tut tatsächlich gut, sich vor der Arbeit an der frischen Luft ein bisschen zu bewegen. Langsam wurde das Leben wieder beinahe wie vor diesen 10 Wochen Zwangsurlaub. Ich machte mit meinem einen Freund einen Campingurlaub mit den Fahrrädern und einem großen Zelt am Westensee, fuhr mit meiner Freundin aus Hamburg für ein paar Tage nach St. Peter-Ording und schließlich zu einer guten Freundin von ihr nach Dortmund. Das Leben machte wieder Spaß. Zwar war Corona noch ein Thema, aber der so wichtige Inzidenzwert war gesunken, Läden und Cafés durften wieder öffnen und ich nahm mir mit dem einen Freund vor, alle Restaurants in ganz Rendsburg durchzuprobieren. Damit fingen wir tatsächlich an, schafften aber nur eins, dann mussten diese schon wieder schließen, denn die Corona-Zahlen stiegen mit dem einsetzenden Herbst wieder deutlich an. Dennoch durfte ich dieses Mal weiterarbeiten.

Und dann kam mir die Corona-Pandemie sogar zugute. Die letzten neun Weihnachten hatte ich ziemlich einsam in den Einrichtungen verbracht, in denen ich gerade wohnte. Das eine Jahr war ich das einzige Mädchen gewesen, das nicht zu ihrer Familie fuhr, und so war ich die Weihnachtstage mit zwei Betreuerinnen ganz allein. Aber dieses Jahr sollte anders werden. Die Freundin, die mir schon immer die DVDs gebracht hatte, und ihre Eltern luden mich ein, Weihnachten bei ihnen zu verbringen. Eigentlich feierten sie immer mit dem Teil ihrer Familie, der in Mailand lebt, aber natürlich würde das dieses Jahr nicht möglich sein. Ich freute mich darüber, Weihnachten nicht in der Einrichtung verbringen zu müssen, und darüber, so eine gute Freundin gewonnen zu haben. Der Freund, mit dem ich schon im Sommer immer die Radtouren gemacht hatte, wollte eigentlich zu seiner Familie ins Sauerland fahren. Auch das fiel aus. Also verbrachte ich Heiligabend und den zweiten Weihnachtsfeiertag bei meiner Freundin und den ersten Weihnachtsfeiertag sowie Silvester bei meinem Freund. Es waren die schönsten Weihnachtstage, die ich seit Langem hatte. Ich fühlte mich nicht einsam und allein, sondern genoss die Tage sogar. Und ich hatte mich ausnahmsweise schon lange vorher auf Weihnachten gefreut. Es waren tolle Tage mit tollen Leuten, was ohne Corona so nie stattgefunden hätte.

Heute darf ich immer noch arbeiten, obwohl die Corona-Zahlen wieder deutlich gestiegen sind. Es heißt, die Regierung habe gesehen, dass der Schaden, der durch das Nichtarbeiten entsteht, bei uns größer ist als die mögliche Gefahr einer Corona-Infektion. Ich bin sehr froh darüber, dass die Arbeit bleibt. Wir haben viele Aufträge, bauen z. B. gerade eine Spielküche für einen Kindergarten, und die Arbeit macht mir nach wie vor sehr viel Spaß. Und was am wichtigsten ist, sie gibt mir eine Aufgabe und die so wichtige Tagesstruktur. Nur meine Freundin aus Hamburg habe ich seit Oktober nicht mehr gesehen. Das macht mich traurig. Aber wir telefonieren weiterhin jeden Tag und diese Gespräche sind mir sehr wichtig.

Durch diese schwierige Zeit habe ich noch mehr, als ich es sonst vielleicht je festgestellt hätte, gemerkt, wie wichtig gute Freunde sind und dass diese einem das gesamte Leben gerade in Krisen sehr erleichtern und verschönern können. Ich weiß nun, was mit „in guten und in schlechten Zeiten" gemeint ist, und ich weiß, dass ich mich auf meine Freunde zu 100 % verlassen kann. So bitter das Leben vielleicht manchmal aussieht, so sollte man nie den Mut verlieren, weiterkämpfen und irgendwann wird es auch wieder einfacher. Denn jedes Leben ist lebenswert.

KIM LEY, BERLIN
Alles wie immer und nichts bleibt gleich

26.08.2020
Kopfhalteschwierigkeiten; Fatigue; starke Schmerzen in der linken Hüfte; Gedächtnisverlust.

Ängste professionalisieren?

23.08.2020
Taubheitsgefühl im linken Unterarm, stellungsbedingtes Kribbeln; leichte Schmerzen in der linken Schulter.

Spastiken verlieren?

21.08.2020
Flüssigkeitsgefühl im rechten Ohr; Taubheitsgefühl im linken Zeigefinger und Unterarm; Konzentrationsschwierigkeiten.

Reisen medikamentieren?

19.08.2020
Ziehende Schmerzen im linken Oberschenkel; schmerzbedingte Übelkeit; Kopfhalteschwierigkeiten; ausgeprägte Fatigue.

Pseudoschübe kreieren?

16.08.2020
Druck im Kopf; HWS-Schmerzen; Kribbeln in der linken Hand.

Lähmungen strukturieren?

14.8.2020

Fatigue; verstärkter Schwindel; Kribbeln und Taubheits-
gefühle in der linken Körperhälfte; Kopfhalteschwierigkeiten.

„Warum hast du so viele Haare? Wärst du lieber ein Mann?
Und mit wem hast du Sex?" Stress als Auslöser des Schubs?

Körper und Natur, Körpernatur, keine Selbstverständlichkeit
(mehr). Ein Körper, einem Farbenspiel gleich. Je nach
Lichteinstrahlung schimmernd und glitzernd oder grau und
undurchdringlich; dann wieder einfarbig und Klarheit
suggerierend. Eine Vielzahl an Möglichkeiten, die unberechenbar sind. „Sind Sie ein Mann oder sind Sie eine Frau?"
„Sind Sie behindert oder gesund?" Die Notwendigkeit zur
Handlung in absoluter Unbestimmbarkeit.

Sie wissen nicht, wie der morgige Tag sein wird? Sie wissen
nicht, was Sie dann noch machen können? Sie haben Angst,
dass Ihr Körper etwas Unheimliches tun wird? Sie hoffen auf
ein Wundermittel? Willkommen in meinem Leben.

Der Körper ist, wie er immer war. Vielleicht ist er sehniger,
muskulöser, androgyner geworden. Keine Anzeichen für eine
Krankheit oder vielmehr kein Anzeichen für *diese* Krankheit,
und doch ist sie da. Ein Hintergrundrauschen, zeitweilig laut
und bedrohlich, dann wieder ist es nur ein Flüstern: „Du bist
nicht allein, du bist nie allein."

Ich habe probiert, es zum Schweigen zu bringen, aber es ist lauter, lauter als jede Musik, lauter als jede Geschichte und lauter als das Stürmen des Windes. „Sie sollten ...; Sie könnten ...; Sie müssen ..." Ich schloss die Augen und drehte mich im Kreis. „Oh, das ist ganz schlimm ...; Die Cousine meiner Mutter, deren Schwester hat auch ...; Wenn du dann im Rollstuhl sitzt ..."

Ich habe versucht zu fliehen, doch es blieb. Ich habe versucht mich zu verstecken, doch es wurde stärker. Ich habe versucht zu laufen, doch ich konnte nicht gehen.

Ein Körper einem Schiebepuzzle gleich, bei dem bereits einige Teile fehlen, andere sind locker und können sich jederzeit lösen. Für einen Transport müssen besondere Vorkehrungen getroffen werden. Es kann vorsichtig getragen oder eng verhüllt werden. Ein sinnloses Spielzeug oder eine Rarität für Tüftelnde und Sammelnde? Es in die Ecke zu legen, würde es zerstören. Eine Kostbarkeit zur Erprobung der Flexibilität? Welche Stücke gehören zusammen? Wo sind die Lücken? Wie mit ihnen umgehen? Mit jedem verlorenen Teil steigt die Komplexität. Stets neue Bilder, die unvorhersehbar sind.

SAMYA HAMIEDA LIND, BASEL, SCHWEIZ
verlangen.

es ist vier uhr morgens. selten erwache ich so früh.
ich bleibe in meinem bett. über mein smartphone klicke ich
mich in einen chat.
die diskussion dreht sich ums sterben. das sterben auf verlangen. den begleiteten suizid.
ich lese eine zeit lang mit. inhaltsschwaches plätschern.
ich klinke mich wieder aus.
das nachdenken abzustellen, gelingt mir nicht.
der tod hat einen weg in meinen frühen tag gefunden.
er stimuliert meinen lebensnerv.

sie lesen das. was macht das mit ihnen?
verantwortung für allfällige reaktionen übernehme ich nicht.
da verweise ich auf arzt oder apotheke, auf die psychothera-
peutin oder den rabbiner ihrer wahl. nicht allein zu sein, ist
von vorteil. überlassen sie die entscheidung ihrer lebenser-
probten intuition. wichtig ist, dass sie es gut haben, wenn sie
über den tod sinnieren. besonders über den begleiteten.
ein seltsames unbehagen stellt sich ein. davon können sie
ausgehen.
sterben auf verlangen. wie das schon klingt.
ein wenig wie gewünschter mord.
das ist aber der begleitete suizid auf gar keinen fall.
selbst, wenn es sich so anfühlt.

mein kopfkino wirft mich in eine reale situation. eine frau über siebzig will sterben. sie hat eine schwere erkrankung überstanden. ihr bisher angenehmes leben hat sich verändert. verschlechtert. sie fühlt sich alt. überflüssig. depressiv schleppt sie sich durch ihre tage. ihre welt. ihr lebenswille ist erloschen.

die frau – ich nenne sie 'm' – will sich nicht durch einfachen selbstmord aus der welt katapultieren. sie erachtet das als unwürdig. unsicher. was für eine scham wäre das, wenn sie überleben würde. vielleicht auch noch mit einer körperlichen beeinträchtigung. von den psychischen folgen ganz zu schweigen.

'm' will auf nummer sicher gehen. in eigener verantwortung beschliesst sie, mit sterbehilfe abzutreten. richtigerweise wird sie sich aus ihrem leben liegen. beim sterbehilfesterben sitzt mensch nicht bequem. stehendes erwarten ist auch nicht möglich. aus dem leben gehen findet nicht statt. sterben tut der mensch mit seiner entscheidung für einen begleiteten suizid im liegen. zu hause. verschiedene nicht einzuschätzende fallstricke haben diese entscheidung zu einem geregelten vorgehen manifestiert.

'm' hat sich schon vor langer zeit für diese option entschieden. noch vor ihrer schweren erkrankung. ausgewählte vertraute hat sie eingeweiht. diese haben sich darauf eingelassen, sie zu begleiten. vor drei monaten wurde ein tag, eine stunde fixiert. darauf lebt 'm' hin. es ist ihr masterplan. ihre strichliste. 'm' gibt dem tag ihrer entlassung aus dem eigenen lebensgefängnis eine greifbarkeit.

die sterbestunde. erwartet. erhofft. erlitten. herbeigesehnt. gewollt. sicherlich auch verdammt. das begleitete sterben. gefüllt mit fragen. ungewissheit. lebensspuren. zögern. hoffnung auf ein anderes. ein besser.

in ihrer entscheidung denkt 'm' kein zurück. ihr terminisiertes ende braucht härte zu sich selbst. zum eigenen leben. vielleicht sogar einen hang zum theatralen. die lebenshoffnung hat 'm' längst entlassen. ihr 'point of no return' ist ein klarer. nicht mehr verrückbarer.

die verantwortung liegt einzig bei 'm'. ihr weg in den tod gehört ihr. ihr allein. ihn selbstbestimmt zu gehen, hat 'm' einen ausweg eröffnet. die botschaft, die sie setzt, scheint für sie erleichternd.

den tag, die stunde wissend. darin findet 'm' erlösung. sie beendet, was nicht von selbst zu ende geht. das sterben trägt 'm' in jeder faser ihres körpers.

besinnlichkeit für dieses sterben zu finden, ist ein hoher anspruch. sie einzufordern arrogant. wann ist sterben schon besinnlich? es macht die zurückbleibenden immer ratlos. nachdenklich. traurig. angst ist eine begleitende realität. mit dem endgültigen verlust eines vertrauten, geliebten menschen wird man auf sich selbst, die eigene endlichkeit zurückgeworfen.

wie darf man sich nun das begleitete sterben detailliert vorstellen? bilder, die entstehen, sind gewollt. sie entsprechen der realität.

der vereinbarte termin für das letzte geheimnis von 'm' – den tod – ist der nächste donnerstag um vier uhr nachmittags.

'm' und ihre vertrauten wissen, was geschehen wird.
ob sie sich wirklich alles gesagt haben? ob sie sich, wo nötig,
ausgesöhnt haben? ob zweifel. traurigkeit. unvermögen. wut.
hoffnung. unverständnis. liebe. wirklich von allen angesprochen wurden? ob sie noch alles klären konnten? ob sie an alles
gedacht haben?

die sonstigen unbekannten des todes – wer. wo. wann. wie. –
sind durch die entscheidung für die sterbehilfe ausgeschaltet.
alles, was den kommenden tod betrifft, ist nach plan geregelt.
vorbereitet.

kann mit sterbehilfe irgendwer dem tod auf die spur kommen? nicht wirklich. die macht des todes bleibt. für immer.
ewig. ganz egal, wie der mensch glaubt, diesem schlächter,
diesem erlöser beizukommen. am ende ist es immer er, der
das leben im griff hat.

es ist donnerstag. nachmittag.
endlich. oder schon?
was trägt man zum eigenen sterben? wie ist die stimmung?
wird gesprochen? läuft musik? ist es still? blickt man zu boden? sieht man sich an? ist es hell? dunkel? brennen kerzen?
wie riecht es? hat man noch gemeinsam tee getrunken, kon-
fekt gegessen oder champagner geschlürft?
begleitet von austern?

viele fragen. wenige antworten.

schon schnell ist es vier uhr.

ein läuten. es ist so weit. ein leben wird enden.
wer öffnet die tür? wer beginnt das endspiel?
der tod tritt in begleitung einer frau ein.

nicht plötzlich bricht er in das leben von 'm'.
er ist ihr geladener gast. erwartet.
bereit, seinen dienst zu tun.
er hat einen gefälligen helfer gefunden. ein überdosiertes barbiturat.

die endgültigkeit der entscheidung erfüllt den raum.

was sagt 'm' am ende ihres lebens? was sagt man ihr? was sagt man sich selbst? sagt überhaupt noch irgendwer irgendwas? wie trinkt sich das sogenannte einfache, todbringende? wie schmeckt ein vom 'lebenindentod'cocktail? wie tapfer muss 'm' in ihrem letzten moment sein? wie einsam ist 'm'?
will 'm' etwa doch noch leben?
wie sieht das sterbehilfeausstiegsszenario aus? gibt es diese möglichkeit überhaupt?
wie heisst das passwort?

'm' nimmt das glas aus der hand der begleiterin.
sie trinkt. schnell ist das sterben geschluckt.
der finale countdown von 'm' hat begonnen.
angezählt ist ihr leben.
und dann ist 'm' gegangen.
sie bleibt ihre geschichte.
da ist kein atem mehr. kein herzschlag. die augen sind gebrochen.
das barbiturat hat sich geglückt in 'm' aufgelöst.
sie lebt nicht mehr. sie ist tot.
unwiderruflich. ein zurück nicht möglich.
endgültig ist alles, wie es ist.
alles bleibt. für immer.
stille für kurze zeit.

dann kommt professionelle eile auf. verschiedenes, was stimmungsvoll nicht sein kann, muss geschehen. amtslogistik nimmt ihren lauf. sie ist notwendig. der tod muss seine gesetzliche form bekommen. die polizei wird verständigt. gleich wird sie eintreffen. begleitet von der amtsärztin. sie stellt den tod fest. die anwesenden werden zur sterbesituation befragt. fremdeinwirkung wird ausgeschlossen. die 'todo'liste für den tod durch begleiteten suizid gibt es. in der schweiz wird er schon lange praktiziert. da ist kein raum für gefühl. besinnlichkeit. emotionen werden vertagt.

die assistentin des todes ist bereits auf dem sprung. sie bleibt ohne schuld. wie der tod selbst. mit ihm gehört sie zum leben. wie es ihr gehen mag? wie oft hat sie das schon gemacht? wird sie es wieder tun? ob sie ihre rolle mag? warum sie sie übernommen hat?

noch bevor der bestatter kommt, ist sie verschwunden. leise. unbemerkt. ohne einen blick zurück. sie hat ihre arbeit zur vollsten zufriedenheit ihres meisters erledigt.

und der tod? er bleibt.
das ist so. das bleibt so.
irgendjemand hat das so eingerichtet.

Unerhört einsam

Nach einem Blick auf die Uhr lasse ich das Klassenbuch Klassenbuch sein, stopfe meine Sachen in die Tasche und renne zur Bushaltestelle. Hoffentlich ist der Bus heute wie an so vielen anderen Tagen auch ein paar Minuten zu spät. Um 14 Uhr werden die Techniker mit unserem neuen Fernseher vor der Tür stehen. Geschafft! Ich sitze im Bus und beschimpfe jeden Autofahrer, der nicht sofort sportlich startet, wenn die Ampel von Gelb auf Grün springt. Natürlich beschimpfe ich die anderen Verkehrsteilnehmer nur innerlich, schließlich bin ich Lehrerin und verstehe mich als positives Vorbild.

Pünktlich um 14 Uhr fährt der Wagen mit dem heiß ersehnten Fernseher auf den Hof. Die beiden Männer schleppen das Gerät in unser Wohnzimmer und machen sich an die Installation. Gut, dass sie mit ihrer Arbeit beschäftigt sind und nicht weiter auf mich achten.

Aufgeregt wie eine Fünfjährige vor der Bescherung laufe ich den Flur auf und ab. Obwohl es nicht zu unseren Gehältern passt, haben wir uns für den dänischen Hersteller mit den zwei großen Buchstaben entschieden, der bereits seit 1925 das Hochpreissegment bedient. Wenige Minuten später werde ich lernen, dass der Fernseher neu kodiert werden muss, wenn er zwanzig Minuten keinen Strom erhalten hat, da er als Diebesgut so begehrt ist, dass man ihn irgendwie unbrauchbar machen muss, falls er dem rechtmäßigen Besitzer abhandenkommt oder ein Mitarbeiter behauptet, das Gerät sei bei der Lieferung vom Lkw gefallen.

Normalerweise kaufen mein Mann und ich für eine solche Summe einen guten Gebrauchtwagen. Aber dieses Gerät verfügt über etwas, das mich im Geschäft magisch angezogen hat. Ungeduldig habe ich den langen Monolog des Verkäufers über mich ergehen lassen. Ich will nur eins! Den aktiven Lautsprecher! Und den Standfuß mit dem Motor, der unseren Fernseher zu einem folgsamen und zugleich lernenden Fernseher macht. Ja, den will ich auch! Nach einer Stunde quittiere ich den Erhalt des Objekts meiner Begierde und darf es höchstpersönlich starten. Doch das Christkind ist dieses Mal nicht zu mir gekommen! Verzweifelt schalte ich die Programme rauf und runter. Die Akteure in den Talkshows auf Kanal 13 und 27 nicht zu verstehen, beunruhigt mich nicht weiter. Nicht folgen zu können, wenn die Leute überlappend sprechen, daran bin ich seit Jahren gewöhnt. Ahnungslos lächelnd und stumm wie ein Möbelstück neben meinem Mann auszuharren, während er sich fröhlich und ausgiebig mit unseren Nachbarn unterhält, auch das kenne ich seit langer Zeit. Als „seltsam" oder gar „verstockt" bezeichnet zu werden, tut weh, aber es erscheint mir als unveränderbar.

Doch ich habe mich für den Kanal mit der roten Kugel entschieden, auf dem der deutsche Hersteller mit den drei großen Buchstaben, der bereits einige Jahre das Hochpreissegment bedient, jede Woche die Einkaufskönigin einer Stadt wählt. Er spricht langsam und deutlich, niemand quatscht ihm hinein, und doch verstehe ich ihn nicht. Ängstlich beginne ich mit den beiden Männern zu diskutieren, die mir immer wieder versichern, alles optimal eingestellt zu haben, und das Klangerlebnis selbst ganz wunderbar finden. Sie verabschieden sich, wünschen mir noch einen schönen Tag und lassen mich mit einem bitteren Gefühl zurück.

Da wir erst vor Kurzem in dieses Haus gezogen sind, ist unser Wohnzimmer noch fast leer, aber ich höre alles Mögliche in diesem Raum. Die Zeiten, in denen man glaubte, Menschen mit Tinnitus hätten eine direkte Verbindung zu den Göttern und wären Auserwählte, sind längst Geschichte, heute gelten sie eher als verrückt. Und ver-rückt – im Sinne von sich am falschen Ort befindlich und aus der Ordnung herausgefallen – fühle ich mich tatsächlich. Am Abend verteilen wir dicke Teppiche und diverse Stühle im Raum, aber die Akustik will nicht besser werden. Da fällt mein Blick auf die Basisstation unseres Telefons. Basisstation klingt schon so feindselig, wie die Basisstation der internationalen Truppen in Afghanistan. Sollte hier gar völlig regelwidrig die Basisstation einen Anschlag auf die Raumakustik verüben? Ich verbanne das Gerät, das wir für mich gekauft haben, damit mir die neueste Technik möglichst viel Teilhabe am Leben ermöglicht, ins Bügelzimmer und schalte den Fernseher ein. Mittlerweile bin ich so aufgeregt, dass ich vor allem das Blut in meinen Ohren rauschen höre. Doch dann beruhige ich mich und nehme den Unterschied wahr: Ich kann nicht nur hören, sondern auch verstehen! Was für eine süße Erkenntnis! Noch oft werde ich erleben, dass der Fortschritt der Technik nicht nur hilft, sondern zuweilen auch vom Leben ausschließt. All die Telkos, Webinare und sonstigen virtuellen Veranstaltungen, die mir unverständlich bleiben, zoomen mich raus. Wehmütig denke ich an die Zeit zurück, als rauszoomen noch die Vergrößerung des Blickfelds meinte.

lautlos

Die Werbesendung flimmert warm über mein Gesicht. Ich ertrage die Stille nicht, der Fernseher läuft, immer. Ich liege auf dem Sofa und sehe die Bilder, sehe die Menschen. Doch ich kann die Zusammenhänge nicht erkennen. Mein Körper hält mich in einem stetigen Zustand der Unaufmerksamkeit gegenüber der Außenwelt. Ich muss mich bewegen. Meine Beine schmerzen, mein Körper schmerzt. Jede Position ist nur für Minuten akzeptabel. Körperlicher Schmerz ist die schlimmste Einsamkeit, die ich je erfahren habe. Er hat meinen Körper übernommen. Lässt mich sprachlos zurück.

Kannst du dich noch an die Schneemelancholie des letzten Winters erinnern? Schnee ist lautlos, dämpft die Geräusche der Stadt, der Welt, verändert sie. Nur Momente, kurzes Innehalten. Wir saßen in dieser Altbauwohnung, die nicht warm werden wollte. Schneekristallkälte an den Fenstern. Du sagtest etwas über konstruierte Kälte und das Gas sei viel zu teuer geworden, dazu gab es Rotwein und Zigaretten. Jetzt bist du nicht mehr da, wie die anderen, weil für mich Treppenhäuser zu einem Problem geworden sind. Und dieser Winter? Ja, doch, so fühlt sich das gerade in mir an.

Ich versuche mich aufzusetzen. Ich habe Hunger, ich muss unbedingt duschen und nach der Post schauen. Ich kann das nicht alles schaffen, das weiß ich. Doch anstatt dass ich irgendwas tue, irgendwas, fange ich wieder an zu heulen. Die Einsamkeit allein ist nicht der Grund. Alles, was mit der Einsamkeit kommt, macht diese erst unerträglich. Angst, Unsicherheit, Hoffnungslosigkeit. Meine Einsamkeit ist die Abwesenheit von Gesprächen mit dir, von Ablenkungen. Jetzt verschwimmen die Tage und haben weder Anfang noch Ende. Die Zeit spielt dabei keine Rolle mehr, sie unterteilt nicht, hilft nicht zu strukturieren, weil sie nichts mehr aussagt. Zeit macht nur Sinn, wenn mit ihren Stunden Bedeutung einhergeht. Ich stehe auf. Ich muss mich ein wenig bewegen. Die Schmerzen vom ständigen Liegen vermischen sich mit dem Rest der Schmerzen. Ich gehe in der Wohnung langsam auf und ab. Gehe vom Wohnzimmer in die Küche und zurück. Gehe vom Wohnzimmer in das Schlafzimmer und zurück. Ich versuche mich zu erinnern, wie es war, als das Wort Energie noch nicht meinen Tagesplan zerschnitt. Ab wann jede Tätigkeit auf eine Waage gelegt werden musste. Im Park spazieren gehen, danach Freunde treffen, der Katze noch was in die Futterschale geben. Alles Einheiten, die so weit in ihre Einzelteile zerfallen sind, dass sie nicht mehr zu bewältigen sind. Ich erinnere mich, wie alles selbstverständlich war, wie ich mit dir zusammen im Park saß. An diesem Sommerabend. Wir mussten so lachen, meine Wimperntusche war völlig verschmiert. Wir hatten diesen Korb auf dem Flohmarkt gekauft und wollten so ein richtiges Picknick machen. Aber dann waren da überall Ameisen, der Sekt war warm und schäumte über die karierte Decke, alles hat geklebt. Aber der Gedanke ist so groß, dass ich ihn gleich wieder fallen lasse. Er hat hier einfach keinen Platz mehr. Es ist wie ein anderes Leben, in das man sich manchmal hineinträumt, aber wieder aus dem Sinn schlägt, so realistisch wie ein Lottogewinn, etwas, das doch immer nur den anderen passiert. Es klingelt an der Tür. Ich bin gerade im Flur und so in meinen Gedanken, dass ich nach der Klinke greife, wie ein Reflex. Ich erschrecke mich, weil ich das sonst nie tue, einfach aufmachen. Ich starre den jungen Mann an, der vor mir steht. Ich merke, wie ich rot werde, das passiert mir immer. Ich starre einfach

nur geradeaus. Mein Blick ist auf seinen gemusterten Strick-
pullover geheftet. Ich verschlucke meine Worte. Er überreicht
mir einen Brief. Ich schaue ihm kurz in die Augen.
„Der war bei mir im Briefkasten."
Ich sage kein Wort, weil normal gewesen wäre, den Brief einfach in den richtigen Briefkasten zu werfen, also, was stimmt
hier nicht, was will diese Person von mir? Ich sage nichts.
Nehme den Brief und schließe die Tür. Mein Herz klopft und
ich bewege mich nicht. Bis ich höre, wie sich das Geräusch seiner Schritte langsam entfernt.
Ich gehe ins Badezimmer und schaue mein Spiegelbild an. So
hatte er mich gesehen. Ich schließe die Augen. Ich verabscheue
mich, warum habe ich mir seit fünf Tagen nicht die Haare gewaschen, warum musste ich immer so aussehen?
Ich halte mich mit beiden Händen am Waschbecken fest. Ich
atme tief ein. Konzentriere mich auf meinen Brustkorb, der
sich langsam hebt und senkt. Ich habe das Gefühl, langsam zu
verschwinden. Ich bin nur noch diese Krankheit. Bin nur noch
eine Person mit Krücken, eine Person im Rollstuhl. Wenn ich
mit euch spreche, bin ich Heldin, Versagerin, muss kämpfen
oder akzeptieren. Dabei bin ich nichts von alledem. Ich war
mal eine Freundin, wo ist das hin?
Ich wische mir mit dem Handrücken den Rotz unter der Nase
weg. Dann gehe ich in die Küche und öffne den Kühlschrank.
Ich schaue einfach nur in das kalte Licht. Ich habe nicht eingekauft. Ich weiß nicht, was ich mir aus dem, was da ist, machen
soll. Ich bin müde, meine Augen sind geschwollen. Ich habe
keine Kraft mehr, noch irgendwas zu tun. Allein darüber nachzudenken wird zu anstrengend. Jede noch so kleine Idee wird
wie Papier zusammengeknüllt und fallen gelassen. Ich schließe den Kühlschrank und drehe mich um. Auf der Arbeitsplatte

liegen Schachteln mit Medikamenten. Ich drücke zwei Tabletten aus der Blisterverpackung. Die Schmerztabletten, die mich so müde machen, dass ich davon einschlafe. Für ein paar Stunden Ruhe vor dem eigenen Körper, vor den Gedanken. Eigentlich mag ich das nicht, weil es das Gegenteil von dem ist, was ich möchte. Das hast du nicht verstanden. Ihr habt nie verstanden, wie es ist, wenn man keine Wahl mehr hat. Meine Identität war doch auch an meine Entscheidungen geknüpft. Und nun bin ich ganz leise verschwunden und wurde von etwas ersetzt, von dem ich noch nicht weiß, was es ist.

Ich gehe zurück und setze mich auf mein Sofa. Es drückt weich gegen die Schmerzen, fühlt sich sicher und vertraut an. Ich nehme die Fernbedienung und schalte auf einen anderen Kanal. Hier wird die Wiederholung einer alten Serie gezeigt. Ich kenne jede Folge. Ich beuge mich nach vorne, um nach dem Wasserglas zu greifen. Mit der anderen Hand werfe ich mir die Tabletten in den Mund und spüle sie mit einem kleinen Schluck herunter. Das digitale Lagerfeuer flackert wieder warm über mein Gesicht. Eine Werbesendung läuft. Ein paar Kinder lachen. Ein Auto. Sonnenschein. Ich lehne den Kopf an. Die Schmerzen lassen langsam nach, mein Körper entspannt sich, ich wiege hin und her. Ich schließe die Augen, das ferne Grundrauschen schließt mich ein, umhüllt meinen Körper. Meine Gedanken werden klein. Als die Sendung beginnt, öffne ich die Augen und eine Geschichte von weit weg lässt mich vergessen. Die Figuren vertraut. Ich lächle sie an. Hier fühle ich mich sicher. Ich bin mit ihnen unterwegs. Wir gehen zusammen zu der Überraschungsparty. Ich lege mich hin. Ziehe die Wolldecke über mich. Ich spüre die Wärme und die Welt verschwindet.

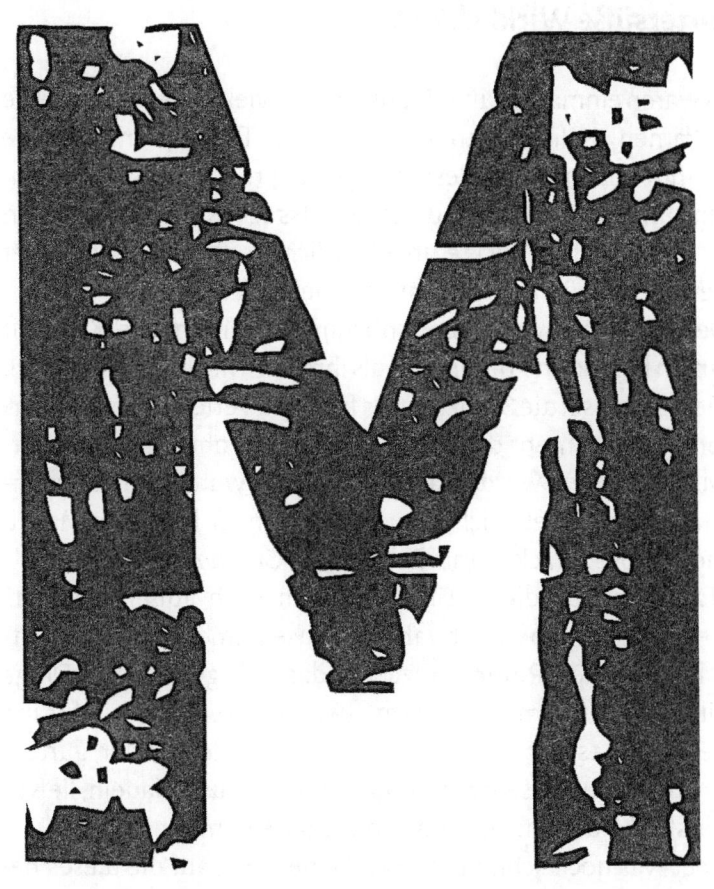

NICOLA MACK, HERNE
Bittersüße Wirklichkeit

Es waren einmal ein alter Mann und ein viel jüngeres Weib. Die bekamen ein liebreizendes Töchterlein. Dieses war, so wurde es ihm später zumindest gesagt, ursprünglich ein Wunschkind. Bis, ja, bis sich herausstellte, dass sein Körper anders war: Er krampfte und zuckte unwillkürlich, konnte sich schlechter bewegen als üblich und brauchte viel Hilfe.

Der alte Mann wollte aber unbedingt ein „normales" Kind mit einem perfekten Körper. Und als ihm auch noch andere sagten, dieses Kind sei die Strafe Gottes für seine Verfehlungen, da verlor er immer mehr den Verstand und sein ohnehin schon verwundetes Herz wurde hart wie Stein. Er wurde größenwahnsinnig und bildete sich immer mehr ein, er hätte die Macht, dieses böse Schicksal mit Gewalt zum Guten zu wenden.

Und so wurde dieser Greis, der sich nach außen hin stets freundlich und bemüht gab, zu Hause immer öfter zum wutschnaubenden Rumpelstilzchen, das sich grausamste Dinge einfallen ließ, um aus seinem etwas anderen Kind ein für ihn herzeigbares zu machen: Er beraubte es seiner Kleider, gurtete es oft ein, quälte seinen Körper mit Hieben und Nadeln, ließ es dursten und oft nicht frei atmen und vieles mehr.

Aber was noch schlimmer war: Seine Hilfe, auf die dieses besondere Kind angewiesen war, ließ er sich von ihm mit Diensten erkaufen, die es auch in Freudenhäusern gibt.

Aber seine allerschlimmsten Taten, schmerzten nicht den missratenen Körper des Kindes, sondern schändeten seine Seele. Denn es war einer nicht erfüllbaren Forderung immer und immer wieder ausgesetzt: LAUFE!

Und all die grausamen Dinge, die es dazu bringen sollten, das endlich zu tun, obwohl sein Körper es nicht konnte, verkaufte er dem Kind als „gerechte Strafe für seine Weigerung zu laufen". Er manipulierte das Kind und zwang es, sich die abartigen Wünsche des Alten als seine Wünsche zu wünschen. Das verwirrte das Kind sehr!

Das Weib des Alten war seine gefügige Magd, die beinahe all seine Befehle ausführte – zu schwächlich, sich gegen ihn zu wehren, geschweige denn ihr Kind aus seinen Fängen zu befreien.

Deshalb hatte das arme Kind keine Chance, schon als Kind zu erfahren, dass es eigentlich ein gutes Kind war – eben nur eines mit besonderen Bedürfnissen und Herausforderungen.

All seine Fähigkeiten und sein gutes Herzchen wurden über ein Jahrzehnt lang einfach nicht gesehen: So hatte es ein äußerst helles Köpfchen, denken konnte es gut. Und sprechen und singen und malen – wenn man es nur öfter gelassen hätte.

Sogar lieben konnte es erstaunlich gut, sogar das Rumpelstilzchen. Das war echt ein Wunder!

Ja, manchmal durfte es auch alles und es bekam schöne Kleidchen angezogen – an Tagen des Herrn zum Beispiel, weil dieser das an Sonn- und Feiertagen angeblich auch für falsche Kinder so wollte.

Auch wenn sich Besucher in den unelterlichen Gemächern einfanden, war das meiste hübsch ordentlich, fein und sauber. Mutige Robin Hoods hätten diese Fassade freilich durchschauen können, die dreckigen Ecken entdecken, von denen das Kind durch die Blume manchmal doch erzählte. Aber alle, die sich dort einfanden, waren leider entweder Feiglinge oder des Sehens und Hörens nicht so mächtig, wie es erforderlich gewesen wäre, um dieses Kind aus den Fängen des Bösen zu befreien.

Und so litt das Kind an Alltagen weiter viel Not und Pein. Es konnte des Nachts kaum schlafen und war des Tags oft gezwungen, das Laufen zu üben, bis die kleinen Füßchen brannten wie Feuer. Wenn es hinfiel, nahm keiner das Kind in seine beschützenden, tröstenden Arme. Stattdessen wurde es als störrisches Vieh beschimpft und schlimmer gehalten als die meisten Tiere im Land.

Deshalb hätte es gern und oft laut brüllen wollen wie ein Löwe und ganze Ozeane weinen. Aber beides war ihm unter Androhung des Todes strengstens verboten.

Da es aber leben wollte, erfand sein Seelchen schon in jungen Jahren viele, viele kleine Helferlein, die in ihm wichtige Aufgaben übernahmen: Eins überwachte das stille Ertragen der Pein, ein anderes war fürs Festhalten der Tränen zuständig, wieder andere verwalteten emsig die Wut, die sich nicht zeigen durfte. Der Hoffnungsseelchenteil war fürs Nicht-Aufgeben zuständig und ein gläubiges Helferlein arbeitete eng zusammen mit ihm und richtete Abertausende Gebete gen Himmel um einen perfekten Körper, wie ihn Rumpelstilzchen forderte, um alle Pein zu beenden.

Aber dieser stellte sich zur großen Traurigkeit leider nicht wunderbarerweise ein.

Und so blieb der Chefkleinen weiter nichts anderes übrig, als Tag für Tag, Monat um Monat, Jahr um Jahr weiter darauf achtzuhaben, dass jedes dieser und vieler anderer unverzichtbaren emsigen Helferlein immer rechtzeitig zur Stelle war, um das in jedem Moment Notwendige zu tun. Das war echte Schwerstarbeit! Umso mehr, weil dies vollkommen im Verborgenen geschah, sogar vom armen Kind unbemerkt. Dass diese

Kleinen da waren, war wichtig für das kleine Gesamtwesen, um erfolgreich nicht in Abermilliarden Einzelteilchen zu zersplittern.

Erst die von den Oberen des Landes geforderte Schulpflicht zwang seine Gebieter, ihr Töchterlein regelmäßig zu vielen anderen Kindern zu lassen, in das Haus, wo es gefälligst mit besten Leistungen glänzen sollte, und damit aller Welt beweisen, dass es wenigstens nicht auch noch strohdumm war. Leider gab es auch dort nur sogenannte „normale" Kinder, alle des Laufens gut mächtig, sodass dem besonderen Kind auch dort nicht auffiel, wie unnormal und grausam es tatsächlich auch weiter im untrauten Heim behandelt wurde.

Als das Kind seinen elften Geburtstag gefeiert hatte – komischerweise wurde seine Existenz trotz alledem tatsächlich regelmäßig gefeiert –, verstarb das Weib einen unnötigen Tod und ließ ihr unfassbar trauriges und ratloses Töchterlein beim herrschsüchtigen Rumpelstilzchen zurück, was sein schweres Leben nicht einfacher machte, weil es fortan auch noch das Weib ersetzen sollte. Außerdem herrschte weiter strengstes Heulverbot, und aus dem kleinen Töchterlein wurde ausgerechnet in der Todesnacht auch noch eine richtige Frau.

Viele, viele Monde später erst kam die erste gute Fee in das triste Leben des Kindes und sorgte beherzt dafür, dass es fortan die meiste Zeit woanders leben durfte. In seiner neuen Behausung waren viele Menschenkinder, die ihm gleich waren, mit Gebrechen, aber auch gleichzeitig wunderschön. Da erkannte das Kind zum ersten Mal nach und nach seine bittersüße Wirklichkeit. Aber der Himmel sorgte dafür, dass das nicht auf einmal geschah, denn er wollte das erwachende Kind in seiner Liebe keinesfalls überfordern.

Das Kind bekam viel Gelegenheit, vieles das erste Mal zu tun, was die anderen Gebrechlichen längst kannten. Und es bekam zum ersten Mal ein rollendes Vehikel, mit dem es überall hinfahren konnte. Sogar tanzen lernte es in ihm. Aber auch in der neuen Behausung gab es leider nicht nur viele gute Geister, sondern auch reißende Wölfe und Hyänen. Einer der Wölfe tat es sogar dem Rumpelstilzchen gleich. Das erschütterte das Herzchen, das langsam größer geworden war, erneut so sehr, dass es immer mehr merkte, dass es wirklich Hilfe brauchte, zumal Rumpelstilzchen, bevor es verpuffte, auch nochmal mehrere wilde, gefährliche Tänze aufführte und dabei zuletzt beinahe mit dem Schwert ins Feuer stieß.

In einer guten Käseglocke mit Löchern wurde die inzwischen erwachsene Kämpferin wieder so stark gemacht, dass sie danach eine gute Ausbildung machen konnte und dann etliche Zeiten anderen Menschen half, trotz der Wölfe, die weiter durch die Wälder des Großstadtdschungels streiften, bis erneute Sturmaktivitäten in ihrem Inneren ihrem großen Helfen dauerhaft ein Ende setzten.

Das Leben wird trotzdem unaufhaltsam bunter und bunter. Farben, schöne Worte, Töne und Licht dominieren jetzt ihre trotzdem noch oft vergangenheitsschattige Welt, die sie munter kreuz und quer durchreist, um dankbaren Herzens alles nachzuholen, was sie verpasst hat.

Aber auch die stärkste Kämpferin denkt manchmal ans Aufgeben und braucht deshalb immer noch dauerhaft Hilfe nicht nur für ihren gebrechlichen Körper, sondern auch für ihr verwundetes Glasherz. Zu oft denkt sie an Rumpelstilzchen und seine Giftpfeile. Einige stecken immer noch in ihr.

Viele Engel und Engelinnen ohne Flügel sind an ihrer Seite, die ihr immer dann hilfreich unter die Arme greifen, wenn ihre Flügel doch zu schwach sind oder es wieder werden. Der gute Gott im weiten Himmel über ihr und in ihr, der auf jeden Fall Zukunft verspricht, sendet diese immer wieder getreu zu ihr und hilft ihr, den Kampf jeden Tag neu zu gewinnen und sich irgendwann trotz allem ganz zu lieben. Dies ist kein Märchen, sondern die wahre Geschichte einer bittersüßen Wirklichkeit.

Und heute kann die Kämpferin mit dem Glasherz trotz allem auch ehrlicherweise solche Gedichte schreiben:

Ich bin eine leidenschaftliche Frau

leidenschaftlich für meine Herzensmenschen
leidenschaftlich für Gerechtigkeit
leidenschaftlich fürs Schreiben
leidenschaftlich für Farben und Licht
leidenschaftlich für blumige Momente des Lebens
leidenschaftlich fürs Einfangen von allem Schönen
leidenschaftlich fürs Leben
leidenschaftlich eben

Amaro

Immer wieder blicke ich zur Tür. Seit gut fünf Minuten hat sie sich nicht mehr geöffnet. Ich knibble kleine Stücke von dem Bierdeckel unter meinem Glas Apfelschorle ab. Er sieht schon reichlich zerfleddert aus. Als mir das bewusst wird, wische ich die Papierstückchen vom Tisch in meine Hand und lasse sie in der Hosentasche verschwinden. Vom Nachbartisch angle ich mir einen neuen Bierdeckel.

Draußen ist es dämmrig, doch vor dem italienischen Restaurant, das ich als Treffpunkt vorgeschlagen habe, erhellen Straßenlaternen den Bürgersteig. Passanten eilen vorbei, manche tragen Jacken, denn gegen Abend ist es frisch geworden, während am Tag noch die Sonne die Haut gewärmt hat.

Ein Mann in Anzug öffnet die Tür, kommt einen Schritt herein und blickt sich suchend um. Ist er das? Er hat eine Halbglatze und trägt einen Schnäuzer. Ich halte die Luft an. Bitte nicht, denke ich. Doch da geht die Tür ein Stück weiter auf, und eine Frau erscheint – sie trippelt dem Mann hinterher und hängt sich bei ihm ein. Ich atme aus und beobachte weiter die Tür, obwohl ich auf die Entfernung Gesichtszüge nur verschwommen sehe. Meine Finger tasten nach dem neuen Bierdeckel.

„Alles in Ordnung?", fragt der Kellner.

Ich fahre wie ertappt zusammen.

Er schaut auf mein fast leeres Glas. „Noch einen Wunsch?"

Ja, ja, alles in Ordnung, antworte ich, und nein, ich würde noch auf jemanden warten und –

„Auf mich wahrscheinlich", sagt eine Stimme neben dem Kellner.

Noch einmal zucke ich zusammen. Ich hatte ihn gar nicht kommen sehen. Da steht er, lächelt. Der Kellner nickt und geht.

„Alex", sagt mein Date und reicht mir die Hand.

„Stephanie", stelle ich mich vor.

Er setzt sich. Wir lächeln, fangen beide gleichzeitig zu reden an, hören wieder auf und lachen.

„Wartest du schon lange?", fragt er.

„Nö, so zehn Minuten", antworte ich, obwohl es in Wahrheit zwanzig waren.

Small Talk: der Weg zum Restaurant, verspätete Bahnen, ja, typisch, haben immer Verspätung, kühl geworden, das Restaurant sieht gemütlich aus, gute Wahl. Alex spricht mit ruhiger Stimme, das gefällt mir. Meine Hände beschäftigen sich nicht mehr mit dem Bierdeckel, sondern unterstreichen ab und zu, was ich sage. Nicht zu gestenreich, hoffe ich.

Der Kellner kommt, zündet die Kerze auf dem Tisch an und reicht uns die Speisekarten. Ich schlage meine auf und tue so, als würde ich die Listen von Pizzen, Pasta und Dolci aufmerksam lesen. Mit zusammengekniffenen Augen versuche ich zu erkennen, ob Zwiebeln auf der Pizza vegetariana sind, aber ich kann die fadendünne, leicht verschnörkelte Schrift nicht entziffern.

Ich bestelle schließlich „eine Pizza vegetariana – ohne Zwiebeln, bitte", und der Kellner erwidert „ist immer ohne Zwiebeln", woraufhin ich rot werde, „scusi" sage und hoffe, dass Alex meinen faux pas nicht bemerkt hat.

Während wir auf unsere Pizzen warten, erzählt Alex, dass er gerne Vögel beobachtet.

„Dann bist du also Hobby-Ornithologe", sage ich.

Er lächelt und meint: „Endlich mal jemand, dem ich das Wort nicht erklären muss."

Da ich von Vögeln nicht viel mehr weiß als das Wort für Vogelkunde, höre ich ihm nur zu, während er von Steinkäuzen und Wanderfalken erzählt, und nippe ab und zu an meinem Rotwein.

Als der Kellner unsere Pizzen serviert, erkenne ich Spinat, Paprika und Artischocken auf meiner. Ich atme den Duft ein und halte kurz die Hände über die dampfende Pizza – köstlich. Vielleicht sollte ich jetzt etwas von meinen Hobbys erzählen? Zum Beispiel, dass ich seit Jahren Italienisch lerne, aber mich im Restaurant kaum traue, mehr als die paar Wörter zu benutzen, die jeder kennt.

„Merkt man gar nicht", sagt Alex, der seine Pizza in säuberliche Achtel geschnitten hat.

„Was?"

„Dass du behindert bist."

Ich stelle das Weinglas, aus dem ich gerade trinken wollte, ab und atme tief durch. Ich unterdrücke die erstbeste Antwort, die mir in den Sinn kommt. Und die zweite, indem ich mir ein Stück Pizza in den Mund schiebe.

„Und wenn? Wäre das so schlimm?", frage ich kauend.

Er rutscht auf seinem Stuhl hin und her und klopft mit der Gabel ein paarmal auf seine Pizza.

„Na ja, ich kenn' mich da halt nicht so aus, wie das so ist mit Blinden und Sehbehinderten und so", antwortet er.

Ich schlucke, denn ich mag es nicht, wenn jemand einfach „Blinder" oder „Sehbehinderte" sagt, und nicht „blinder Mann", „Frau mit Sehbehinderung" oder „blinde Menschen", denn das sind wir doch vor allem: Menschen. Stopp, mahne ich mich gedanklich, vor einiger Zeit hättest du selbst noch von „den Blinden" gesprochen. Etwas Nachsicht, bitte!

„Aber du hast ja gesagt, bei Tag wäre alles in Ordnung", fährt Alex fort. „Und dass du nur nachts oder im Dunkeln Probleme mit dem Sehen hättest."

„Ja, noch bin ich teilzeit-blind", sage ich und lache, weil mir meine Wortschöpfung gefällt. „Mit Nachtblindheit und Tunnelblick wegen Gesichtsfeldausfällen."

„Hm, verstehe", meint er und blickt konzentriert auf seine Pizza.

Ich warte auf Fragen. Fragen, die normalerweise kommen, aber er stellt keine. Eine Weile essen wir schweigend weiter.

„Ich zeig' dir mal was", sage ich dann, stehe auf, hole meinen Langstock aus der Handtasche und lasse ihn klackernd auseinanderspringen. „Bis gleich."

Mein Herz rast wie verrückt, als ich mit dem Stock den Weg zur Toilette ertaste, froh zu wissen, wo sie ist, und im schummrigen Licht nur ab und zu an ein Stuhlbein stoßend. Angekommen, lasse ich kaltes Wasser über meine schweißnassen Hände laufen und wische mir die Stirn ab. Kurz darauf gehe ich lächelnd und den Rücken wie an einem Faden aufgerichtet zurück zu unserem Tisch. Ich lächle noch immer, als ich mich wieder setze.

„Früher", erzähle ich, „hatte ich mehr Angst davor, peinlich zu wirken, wenn ich den Stock benutze, als mich zu verletzen, wenn ich ihn nicht benutze. Heute fällt es mir ganz leicht."

Meine Hände zittern, als ich den Stock zusammenfalte und wieder in die Handtasche stecke.

Alex nickt. Er schwenkt sein Weinglas und betrachtet die kreisende Flüssigkeit. „Verstehe", sagt er. „So ging es mir auch, als ich meinen Opa im Rollstuhl spazieren gefahren habe. Ich habe mich nie so ganz daran gewöhnt, dass es immer Leute gibt, die einen anstarren."

Ich frage ihn, ob es auch von Natur aus blinde Vögel gibt. Er denkt nach und antwortet „Glaub' nicht, nur Blindfische und komische Vögel", und wir lachen und bestellen Wein nach. Aus den Lautsprechern erklingt Musik von Fabrizio De André, ich summe den Refrain mit.

So schmeckt Glück. Es hört sich an wie Musik von Fabrizio De André und plaudernde Menschen, es duftet nach geschmolzenem Käse und Wein, sogar ein bisschen nach Knoblauch, und es ist warm wie eine dampfende Pizza. Ich lehne mich zurück und schließe für einen Moment die Augen. Als ich sie wieder öffne, ist es dunkel geworden. Das Licht wurde gedimmt. Nun sehe ich nur noch den kleinen Teil des Tisches vor mir, auf den die Kerze scheint, und vage Alex. Auch die Kerzen auf den anderen Tischen erkenne ich noch, aber die Menschen sind in Schwarz getaucht. Alex ruft den Kellner heran und fragt mich, welchen Nachtisch ich wolle. Obwohl mich das wohl zum Platzen bringen wird, sage ich „Tiramisu", und Alex bestellt es zweimal.

Als der Nachtisch vor uns steht und ich drei Löffel davon gegessen habe, passiert es. Ich will nach meinem Weinglas greifen, taste suchend den Tisch ab, komme an den Stiel, will ihn umfassen, doch zu schnell – das Glas kippt um, und der rote Wein ergießt sich über die Tischdecke.

Ich springe auf und reiße mein Nachtischschälchen hoch, als ob es das Wichtigste sei, mein Tiramisu zu retten. Auch Alex ist aufgesprungen, legt seine Serviette sacht auf die feuchten Flecken und winkt den Kellner heran. Der sagt nur kurz „Oh", stellt rasch Gläser, Kerze und Blumenvase auf den Nachbartisch, nimmt die feuchte Tischdecke mit und geht. Ich wage es nicht, Alex anzublicken, sondern starre auf den blanken Holztisch.

Eine Minute später ist der Kellner wieder da und legt eine saubere Tischdecke auf.

„Entschuldigung, Entschuldigung", murmle ich immer wieder.

„Kein Problem", meint der Kellner. „Passiert schon mal."

Als er Gläser, Kerzen und Vase wieder auf unseren Tisch stellen will, sagt Alex: „Wir machen das schon."

Seine Stimme klingt etwas angespannt. Schnell platziert er die Sachen wieder auf dem Tisch. Wir setzen uns. Mein Gesicht ist heiß und vermutlich schamrot. Wir löffeln unser Tiramisu zu Ende und bestellen Wein nach, weil, wie Alex meint, ich von meinem ja nicht viel gehabt habe.

Irgendwann steht er auf und sagt, er müsse mal kurz verschwinden. Ich nicke und nippe an meinem neuen Wein. Ob wir uns das nächste Mal wieder hier treffen werden, Alex und ich? Wir könnten aber auch in das kleine griechische Restaurant gehen, von dem er erzählt hat und in dem es auch viel heller sei – „genau das Richtige für dich".

Die Kerze auf dem Tisch ist halb abgebrannt. Ich hole mein Handy aus der Handtasche. Schon fast halb elf – wie schnell die Zeit vergangen ist. Ich trinke den letzten Schluck Wein.

Nachdem der Kellner mein leeres Glas mitgenommen hat, blicke ich wieder aufs Handy. Schon fünf nach halb elf. Wo Alex nur bleibt? Vielleicht hat er etwas nicht gut vertragen und kann deshalb nicht schneller wiederkommen.

„Noch einen Wunsch, Signora?", fragt der Kellner, als er wieder an unserem Tisch ist.

„Nein, ich warte noch", antworte ich und deute lächelnd auf den leeren Platz mir gegenüber.

Der Kellner räuspert sich und beugt sich ein wenig zu mir herunter.

„Signora", sagt er leise. „Es tut mir leid: Der Herr ist gegangen."

„Was?"

Ich starre dorthin, wo ich das Gesicht des Kellners vermute, wahrscheinlich blicke ich an ihm vorbei.

„Er hat aber vorher alles bezahlt", sagt der Kellner.

Ich starre wieder auf den Tisch. Das Kerzenlicht, die Blumen in der kleinen Vase, mein Handy – alles löst sich auf und verschwimmt ineinander. Jetzt bloß nicht –

„Ja, ich hätte noch einen Wunsch", bringe ich hervor. „Irgendwas mit Bittergeschmack."

„Einen Amaretto? Einen Averna?", schlägt der Kellner vor.

Ach ja, amaro – heißt das nicht bitter? Merkwürdig, es klingt ein bisschen wie amore.

„Einen Amaretto, bitte!"

Er hat sich bereits umgedreht, da rufe ich ihm nach: „Und einen Averna!"

Doppelt hilft vielleicht mehr. „Alkohol hilft gar nicht", sagt mein Verstand, aber der soll jetzt mal schön die Klappe halten.

„Bitte sehr, Signora!"

Der Kellner stellt zwei kleine Gläser auf den Tisch. Ich umklammere sie fest, damit ich sie nicht versehentlich umwerfe. Mit welchem A fange ich an? Ich trinke einen Schluck Averna und verziehe das Gesicht.

„Geht aufs Haus", sagt der Kellner und klopft mir im Weggehen leicht auf die Schulter.

Tagebuchauszug 20.6.2020

Ich weiß es tatsächlich nicht mehr konkret, nicht mal das exakte Jahr, es muss 2014 gewesen sein, als meinen Vater der Schlaganfall traf und sich daraus wohl die Demenz entwickelte. Es folgte die Einweisung in ein Heim, meine Mutter war, auch altersbedingt, mit der Pflege überfordert, ebenso wie ich, vielleicht grundsätzlich überfordert in solchen zwischenmenschlichen Dingen. Jedenfalls erlitt auch ich, es muss im Schlaf ohne Vorankündigung passiert sein, denn am nächsten Morgen konnte ich kaum noch gehen, musste die zwei Treppen hinunter in die Wohnung kriechen, ebenfalls einen solchen Kleinhirninfarkt, das war 2015. Seither bin ich gehbehindert mit Schwerstbehindertenausweis und praktisch immobil. Zum Glück aber blieb der Kopf heil.

Parallel verschlechterte sich der Gesundheitszustand meiner Mutter rapide, ihre Demenz war im Gegensatz zu der meines Vaters allerdings offensiv-aggressiv, der Horror begann.

Ich hatte bereits die Dinge des Haushalts übernommen, ging trotz meiner schweren Gehbehinderung einkaufen, zweimal stürzte ich unterwegs mit meinen prall gefüllten Einkaufstaschen, einmal davon stürzte ich nach vorn, schlug hart mit der Stirn auf Beton, erhob mich, ging nach Haus, am nächsten Tag erinnerten mich nur eine Beule am Kopf, ein blaues Auge und eine zerdepperte Flasche Ouzo, welche in der Küche fehlte, an den Sturz.

Die Wohnungssuche, die seit meiner Rückkehr aus Kiel (1979-2013) eigentlich geplant war, verflüchtigte sich, ich hatte schwer mit der Demenz meiner Mutter zu tun. Sie verfolgte mich permanent bis hoch an meine Mansardentür mit immer derselben Frage: „Hast du schon gegessen? Du musst doch was essen!" Ich floh in mein Zimmer, nachdem ich Essen für uns beide gemacht hatte, meine Mutter stand dabei, sah es, zehn Minuten später hörte ich die Wohnungstür, die stampfenden Schritte, dann das Klopfen an der Tür „Ja, ich habe doch gerade gegessen! Hast du doch gesehen!" Zehn Minuten später ... Den ganzen Tag ging das so, Tag für Tag und ich konnte dem Horror nicht einmal körperlich entkommen, entfliehen, die Beine ließen das nicht zu. Wut! Hass?! Meine Mutter konnte ja nichts dafür.

Meinem Vater war eine Betreuerin zugeteilt worden, welche sich dann auch meiner Mutter annahm. Weihnachten 2016 holten sie meine Mutter ab ins Heim, und zwar zu sechst, als fürchteten die Beteiligten den Widerstand einer gebrechlichen 94 Jahre alten Frau. Betreuerin, Amtsrichter, zwei Polizisten in Uniform und zwei vermutliche, ständig kichernde Psychostudenten. Allen schien die Situation peinlich.

Meine Mutter sträubte sich natürlich gegen den Abtransport. Ich sagte ihr, dass sie bald wiederkäme, sie tat mir in dem Moment schrecklich leid. Was hätte ich tun können? Hätte ich überhaupt etwas tun wollen? Ich sah sie zum letzten Mal, sie starb 2017 in irgendeinem Heim.

Mein Vater starb 2018 in irgendeinem Heim. Ich war nie zu Besuch, die nicht wollenden Beine. Oder wollte der Kopf gar nicht besuchen?

Bezahlbare kleine Wohnungen gibt es auch in der Provinz kaum. Man wollte dann auch mich in ein „Betreutes Wohnen" einliefern. Doch ich wollte weiterhin ein selbstständiges privates Wohnen, mein mittlerweile und glücklicherweise mir zur Seite gegebener Betreuer und noch ein paar andere Zustän-

dige erreichten, dass ich die Wohnung meiner Eltern übernehmen konnte. Auch bekam ich eine Haushaltshilfe, Einkäufe
lass ich liefern, sodass ich im privaten Umfeld hervorragend
betreut bin.

Anfang 2017 erhielt ich dann allerdings noch eine Krebsdiag-
nose, Speiseröhre. Tägliche Bestrahlung in Lübeck, einmal die
Woche Chemo in Oldenburg, alles mit dem Taximobil absolviert. Ich machte die Therapien mit, bis ich August 2017 krebs-
frei war, aber wirklich gekümmert hat mich die Erkrankung
nie.

Anfänglich lag ich jeweils für eine Woche in drei verschiedenen
Krankenhäusern, zuletzt ein Vierbettzimmer in Lübeck. Doch
ich ertrug die Krankenhausatmosphäre nicht, zumal ich noch
nie vorher in einem lag. Ich bat die Oberärztin, die Therapien
ambulant erledigen zu dürfen, und es gelang ja auch – bis jetzt.

Parallel zu alledem entwickelte sich bei mir beidäugig ein
Grauer Star, schon seit Kieler Zeiten. 2018 war ich praktisch
blind, sah mein Umfeld, sah Gesichter nur noch schemenhaft,
kannte mich aber glücklicherweise in meiner neuen/alten
Wohnung gut aus, rannte also nicht schmerzhaft gegen Mobi-
liar oder Wände, konnte Herd und Waschmaschine auch sehbehindert, und zwar tastend, bedienen, habe mir nie die Finger
an der heißen Herdplatte verbrannt.

Anfang 2019 suchte ich dann doch eine Augenärztin (in Heili-
genhafen) auf, mein Betreuer bemühte sich intensiv um einen
Termin in „halb Deutschland", mit Glück bin ich irgendwie in
den Terminkalender der Praxis hineingerutscht. Kurz darauf
zwei Augen-OPs in Kiel im Abstand von zwei Wochen, was da
genau geschnippelt wurde, will ich gar nicht wissen. Hauptsache ich habe meine Sehfähigkeit zurück, jedenfalls zu 80 %.

Eine Lesebrille allerdings tut trotzdem not, meine erste Brille überhaupt, bis auf die sonnengeneigten.

Speiseröhrenkrebs, Grauer Star, welch Zoo der Erkrankungen hatte sich da bloß in meiner Wohnung eingenistet. Und nicht zu vergessen das (lat.) Infarktus Hirnus Minimus, ein Kleingetier, das dich des Nachts wie ein Vampir im Schlafe heimsucht, dich sozusagen auf einen Schlag anfällt, nur dass es dir nicht dein Blut aus dem Körper saugt, sondern den Gang aus deinen Beinen.

Im Kleiderschrank hängt noch ein alter Handstock meines Vaters. Aber fliegen wie auf einem Hexenbesen werde ich damit wohl auch nicht können.

DILEK MAYATÜRK, BERLIN

GRAU

Wenn ich einen weinenden Mann sehe,
Der seine Tränen nicht fallen lässt –
Dem Regenbogen wird eine Farbe zugefügt,
Die meinem Vater gleicht.

Weiß, aber nicht ganz,
Und nicht schwarz.

...

FRANK MEHLER, HANNOVER
„Einfach immer geradeaus!" – Als Blinder allein unterwegs

Vorsichtig bewege ich mich als Blinder mit dem weißen Langstock durch meinen Stadtteil und lausche an einer Straßenkreuzung, ob ich die Straße überqueren kann. Von einer unbekannten Person wird mir wortlos ein Arm unter meinen rechten Ellbogen geschoben. Da ich diese Person nicht erkennen kann, reagiere ich überrascht und zurückhaltend, denke einen Moment, es könnte eine Bekannte sein, die mir helfen will, die Straße gefahrlos zu überqueren. Es ist aber eine mir unbekannte junge Frau aus Bulgarien, mit der ich mich mühsam auf Englisch verständige. Auch nachdem wir die Straße überquert haben, zieht sie ihren Arm nicht zurück. Ich bin mir unsicher, was sie überhaupt von mir will. Sie will mir aber nur helfen, mein Ziel sicher zu erreichen. Nach fünf Minuten haben wir das Bistro erreicht, in dem ich verabredet bin. Meine Einladung zu einer Tasse Cappuccino lehnt sie freundlich ab und verschwindet in der Großstadt.

Ähnliche Begegnungen und Erlebnisse habe ich immer wieder, seitdem ich mich als Blinder allein durch die Stadt bewege oder allein verreise. Vor drei Jahren bin ich erblindet und habe den Umgang mit dem weißen Langstock erlernt, um mich möglichst autonom in der Großstadt bewegen zu können. Durch eine angeborene Augenkrankheit war ich schon immer sehbehindert und hatte früh gelernt, damit umzugehen. Von meiner Mutter habe ich das ermutigende Motto meines Lebens „Frank, du wirst das schon schaffen!" übernommen. Dieses Motto hat mir schon oft bei der Bewältigung schwieriger Situationen geholfen, auch nach der Erblindung, als viele Alltagssituationen schwerer zu bewältigen waren als zuvor mit Sehbehinderung.

Bei der Bewegung im öffentlichen Raum erhalte ich oft sehr freundliche Hilfsangebote. Am Anfang fiel es mir manchmal schwer, diese Hilfe zu akzeptieren. Ich wollte mir und anderen doch zeigen, dass ich selbstständig bin. Das hat sich inzwischen verändert, und ich nehme Hilfsangebote gerne an, wenn sie mir nicht zu aufdringlich erscheinen. Übergriffe finden zum Beispiel durch einen forschen Griff an meinen Ellbogen und einen energischen Zug in die vermeintlich richtige Richtung statt. Bei Zurückweisung dieser fast immer freundlich gemeinten Übergriffe folgt dann oft die Bemerkung: „Ich wollte Ihnen ja nur helfen!"

Immer wieder wird einem bei der Orientierungssuche auf großen Plätzen oder auf breiten Wegen zugerufen: „Einfach immer geradeaus!" Diese Anweisung ist gut gemeint, berücksichtigt aber nicht, dass man als blinder Mensch schon bei minimaler Abweichung nach links oder rechts die Orientierung verlieren kann. Egal, wie breit die Wege sind, sobald sich an einer Seite eine Hauswand, ein Bürgersteig oder eine kleine Kante befindet, ist die Orientierung mit dem Langstock wesentlich einfacher als auf großen Plätzen ohne tastbare Grenzen.

In den letzten Jahren hatte ich bei meinen Reisen und Wegen im öffentlichen Raum oft hilfreiche, aber auch kuriose Begegnungen, von denen ich hier berichten will.

Wenn ich allein in die U-Bahn einsteige und eine längere Strecke fahren muss, frage ich gleich nach dem Einstieg an der Tür, ob der Platz dort noch frei ist. Einmal antwortete mir ein junger Mann mit „Nein!", stand dann aber sofort auf und meinte, er könne sich gern auf einen Platz jenseits des Gangs setzen, und machte mir damit den Platz an der Tür frei. Als ich mich gerade hinsetzen wollte, bemerkte ich, dass sich die Person auf dem gegenüberliegenden Platz schnell auf den freien Platz gesetzt hatte. Verwundert nahm ich deren alten Platz ein und kommentierte die Aktion lediglich mit „Aha!". Daraufhin meldete sie sich mit: „Ach wissen Sie, ich sitze lieber in Fahrtrichtung!" Ich antwortete der vermutlich älteren Dame mit: „Ach so!"

Bei freundlichen Hilfsangeboten von ausländischen Mitbürgern kann es durch mangelnde Sprachkenntnisse zu problematischen Fehlentscheidungen kommen. So kam ich bei einer Zugfahrt von Hannover nach Wernigerode in eine schwierige Situation. Ich musste in Goslar umsteigen und meinen Zug auf Gleis 5 erreichen. Im Fahrstuhl bot mir eine Ausländerin Unterstützung beim Umstieg an und half mir auf dem Bahnsteig in den Zug. Ich war erleichtert, verstaute meinen Koffer und meine Gitarre und wartete auf die Abfahrt. Als mein Zug plötzlich abfuhr, stellte ich durch einen Griff auf meine Blindenuhr fest, dass er fünf Minuten zu früh abgefahren war. Beunruhigt fragte ich die Mitreisenden, ob dieser Zug nach Wernigerode führe. Doch der Zug war auf dem Weg nach Göttingen, also genau in die Gegenrichtung unterwegs. Panik breitete sich bei mir aus. Was sollte ich jetzt tun? Am klügsten erschien es mir, an der nächsten Station auszusteigen und mit dem nächsten Gegenzug nach Goslar zurückzufahren. Der Plan war gut, aber die Umsetzung gestaltete sich wesentlich schwieriger. Als mein Zug nach knapp 10 Minuten hielt, stieg ich mit meiner Gitarre und meinem Koffer aus und war damit der einzige Fahrgast an einem ziemlich verlassenen Haltepunkt. Nachdem ich mehrmals vorsichtig „Hallo" gerufen hatte, antwortete dann doch ein älterer Herr. Ich erklärte ihm, dass ich auf den gegenüberliegenden Bahnsteig gelangen müsste, um nach Goslar zurückzukehren. Wir mussten die Gleise direkt überqueren, da die nächste Brücke 300 Meter entfernt war, und er versicherte mir, dass ich mich auf ihn verlassen könnte, da er hier früher beim Stellwerk gearbeitet hatte. Ich überquerte also mit ihm die Gleise, er führte mich zu einer Bank und verabschiedete sich. Ich musste warten. Mich beschlich eine gewisse Unruhe und ich versuchte, über das Navigationssystem meines iPhones herauszufinden, wo ich nun eigentlich war. Das funktioniert in Städten ganz gut, hier wurde mir aber nur der Breiten- und der Längengrad übermittelt. Bis heute weiß ich nicht, in welchem Ort ich damals ausgestiegen war. Nach etwas mehr als einer Stunde hörte ich sich nähernde Damenschuhe, ich sprach die dazugehörige Person an und erläuterte ihr mein Problem. Die Frau war auf dem Weg nach Goslar, hörte sich meine Geschichte an und sorgte dafür, dass ich endlich meinen richtigen Zug nach Wernigerode erreichte.

Drei Wochen später musste ich in München umsteigen, um nach Hannover zu fahren. Im Hauptbahnhof München wird schwerbehinderten Menschen beim Umsteigen durch den Mobilitätsservice der Bahn geholfen. Ich fühlte mich dort also gut aufgehoben. Die Dame, die mich mit einem kleinen Elektrowagen über den Bahnhof chauffierte, verriet mir allerdings, dass sie vor ein paar Tagen aus Versehen zwei blinde Reisende in einen falschen Zug gesetzt hatte. Da die Dame mit einem ausländischen Akzent sprach, war ich wegen meines Erlebnisses in Goslar dann doch wieder leicht beunruhigt. Wir hatten aber genug Zeit, fanden den Zug nach Hannover und den richtigen Platz in Wagen 35, wo sie mir noch einmal versicherte, dass sie alles genau kontrolliert habe, und sich verabschiedete. Nach ungefähr fünf Minuten kam ein junges Paar und behauptete, dass ich auf ihrem Platz säße. Ich erklärte ihnen, dass mir jemand von der Bahn bei der Suche meines Platzes geholfen habe und ich doch so auf dem richtigen Platz sitzen müsste. Ich räumte aber meinen Platz, setzte mich in die Nähe und wartete auf den Zugbegleiter. Als der kam, stellte er fest, dass die Plätze des jungen Paars nicht im Wagen 35, sondern im Wagen 25 reserviert waren. Die beiden entschuldigten sich bei mir, und ich konnte wieder meinen reservierten Platz einnehmen.

Derartige Verwechslungen von Platz- und Wagennummern passieren sehenden Reisenden immer wieder, und als blinder Reisender ist es dann oft nicht leicht, seine Interessen durchzusetzen.

Ein anderes Mal fuhr ich in einem Zug von Hannover nach Frankfurt, als eine Mutter mit zwei Kindern und sehr viel Gepäck die Reservierung für die Hin- und Rückfahrt verwechselt hatte und meinen Sitzplatz haben wollte. Da es nun schwierig für sie gewesen wäre, mit ihren beiden Kindern und dem Gepäck ihre richtigen Plätze im vollen Zug aufzusuchen, bemühten sich viele Mitreisende um einen sinnvollen Platztausch, sodass die Mutter, ihre beiden Kinder und ich schließlich zusammen saßen. Wir haben uns auf der Fahrt sehr angeregt unterhalten.

Wenn man als blinder Mensch allein reist, wird man durch die anderen Reisenden in besonderer Art und Weise mit seiner Einschränkung konfrontiert. Jede Reise ist ein kleines Abenteuer, man weiß nie, welche Probleme einem begegnen, ob und wie einem geholfen wird oder wie man die Hürden überwindet. Wichtig ist immer nur, dass man sich auch von schwierigen Reiseerlebnissen nicht entmutigen lässt. Mein Koffer ist schon wieder gepackt.

Mein Buch der Wahrheit

Ich bin einer von Hunderttausenden Menschen mit geistiger und körperlicher Beeinträchtigung. Und ich möchte den Menschen ohne Beeinträchtigung einmal sagen, was es wirklich bedeutet, gehandicapt zu sein.

Ich habe eine Konzentrationsschwäche und einen Herzfehler. Ich kam in Griechenland zur Welt. Dort erlebte ich ein richtiges Erdbeben. Dort wurde ich aber auch kurz nach der Geburt das erste Mal am Herzen operiert. Zwischen 1994 und 1997 wurde ich immer wieder operiert, mit ein paar Monaten oder einem halben oder ganzen Jahr Pause dazwischen. Aber einmal gab es eine Komplikation. Seitdem habe ich eine geistige Beeinträchtigung. Im Jahr 1997 war die letzte Operation. Ich habe nur eine Herzkammer, daher muss ich aufpassen.

Ich bin ein Mensch mit zwei Wurzeln. Von der mütterlichen Seite bin ich Schweizer. Mein Vater ist Italiener. Ich war oft zu Gast und im Urlaub bei ihm. Doch aufgewachsen bin ich bis zur 2. Klasse in der Stadt Bern, danach in Mittelhäusern, das ganz in der Nähe liegt. Ich habe eine Ausbildung zum Gärtner angefangen und dann von 2013 bis 2016 in der Stiftung Bernaville in Schwarzenburg gearbeitet, das ist eine Einrichtung für Menschen mit Beeinträchtigung. Dort trainierte ich auch als Feuerwehrmann. Seit 2016 und bis heute arbeite ich im Wohn- und Werkheim Worben, dort kam auch die Idee, mich zum Samariter ausbilden zu lassen. Ich fahre jeden Tag zur Arbeit in Worben, wohne aber bei einer Gastfamilie in Büren an der Aare oder bei meiner Mutter.

Ich bin heute also Gärtner, Hilfsleiter einer Pfadi für Menschen mit Beeinträchtigung, Samariter und Feuerwehrmann. Ich bin ein Mensch, der schreiben, lesen, laufen und sprechen kann, auch andere Sachen; ich brauche einfach bei manchen Dingen Unterstützung, weil ich das geistig und körperlich nicht gut hinbekomme. Ich kann arbeiten und meine Freizeit selbst gestalten, aber das mit der Liebesbeziehung hapert bei mir. Auch was Fremdsprachen angeht, sowohl sprechen als auch verstehen, hapert es. Ich bin tier- und menschenfreundlich, Hobby-Musiker, Hobby-Schriftsteller. Berufswünsche hätte ich viele, aber keinen von denen kann ich ausführen. Ich kann nicht Auto fahren. Ich kann auch nicht allein wohnen. Die Wäsche waschen, aufhängen und zusammenlegen geht, aber nur durch Übung. Reisen kann ich mit der Familie oder mit der Hilfsorganisation Procap. Zur Arbeit gehen kann ich selbst und auf andere Menschen achten und ihnen helfen. Ich bin ein Mensch, der offen ist, sich aber auch zur Wehr setzen kann. Ich bin 1 Meter 65 cm groß und 54 Kilogramm schwer.

Ich habe sehr, sehr wenige Freunde ohne Handicap, leider, die meisten sind mit Handicap, aber ich wünschte mir auch andere Freunde, die mich nehmen, wie ich bin. Ich kann ja nichts für meine Einschränkungen. Die habe ich, seit ich ein Baby bin, und das wird sich so schnell auch nicht mehr ändern. Ich bin ein Mensch mit fast 30 Jahren Lebenserfahrung auf der Welt und genauso lange laufe ich auch mit meinem Handicap herum. Was ich darüber geschrieben habe, wie es mir damit geht und wie andere mir begegnen, ist die ehrliche Wahrheit. Es klingt vielleicht manchmal makaber, aber so ist es.

Was ist eine Beeinträchtigung?

Eine Beeinträchtigung ist etwas, was man im Leben nicht gut oder gar nicht kann. Jeder Mensch hat Dinge, die er nicht gut kann, aber Menschen mit Beeinträchtigung können nicht, was alle anderen um dich herum können. Wir Menschen mit Beeinträchtigung haben täglich Hürden zu überspringen, die für einen normalgesunden Menschen kein Problem sind wie das Rechnen, Lesen oder Schreiben. Wir können da nichts dafür, wir sind so seit Geburt oder seit einem Unfall. Wenn wir nerven, überlegt also, ob wirklich wir schuld daran sind. Oft sind wir es nicht, manchmal vielleicht schon. Es gibt viele Menschen mit Beeinträchtigungen und ohne Beeinträchtigungen, die nur austeilen, aber nicht einstecken können.

Familie

Ich bin ein Mensch mit einer Beeinträchtigung, aber ich wünsche mir manchmal schon eine eigene Familie. Ob die Kinder meine eigenen sind oder nicht, das ist mir wirklich egal. Ich wünsche mir eine Frau mit ein oder zwei Kindern, die mich für den Rest des Lebens nehmen, wie ich bin. Die Nationalität der Frau und der Kinder ist mir auch egal, nur anständig zu Menschen mit Beeinträchtigung sollen alle sein. Und die Familie müsste zumindest Schriftdeutsch sprechen können, weil ich außer Schweizer- und Schriftdeutsch keine andere Sprache sprechen kann. Die Frau/Familie sollte auch viel Geduld mitbringen, falls ich etwas Neues lernen sollte.

Comedy

Ich liebe Musik und Comedy aus aller Welt und ich versuche es immer so original wie möglich nachzumachen in allen Sprachen und in jeder Stimmlage. Seid ihr Gesunden alle froh, dass ihr einigermaßen gesund seid. Und an alle Menschen, die einen Dachschaden haben: Damit kann man auch berühmt werden!

Wie man mit Beeinträchtigungen umgeht
Als Mensch mit Beeinträchtigung muss man einiges an Sprüchen hören:
Hallo? Wieso läufst du so schlecht, bist du betrunken?
Kannst du nicht gerader laufen, du Volltrottel?
Du gehörst nicht zu unserer Gesellschaft, du Doofkopf!
Schade, dass viele Eltern immer noch den Kindern erklären, dass wir behindert sind. Das Wort „behindert" sollte eigentlich verboten werden.

Wenn ihr jemand seid, der keine Beeinträchtigung hat, kommt und fragt uns vorher, ob man helfen kann, und nicht nur stur den Kopf runter und durch. Einfach fragen, dann können wir immer noch sagen, ob wir die Hilfe brauchen oder nicht. Und wenn ihr fragt, meint es 100 Prozent ernst! Immer zuerst fragen, dann intervenieren – außer man sieht, dass es ohne fremde Hilfe nicht mehr geht. Aber auch da 100 Prozent ernst meinen immer!

Auch wenn wir beeinträchtigt sind, bitte so normal unterhalten wie möglich und nicht stumm sein oder babyhaft! Bitte so normal wie möglich, danke. Wir können manchmal auch mehr, als man uns ansieht. Macht euch alle ein eigenes Bild. Erzählen kann man viel, deswegen kommen oft so viele Lügen zustande.

Ich frage mich aber auch oft: Wie können Betreuerinnen und Betreuer einer Einrichtung die Bewohnerinnen und Bewohner mit Beeinträchtigung richtig einschätzen? Vor allem, wenn es um das Intime geht, wie zum Beispiel essen und dabei den Mund putzen lassen. Das frage ich mich auch oft für mich selbst: Wie wäre das, wenn man das bei mir machen würde? Es ist für mich eine wichtige Frage, weil ich das in der Pfadi ja auch machen muss, anderen den Mund putzen. Ich habe darauf nie eine schlüssige Antwort bekommen. Ich habe aber etwas anderes bemerkt: Dass die Menschen manchmal Angst vor uns beeinträchtigten Menschen haben. Das ist jedoch gar nicht nötig; wir sind trotz Beeinträchtigung hilfsbereit und manchmal sogar besser bei Sinnen als gesunde Menschen.

Epilepsie

Ich war auch Epileptiker, aber ich habe das medikamentös fest im Griff. Epilepsie ist eine chronische Krankheit im Gehirn. Eine Art Gewitter, wenn man so will. Der Mund schwillt an, Flüssigkeit läuft an den Mundecken runter, die Augen drehen sich und man kann sich selbst verletzen, wenn man sich z. B. auf die Zunge beißt! Als Feuerwehrmann musste ich auch schon für andere Epileptiker einen Einsatz machen. Einmal saß ich bereits am Esstisch, der Kollege kam, wollte sich setzen, aber dann hatte er einen epileptischen Anfall. Ich reagierte sofort und schob alles rund um ihn weg: Tisch und Stühle. Ihn ließ ich vor Ort liegen. Man darf einen solchen Menschen nicht zu fest herumschleifen wegen der Verletzungsgefahr. Also bitte alles wegschieben, was geht, aber nie den Patienten selbst!

Nachts

Ich spreche während der Nacht. Das Problem habe ich seit circa 2012. Ich spreche nicht über das, was ich am Tag erlebe, sondern über die Träume, die ich habe. Aber ich weiß, dass es so gut wie nie vorkommt, dass ein Traum in Erfüllung geht.

Langeweile

Ich habe den Job gemacht, meine Hausarbeit gemacht, ich war in der Pfadi. Aber was soll ich danach machen? Ich sitze leider zu oft am Computer. Ich spiele Spiele, die ich 100.000mal gespielt und verloren habe, ich höre täglich die 100 gleichen Songs. Das will und muss ich ändern, aber ich frage mich wie, ohne dass ich ein zu großes Risiko eingehen muss. Ich bin ein Mensch, der gerne anderen hilft. Wer aber hilft mir, wenn ich allein bin?

Beziehungen

Ich hatte in meinem Leben in 26 Jahren einige Beziehungen. Die waren aber alle in kürzester Zeit futsch, weil ich oft nur Diener und nicht echter Freund war, weil es keine echte Liebe war. In meinem Leben liebte ich nie richtig. Ich wurde zwar auserwählt, hatte dann aber mehr Arbeit als sonst etwas.

Glauben

Viele Menschen wachsen im Glauben auf, ein Nichts oder eine Belastung zu sein. Ich frage mich oft, wieso es Beeinträchtigungen überhaupt gibt. Wofür ist das? Was ist der Sinn und Zweck dahinter? Als Antwort wird uns oft von jemandem etwas gesagt und wir müssen es zunächst einmal glauben. Die Wahrheit aber erfahren wir nie. Wieso ist das so? Müssen wir zuerst angelogen werden, weil man Angst hat, dass wir es nicht oder falsch verstehen? Wir haben eine Beeinträchtigung, aber wir sind nicht doof! Was wir mit einer negativen Nachricht machen, kann man uns überlassen! Aber wenn wir etwas falsch oder nicht ganz richtig verstehen und man uns nicht die Wahrheit sagt, dann müssen wir manchmal schreien.

Singen

Ich würde so gerne singen können, doch viele sagen, ich könne es nicht, was vielleicht stimmen mag. Aber ich bin ein Mensch mit geistiger Beeinträchtigung. Wenn ich geistig gesünder wäre, würde ich es auch besser machen. Ich singe, so wie es geht, ob vom Radio, einer CD oder YouTube. Ich hätte gerne jemanden, der mich professionell unterrichtet. Singen kann für mich auch befreiend sein, das versteht einfach niemand – leider. Ich singe also nicht, um andere zu ärgern, sondern um mich im Alltag zu beruhigen. Und auch, wenn es schlecht oder schräg klingt, wenn ich singe – man kann froh sein, dass ich singen kann. Ich habe viele Arbeitskollegen und -kolleginnen, die das vielleicht gerne tun würden, aber nicht können, weil sie nicht einmal sprechen können.

Musik
Ich höre wirklich extrem alte Musik aus den Achtzigern oder Neunzigern oder Kleinkinder-Musik. Ich will nie was Neues kennenlernen, sondern hänge jahrelang an dieser Musik fest. Viele sagen zwar, es ist egal, was ich höre, Hauptsache ich hätte Freude daran. Das finde ich aber nicht, ich finde das, was ich höre, doof! Viele sagen das zwar, das ist es nicht, aber ich finde schon, dass man bei einem fast 30-Jährigen, der Kindermusik hört, sich fragen kann: Geht's noch?

Loropark, Delfine & Orka
Ich war auch schon in Teneriffa, im Loropark. Mir war nicht bewusst, wie die Tiere in dem Zoo gehalten werden, und ich Tollpatsch ging noch mit und hatte Freude daran. Doch zu Hause hat mir meine Mutter erklärt, welches die Realität der Tiere ist, und seither ging ich nie wieder hin, weil ich wusste, wie die Orkas und Delfine gehalten werden. Die armen Tiere! Das habe ich wirklich falsch gemacht, dass ich da mitging.

Teneriffa & Tiere

In Teneriffa, wo ich auch diese Orka- und Delfinshow sah, machte ich ein Experiment: Ich fasste dort verschiedene Tiere an, zwei kleine Papageien, eine große Würgeschlange und einen Adler. Der war sehr schwer, vor allem wenn er die Flügel spreizte. Ich wurde als sehr mutig bezeichnet, weil es viele nicht schafften, schon nur in die Nähe der Tiere zu gehen. Ja, mir ist bewusst, dass man vorsichtig sein muss, aber das machte ich ja nicht allein. Es gab jemanden, der extra ins Hotel kam mit diesen Tieren, und die Touristen durften es ausprobieren. Die armen Tiere, ihr Stress kann auch gefährlich werden für uns Menschen. Also vorsichtig sein bei solchen Sachen, nie selbstständig handeln wollen, sondern erst fragen, dann machen! Wie beim Hund, dort ist es das Gleiche: Immer zuerst fragen und dann anfassen und streicheln, aber bevor man ihn streichelt, schnuppern lassen. Wie die Katze auch: zuerst schnuppern lassen, dann streicheln! ALSO ZUERST FRAGEN, DANN SCHNUPPERN LASSEN und DANN STREICHELN!

Wunsch

Ich würde gerne einmal so normal wie möglich sein. Was den Job betrifft, was das Hobby betrifft, was das Leben allgemein betrifft. Was das Autofahren betrifft: Auch wenn es ein selbst fahrendes Auto wäre und ich am Steuer sitzen und so mitfahren könnte, wäre das cool. Aber leider ist die Technik noch nicht so weit. Dieser Wunsch wird für mich wahrscheinlich nie in Erfüllung gehen. Was ich schade finde, weil so viel produziert wird auf der Welt, aber an uns Menschen mit Beeinträchtigung wird nie gedacht. Wieso? Sind wir denn niemand?

Katzen und Hunde

Ich wuchs in einer Siedlung auf, wo es viele Katzen und Hunde gab, und ich bin oft mit einigen dieser Hunde spazieren gegangen. Das war etwas Cooles für mich, denn da konnte ich mit dem Hund allein sein, ohne dass mir jemand dazwischenquatschte. Ich hatte auch einmal eine Katze, die eines Tages einfach verschwand und nie wieder auftauchte. Ich komme mir auch oft wie ein Tier vor, auf das man aufpassen muss. Das nervt. Immer heißt es: Wer kann Francesco hüten? Wer kann auf Francesco aufpassen? Hallo ...? Ich bin kein Schaf oder Karnickel oder Hund.

Fragen

Wo sind wir wirklich von Nutzen außer in den Institutionen für Menschen mit Beeinträchtigung?

Wo können wir risikofrei unser Leben so leben, wie es nun mal ist?

Wäre das Leben ohne uns beeinträchtigten Menschen besser?

Wie wäre es, wenn es das gar nicht geben würde, die Beeinträchtigung?

Was wäre besser/schlechter, wenn alle normal wären?

Wie ist es, ohne Krankheit zu leben?

Wieso muss man uns schwächer machen, als wir schon sind?

Wann, wo, wie und zu welchem Zeitpunkt dürfen auch wir einmal einfach loslassen und weinen, wie es uns gerade gefällt?

Ich finde oft, wir sind nur die Deko der sogenannten Normalen!

Kinder

Ein Kind zu sein, war schön, aber Kinder zu haben, ist schöner, auch wenn es keine eigenen sind. Man ist dann trotzdem in der

Verpflichtung, auf sie Rücksicht zu nehmen und sie spielen, lärmen und sein zu lassen, wie sie sind. Solange ich in der Pfadi mit den Kindern spiele oder etwas mit ihnen unternehme, gelte ich als erwachsener Mensch. Ich liebe Kinder wirklich, sonst würde ich nicht so wohnen, in einer Pflegefamilie mit anderen Kindern, sondern immer noch ganz zu Hause oder in einer WG, was ich in einer Wohngruppe auch einmal versucht habe, doch das ging schief. Denn ich wurde mit einem Menschen zusammengetan, der vom Alter her mein Papa hätte sein können. Ich finde, solange ich selbst noch allein im Sinne von Single bin, bin ich auch noch ein Kind. Ich bin doof, schwach, großkotzig und arbeitsunfähig. Ich weiß mindestens 50 Prozent weniger, als ein normaler Mensch zu wissen hat. Es klingt gemein, was ich über mich selbst schreibe, aber es ist die Wahrheit. Es ist leider so.

Angst

Wir haben im Heim die Weihnachtsdekoration abgenommen, und ich ging dafür auf die Leiter. Die Leitung der Werkstatt hatte Angst, dass ich runterfallen würde. Doch dürfen wir um unsere Leitung auch Angst haben? Vor allem, wenn es hoch hinaus geht mit der Leiter, bis an die Decke. Es ist das Gleiche mit dem Gefühle zeigen: Die Chefs haben das Gefühl, dass sie für uns stark bleiben müssen, vor allem, wenn es um das heikle Thema Tod geht, das in einer Einrichtung wie der unseren immer da ist. Ich finde, jeder darf Gefühle zeigen. Zu mir darf jederzeit jeder Mensch kommen, auch die Leitung. Nicht schämen, kommen! Sonst passiert der Fehler, dass wir mit Beeinträchtigung auch das Gefühl haben, dass wir keine Gefühle zeigen dürfen.

Facebook

Ich habe in meinem Leben auch Facebook benutzt, doch bekam ich sehr oft Droh- und Auslach-Nachrichten, deswegen habe ich es wieder gelöscht. Nein, ich würde das nie wieder in meinem Leben installieren. Whatsapp habe ich auch gelöscht, weil ich gemobbt wurde. Ich habe Whatsapp jetzt aber wieder, vor allem, um mit Übersetzerprogramm meinem Vater hin und her zu schreiben.

Marrakesch

Ich hatte einmal, wie meine Schwester auch, mir zum Geburtstag eine Reise ins Ausland gewünscht. Sie ging nach Istanbul und ich nach Marrakesch. Wir wohnten dort in einem Riad, das ist eine Art kleines Hotel. Ich sah in Marrakesch einiges, womit ich nicht gerechnet hatte: Viele Abfallberge, Steinbrüche, Teppichverkaufsstellen. Und wir stießen oft auf Kinder, die uns helfen wollten und uns den Weg zeigten, um irgendwo hinzukommen, und sich damit ihr Geld verdienen mussten. Sie konnten nicht zur Schule gehen! Was mich dort auch sehr erstaunt hat und was ich noch von sonst niemandem auf der Welt bekam: In einem Laden bekam ich etwas zu trinken, eine Führung, bei der ich an der Hand genommen wurde, und nach der Führung eine Verbeugung. Ich fragte danach meine Mutter, wofür diese Verbeugungen waren. Sie sagte mir damals: Aus Respekt, weil die beeinträchtigten Menschen in Marrakesch heilig sind!

Ich konnte darauf im ersten Moment nichts mehr sagen.

ELISABETH MEYER, LOHNE
Covid 19

In Läben is dat immer wer so wied,
dat is Urlaubs- und uck Ferientied.
Dat ganze Johr is grote Freide
för all de Arbeit un dei Maide.
Doch Ditjohr löp dat nich so gaut,
weil Vieren us richtig agen daut.
Cov 19, eine Pandemie,
maokt Probleme wie noch nie.
Dat Läben, uck wenn man't nich will,
süht ut, as wenn alles steiht nu still.
Ehrlich, ist dat wirklich so?
Wenn wie naodenkt, könnt wie wäsen richtig froh.
Use Öllern dö'n us lern,
Rücksicht nähm', den annern ehrn.
Nich achtlos so tausaome staohn,
mit Mundschutz uner Mensken gaohn.
Wie hebb äten, drinken un us Läben
un könnt noch einiges uck wiedergäben.
Wie hebt Kliniken, de sünd för us dor,
de Ärzte hebt ein open Ohr.
De Schwestern daut mehr noch as ehre Pflicht,
dorüm denn Raot: Verzweifelt nicht.
Bie allen Übel nu ut diesse Tied,
erinner' ick mi, at is et hüt',
Fliegeralarm, Angst üm't Läben,
do dö dat vulle Kaken gäben.
Dat Gebet giff us Vertrauen.
Mit Hoffnung kann man dor up bauen,

dorum sägge ick vull Vertrauen hüt:
Mit Maut und Hoffnung öwersteihst du jede Tied.
Wie wünsket Gesundheit nu un Gottes Sägen
för die Zukunft jau up allen Wägen.

ELISABETH MEYER, LOHNE
Mauergägend

Dat lesde Huus vör't Mauer, Natur, einfach wunderbaor. Allein de Mauergeruch, in Fäujaohr de Poggen un alles, wat man so in eine Mauergägend beobachten kann. So passeierde eis maol, wat grote Sogen mök. Dei Schaulweg wör 5 km wiet, Straoten wör dor nich baut, un up den Mauerweg geef dat masse Mäusken. Anne bleew gerne maol staohn, lusterde dat Tirilili van dei Lerchen oder dat Fleiten van den Gütvögel un freide sick, wenn up dei Wisken dei Kiwit flatterde, as wenn de nich fleigen kunn, aober dei wul blos sien Nest schützen. Manges bröchde Anne för Mama ein paor Mauerplüskes oder Kattensterde mit, so dürde dei Trüggeweg länger, dat wör so.

Doch eines Daoges, dei Schaule wör all gaut twei Stunden ute, wör Anne immer noch nicht tau Huus. Wor kann dat Kind blos wän? Dat Telefon wör nich mehr still; blos noch Fraogen, wor Anne woll wäsen kun. Nu wör'n de Lüe all öwerne ganze Stunde an't seuken. Nichein har Anne seihn. Unruhe köm up un de Schendarm worde ropen. Of dor ein' wat upfal'n wör, einer villicht ein fremdet Auto seihn har – nix, nichein har dat Kind seihn; un nichein wör wat upfaln. Annes Mama möss nao Huus, möss up Telefon lustern. Sefi kunn't baol nich uthaoln. Immer wedder löp sei nao buten, off dor wat tau seihn wör. At dat Telefon bimmelde, kunn sei dor gaornich drocke naug henkaom – aober ne, dor har sick blos ein' verwählt. De Sorgen un de Schnackerei nöhm tau. Dat wör leip. Upmaol hörde man Stimmen. „Wat is los?", röp einer. „Wie wät noch nicks, wie hebbt Anne noch nich fun." Oh

88

ne, dat is gräsig, de Unsicherheit! Do köm de Schendarm. „Gi hebt doch ein' groten Hund", sä de. „Jao, worüm?" „Is de Hund kinnerleif?", wör de Fraoge. „Oh jao, Anne spälde baol den ganzen Dag mit denn Hund un meistens löp dei Hund uck mit." „Gaut", sä de Schendarm, „gäft mi ein bitken Tüg van dat Kind, dann willt wie eis seihn." Dei Hund schnupperde und Franz sä: „Such, Trixi, such Anne, such!" De Hund löp sofort nao buten, schnupperde up denn Hoff rüm un löp dann Richtung Mauerwisken. Alle harn sei ganz mulmig Gefäuhl un löpen denn Hund naoh, dei noch immer mit siene Schnuten up dei Eern Richtung Mauergraoben löp. Gedanken of dat Kind woll in Mauerpüt fal'n wör, Up einmaol kreg dei Hund dat drocke un susde up dat Bentgräss tau. Dor bleef hei staohn un füng an tau bläken. Dei eipsten Gedanken güngen dörn Kopp, einige löp Gräsigen aower, wat is paseiert, wat heff de Hund? De Schendarm wör de Eierste, Franz un Josef wör'n de Nächsten. Do seegen sei: Anne bewägde sick. De Spannung füllt; dat Kind keek ganz mäu ut un rögde sick. Anne wör achter eine Himmelszägen herloopen. Dat Roopen van denn Vogel hörde sick an, as wenn ein Schaoplamm jammert. Anne har dat Tier säuken wullt un wör meue worn, do ha sei sick einfach hensätt' un wör inschlaopen. So kann et kaomen, alles wat schön is, kann uck eis sorgen bringen.

CHRISTIANE MORLOCK, KARLSRUHE

Ich Lebe

Narben zieren meine Arme und Beine
Sie sind nicht schön
Sie sind nicht erstrebenswert
Sie sind nicht ehrenhaft
Sie passen nicht zu den Erwartungen der Gesellschaft

Ich zeige meine Narben mit Stolz
Sie sind ein Zeugnis meines Kampfes
Ein Testament für Willenskraft
Ein Eingeständnis der Kraft meiner inneren Dämonen
Aber auch ein Zeichen meiner Stärke, sie zu besiegen

Die Behinderung steht im Weg
Ein normales Leben geht nicht
Das Erwartete kann ich nicht leisten
Ich sollte mich zusammenreißen
Denn mein Wert nimmt täglich ab

Ich zeige meine Behinderung mit Stolz
Sie ist Teil von mir, seit ich denken kann
Durch sie bin ich stärker in Anbetracht von Herausforderungen
Durch sie weiß ich die kleinen Wunder des Alltags
                              mehr zu schätzen
Durch sie kenne ich mich besser denn je

Leistungen sind das A und O unserer Gesellschaft
Die Latte liegt hoch, höher, als ich sie erreichen könnte
Meine Gaben sind vergleichsweise wenig wert
Was ich schaffe, ist nicht erstrebenswert
Und mein Stolz ist fehl am Platz

Ich zeige meine Errungenschaften mit Stolz
Es sind die Heldentaten des Alltags
Von Siegen über die inneren Dämonen
Bis zu den kleinen täglichen Aktionen
Es scheint kaum als Errungenschaft, aber ich bin stolz

Ich stehe vor euch mit Stolz
Mit allem was ich bin und habe
Mit den Schwierigkeiten meiner Andersartigkeit
Aber auch mit den unendlichen Möglichkeiten,
        die sie mit sich bringt
Ich nehme die Welt anders wahr als ihr
        Dinge, die für euch klar sind, sind für mich so
        undurchdringbar wie Hieroglyphen
Dinge, die jede Leidenschaft in mir wecken,
        sind für euch weniger imposant
Dinge, die ihr als selbstverständlich hinnehmen dürft,
        sind für mich ein utopischer Traum

Ich nehme die Welt anders wahr als ihr
Und das ist nichts Verwerfliches
Im Gegenteil
Das ist es, was die Welt so wunderbar macht

Ich stehe vor euch mit Stolz
Denn es ist der Beweis dafür, dass ich lebe

GERLINDE MÖSSINGER, EBENFURTH, ÖSTERREICH
Neues beginnen

Alles zerbrochen, alles kaputt,
die Welt liegt in Scherben, bin so voller Wut!
Möchte laut schreien,
doch keiner hört mich,
alles zerbrochen, du lässt mich im Stich!

Meine Liebe am Ende,
weiß nicht mal warum?
Du siehst mich an, so lieblos und stumm.

Ist wohl dumm gelaufen, alles vorbei.
Lieb dich noch immer, ist dir einerlei.
Fühlte mich so sicher, dachte für ein Leben.
Was ist bloß passiert, hast mir keine Antwort gegeben.

Wie konnte das nur geschehn,
warum hab das drohende Ende ich
nicht kommen gesehn?

War doch so glücklich einmal mit dir,
du warst es nicht und enttäuscht von mir.
Alles zerbrochen, alles kaputt,
könnte laut schreien vor lauter Wut!

Alles zu Ende, alles vorbei,
wir waren so glücklich, einmal wir zwei!
Verliebt haben wir von der Zukunft gesprochen,
alles kaputt, alles zerbrochen!

Möchte so gerne das Ende verstehen,
doch du willst mich einfach gar nicht mehr sehen.
Alles in Scherben, alles kaputt,
möchte laut schreien, bin voll Trauer und Wut.

Fühle mich einsam, alleingelassen,
lieb dich noch immer, kann dich einfach nicht hassen.
Die Scherben verletzen, der Schmerz macht mich stumm.
Ist nichts mehr zu kitten, weiß nicht warum?

Alles zerbrochen, alles kaputt,
möchte sie rauslassen, meine unbändige Wut.
Ein Meer von Tränen, die Sehnsucht nach dir,
alles zerbrochen, allein steh ich hier.

Alles in Scherben, alles kaputt,
werde weiterleben, irgendwann ohne Wut.
Möchte mich neu verlieben, bin dazu bereit,
einen Anfang wagen, dafür ist genau jetzt die Zeit.

Alles zerbrochen, alles kaputt,
verzeihen, vergessen, vorbei ist die Wut.
Neues beginnen, voll Übermut,
fühl Megapower, fühl mich einfach nur gut!

LISA MÜCKLICH, BONN
„Warme Ananas"

Im Behandlungszimmer 3 sitzen eine Handvoll Ärzte und überlegen.
Es ist Mittwoch.
Im selben Behandlungsraum saß ich schon am Montag. Zwei Tage lang dachte ich, mein Schädel platzt, bis ich mich dazu überwunden habe, ins Krankenhaus zu fahren.
‚Nicht schon wieder', denke ich, als ich Samstagmorgen aufwache und die Druckkopfschmerzen meines Lebens verspüre. Ich denke kurz, ich würde umkippen. Aber na ja, gut, ich habe auch Migräne und vielleicht ist mein Nacken einfach sehr verspannt ...
CT (weil das MRT kaputt ist), Ultraschall vom Bauchraum, Röntgen des gesamten Shunt-Verlaufs. Ich sitze fünf Stunden in der Ambulanz der Neurochirurgie und werde von A nach B geschickt.
Vor einigen Monaten war ich dort, weil meine Gynäkologin bei der Routineuntersuchung gesehen hatte, dass ich sehr viel Gehirnwasser (= Liquor) im Bauchraum hatte. Jetzt, an diesem Montag, habe ich gar kein Liquor im Bauchraum.
Die Einstellung meines Ventils wird von außen gemessen. Das Messgerät ähnelt einem Kompass, der auf das Ventil gelegt wird. Besser gesagt, gedrückt. Ein Ventil hat verschiedene Druckstufen. Das Ventil, welches ich implantiert habe, hat bis zu 20. Je geringer die Zahl der Druckstufe, desto mehr Liquor wird abgepumpt. Je höher die Zahl, desto weniger.
Der Arzt drückt auf meinem Kopf herum und ich bin froh, dass ich sitze, weil ich erneut das Gefühl habe, gleich schwarz vor Augen zu sehen. Mein Ventil ist auf Druckstufe 10 eingestellt.

Eigentlich. Minuten lang hantiert der Arzt mit dem Messgerät herum. Erst zeigt mein Ventil gar keine Stufe an, dann springt die Nadel zwischen 6 und 16 hin und her. „Frau Mücklich, suchen Sie sich 'ne Druckstufe aus. Irgendwas zwischen 6 und 16!" Neurochirurgen-Humor at it's best.

Irgendwann hat das Messgerät dann nachgegeben. „Also das Ventil steht auf 11."

Remember? Druckstufe 10 ist meine Einstellung.

Meine Ventrikel sind symmetrisch (bei einem gesunden Liquorabfluss sind die Ventrikel immer symmetrisch). Das wäre aber okay, sagt der Arzt, denn man kann die Liquorräume (auch Ventrikel genannt) nicht so genau abbilden auf einem CT-Bild. Es kann durchaus sein, dass die Bildgebung symmetrische Ventrikel zeigt, der Patient aber trotzdem Symptome einer Shuntdysfunktion hat.

„Ich glaube, dass das einfach noch nicht die richtige Einstellung für Sie ist", sagt der Neurochirurg zu mir und drückt wieder auf meinem Kopf herum, bis das Ventil auf Druckstufe 9 steht.

Im Stehen geht es mir nun besser. Im Sitzen und vor allem im Liegen allerdings nicht. „Dann stell dich doch einfach irgendwo hin! In 'ne Ecke oder so", sagt meine Mutter und ich lache. In eine Ecke stellen und einfach mal Druck ablassen. Wenn das mit einem Hydrocephalus nur so einfach wäre.

Ihr kennt doch sicher Pizza Hawaii, die Pizza mit warmer Ananas. Ich mag Ananas. Aber warm? Mal ehrlich, wer denkt sich so etwas aus? In meinem Mund fühlt sich Ananas warm einfach nicht richtig an. Das gehört so nicht!

Ähnlich verhielt es sich dann mit meinem Kopf und der neuen Druckstufe. In meinem Kopf fühlte sich die Nummer 9 einfach nicht richtig an. Das gehört so nicht!, denk ich und stehe mittwochs erneut bei den Neurochirurgen auf der Matte. „Ist nicht besser?", fragt der Arzt, der mich am Montag behandelt hatte. Ich schüttle den Kopf und frage mich, warum der Mann Freizeitklamotten trägt und trotzdem in der Klinik abhängt. Aber das ist wohl eine andere Geschichte.

Die Neurochirurgie hat immer montags Sprechstunde. Also behandelt mich diesmal eine Dienstärztin. Behandlungsraum 3 again, Symptome beschreiben. Die Ärztin hört sich mein Gesudel an und verlässt den Raum. Ich stelle mich hin und stehe und stehe und stehe ... und denke: ‚Oh oh, so lange mit dem Oberarzt sprechen? Kein gutes Zeichen.' Die Ärztin kommt wieder, stellt mir noch eine Frage und geht wieder.

Die angelehnte Tür wird schwungvoll aufgemacht und herein treten zwei Ärztinnen und ein Arzt.

In Behandlungszimmer 3 sitzen jetzt drei Ärzte (und ich) und überlegen, wie man mir helfen kann.

Man möchte mich nicht schon wieder den Röntgenstrahlen aussetzen, weil „Sie sind ja noch jung". Eine Ärztin guckt, als würde ich ihr irgendeine Zeile aus 'nem Simon Beckett Thriller vorlesen, als ich sage, dass es sich anfühlt, als würde in meinem Kopf etwas zusammensacken, sobald ich mich hinlege.

Mein Ventil steht jetzt wieder auf Druckstufe 10. Weil es damit zwar nicht optimal, aber gut funktioniert hat. Optimal ist halt so 'ne Sache. Was ist schon optimal, außer 25 Grad im Schatten und 'n Glas Aperol in der Hand?

Nicht nur das Ventil und mein Körper justieren sich dann neu. Auch ich muss mich jedes Mal neu justieren und die positiven Dinge im Leben wieder mehr in den Vordergrund rücken, nach dem das Negative so meinen Alltag bestimmt hat. Und jeder weiß, wie anstrengend das ist.

Zwei Mal das Ventil verstellen in zwei Tagen ist eine Nummer, die mein Körper und auch ich mental nicht so leicht wegstecken. An Tagen wie diesen verlassen aber auch mich Stärke und Mut. Weil mich die Krankheit selbst belastet und ich wieder das Gefühl bekomme, andere damit zu belasten. An Tagen wie diesen hasse ich die Krankheit und den Teil von mir, der sie besitzt. An Tagen wie diesen fühle ich mich auf mich selbst zurückgeworfen und oft einsam. Nach jedem Krankenhausaufenthalt habe ich den intensiven Drang nach Veränderung. Dann möchte ich etwas an mir verändern oder an meinem Leben. Irgendwas, das mir das Gefühl von einem „vorher" und einem „nachher" gibt. Oft gehe ich dann zum Friseur und lasse mir die Haare schneiden. Häufig hilft das. Manchmal nicht. Was immer hilft, ist die selbst gemachte Pizza meines Freundes. Natürlich ohne Ananas.

Normal, nur anders

Es ist ein heißer Augustsonntag. Der Wetterdienst hat Temperaturen bis zu 40 Grad vorausgesagt, sodass die Menschen vor der Hitze der Stadt flüchten und zu dem nahe gelegenen Badesee strömen.

Auch er ist mit seinen Eltern dorthin gefahren. In Verlassenheit geboren, hatten sie ihn, damals in einem fernen Land, gefunden und mitgenommen. Gütige Menschen. Er weiß es.

Trotz der Hitze steht er fröstelnd nahe einem Baum. Seine eiskalten Hände führen immer wieder und wieder den leeren Becher an seine Lippen. Über das Spüren eines behutsamen Gefühls der Berührung erfährt er Beglückung, verstärkt durch ein beständiges Wippen seines schmächtigen Körpers. Ab und zu stößt er Laute aus. Markerschütternde Laute. Menschlich und doch menschenfremd.

Je höher die Sonne am Himmel steigt, je gnadenloser sie hinunterbrennt, umso mehr Badegäste finden sich ein. Es ist ein Meer an Menschen, dicht beieinander liegend, nur um ihn ist noch Platz.

Kälte umfängt ihn, spinnt ihn ein in einen Kokon. Es ist ihm vertraut. Er ist daran gewöhnt. Nur nicht verzagen. Weh tut es, aber er kann es nicht ändern.

Er weiß es.

In gewissem Abstand lassen sich ein paar mutige Gäste nieder. Nur nicht zu nah, damit das unangenehme Gefühl des Unbehagens, das in ihnen hochkriecht, nicht zu stark wird. Mit gesenktem Blick, aber dennoch ihn im Auge behaltend, flüstern sie miteinander.

Er ahnt ihre Worte, denn er kennt sie. Ihre Körperhaltung, ihre Gestik, ihre Mimik, alles Zeichen für ihn, Zeichen, die ihm zeigen, wie stark Misstrauen und sogar Angst vor ihm Besitz ergreifen von ihnen: Das kann doch kein friedlicher Mensch sein. Was ist es? Was hat es hier unter uns zu suchen? Hier gehört es nicht hin. Es ist eine Gefahr für uns. Kinder, kommt her, geht nicht dahin.

Dunkle Wolken ziehen am Himmel auf. Da setzt auch schon der Regen ein. Vielleicht rollt ein Gewitter an. Eine vermeintliche Gefahr! Sicher ist es nicht. Lieber Vorsicht! Selbstschutz ist oberstes Gebot. Denn wer weiß es?

Schnell ordnen die Badegäste ihre Taschen und laufen zurück zu ihren Autos. Die Wiese ist leer. Nur der Regen prasselt auf das Grün und lässt das Gras duften. Nun ist er allein.

Er steht immer noch am Baum. Ein Lächeln breitet sich über sein hageres Gesicht. Der Regen auf seiner Haut haucht ihm neues Leben ein. Allein, beobachtet nur von den hortenden Blicken seiner Eltern, verschwindet langsam die Kälte aus seinem Körper. Seine Hände stellen den Becher ab, das Wippen wird zu einem gezielten Gang und jauchzend läuft er zum See. Er springt in das Wasser, das ihn wohlig umschließt. Er taucht ein in eine andere Welt, eine Welt, die ihn umarmt, die ihn einbezieht in ihr Leben.

Die dunklen Wolken sind weggezogen. Der Regen hat aufgehört. Die Sonne umarmt mit Helle und Wärme. Das Gras duftet frisch. Ruhe umfängt den See und die Wiesen, spendet Leben. Auch ihm. Er spürt es. Er weiß es.

REINHARD B. MÜLLER, MÜNCHEN
Geschenktes Leben

Einst träumte ich, was dann wohl wäre, würde es sein,
wie es nun ist.
Da gab das Schicksal mir die Ehre,
weil es ja keinen je vergisst.

Jetzt steh' im Dunkeln ich und weine
und ohne Hoffnung ist mein traurig Flehn,
des Himmels Botschaft Engelsreime,
kann ich nicht hören, nicht mehr seh'n.

So leb' in Stille ich und im Dunkeln,
von ganzem Herzen dir ergeben,
und deine Liebe führt mich strahlend funkelnd,
du bist das Licht, du bist mein Leben!

REINHARD B. MÜLLER, MÜNCHEN

SEELENSTAU

Ach, wie weh ist mir im Herzen,
es bebt und seufzt in meiner Brust,
in mir brennen 1000 Kerzen
voller Trauer und der Lust.

Tränen fließen mir vor Freude
gleichsam wie aus tiefstem Schmerz,
auch wenn im Zorn ich sie vergeude,
überfluten sie mein Herz.

Schleusen öffnen ihr Pforten,
bewegt von Rührung, Angst und Wut,
ertrinkend ringe ich nach Worten
in dem Strom der Tränenflut.

Ob ich wache oder schlafe,
ob bei Tag oder bei Nacht,
und gar oft bin aus dem Träume
ich in Tränen aufgewacht.

Doch niemals rollen sie über die Wangen
und unbenetzt bleibt jedes Lid,
denn das teuflisch tiefe Bangen
sind Seelentränen, die niemand sieht.

So droht die Brust mir zu zerspringen
aus Verzweiflung und vor Glück,
alte Zeiten mich umschlingen,
doch kein Weg führt mich zurück.

Wohin auch meine Blicke dringen,
seh' nur Dunkelheit ich gähnen,
lautlos schwebt auf trägen Schwingen
Schwermut über das Meer der Tränen.

Dieses Chaos in meinem Herzen,
diese feine Seidenschnur,
stille Tragödie mit Scherzen –
und das Schicksal lächelt nur.

LYDIA NAUJOKS, NÜRNBERG
Es gibt Hoffnung

Das vertraute Leben steht kopf, die ganze Welt spielt verrückt,
auf der gesamten Erde ist unerwartet und plötzlich die Stimmung gedrückt.
Ohne Ankündigung ist nichts mehr, wie es einmal war,
normale, alltägliche Dinge – einfach undenkbar.
Gestrichen, ohne Ausnahme, mit einer unsicheren Perspektive
die Situation einfach aushalten und das – ohne Alternative.
Einige geplagt von Überforderung, andere von Einsamkeit,
das Leben steht still und ist nicht kompromissbereit.
Man wird ständig konfrontiert mit neuen Problemen,
Situationen, die man nie zuvor erlebt hat,
muss man einfach hinnehmen.
Herausforderungen, die man sich niemals hätte
vorstellen können,
keine Erholung, keine Auszeit, nichts darf man sich gönnen.
Alle sorgfältigen Planungen zunichte – einfach ausgelöscht,
andere entscheiden darüber, ob es möglich sein wird
oder aber nicht.
Allseits herrscht Verwirrung, was kann man noch tun?
Die Sorgen rasen täglich auf uns zu – wie ein kräftiger Monsun.
Existenzängste, Isolation, ein unsichtbarer Feind,
Kämpfe auf allen Ebenen, nichts ist so, wie es scheint ...
Ihr seid verzweifelt, dem Leben so ausgeliefert zu sein,
für mich ist es anders, ich bin endlich einmal nicht mehr allein.
Es ist nun normal, keine große Feier zu besuchen,
es ist normal, nicht ins Kino zu gehen
es ist normal, nicht zu lauter Musik zu tanzen,
und es ist normal, niemanden zu sehen.

Ich lebte abgeschnitten hier auf meiner Seite,
in der Dunkelheit,
die vielen Einschränkungen und absolut keine Möglichkeit,
dieser nicht frei gewählten Welt wieder zu entrinnen.
Doch gebt nicht auf – IHR könnt wieder ganz neu beginnen.
Es kommt der Tag, irgendwann, da geht es weiter,
ab in die Zukunft, wieder ab in die Vollen
und alle sind wieder heiter.
Ich will nicht lügen, nicht alle werden es schaffen
und können zurück,
und doch der Großteil bekommt das Geschenk –
das große Glück.
Die Freiheit zu tun, was immer man will,
Spaß zu haben und zu lachen,
die verrücktesten Dinge zu unternehmen,
zu leben und wieder zu erwachen.
Ich bleibe hier, schaue zu – wie ihr verschwindet,
ich bleibe zurück, im Schatten – wo man mich immer findet.
Haltet noch ein bisschen durch – ich weiß,
es ist unglaublich schwer,
aber ihr habt noch Hoffnung –
für mich gibt es diese nicht mehr.
Es wird so sein wie vorher, ich komme manchmal
und an ruhigen Orten zu Besuch,
ich höre eure Berichte, sehe eure Fotos und Videos,
und dies weckt in mir einen Freudenruf.

Lasst mich teilhaben an den Erlebnissen
und glücklichen Stunden,
ich höre euch so gerne zu, kann dadurch fremde Welten
ebenfalls erkunden.
Ich gönne es euch von ganzem Herzen,
ich schmeiße euch selbst noch aus meiner Welt,
nichts soll euch hier festhalten, hier – wo es niemandem gefällt.
Die Zukunft wird sich nun verändern,
eure Unternehmungen werden intensiver sein,
ihr werdet sie dankbar genießen, und für mich ist es
dann normal, wieder allein zu sein.

JACOBA NEU, BERLIN
Wie ich mit einer schwierigen Zeit klarkomme

Ich gehe gern ins Kino, ins Theater, auf Konzerte und ins Restaurant. Das alles ist leider nicht mehr möglich, seit Corona ausgebrochen ist. Meine Mutter ist im Pflegeheim, nicht einmal sie kann ich mit meiner Schwester regelmäßig besuchen, das macht mich traurig. Ich habe eine Freundin, die kenne ich schon 42 Jahre. Sie sehe ich auch ziemlich selten. Mich nervt auch im Moment, dass ich so wenig arbeite.

Ein Lichtblick gibt es ja, bald gehen die Impfungen los, das finde ich richtig gut. Aber so lange muss man sich eben gedulden. Leider weiß man nicht, wie lange diese schreckliche Pandemie noch bleibt. Was ich auch nicht verstehe, es gibt Demos gegen die Coronamaßnahmen, aber die Leute sind viel zu nah beieinander und haben kaum Platz, haben auch keinen Mundschutz auf.

Was ich überhaupt nicht gut finde, dass es Leute gibt, die sich überhaupt nicht impfen lassen wollen.

LUCIA NEUMANN, ROSENHEIM
Am Fenster

Ich sitze am Fenster.
Da draußen das Leben.
Kinder. Lachen. Spielen.
Autos. Geschäftigkeit. Rettungswagen.

Ich sitze am Fenster.
Traurig. Neidisch. Sehnsüchtig. Hoffnungsvoll.
Einmal soll wieder der Tag kommen,
an dem ich,
ohne darüber nachzudenken,
einfach wie alle anderen
hinausgehe und lebe.

Lockdown wegen eines Virus'.
Lockdown wegen Krankheit.
Lockdown im Körper.
Lockdown in der Seele.
Lockdown im Kopf.
Schmerzen im Herz.

Ich sitze am Fenster.
Damit es wieder möglich wird,
arbeite ich hart
mit anderen zusammen
an mir und meinen Kräften,
meinen inneren und äußeren Funktionen,
meinen Be-Grenzungen.
Damit die Einschränkungen fallen.

Ich sitze am Fenster.
Die Einschränkungen
in den Köpfen der anderen
kann ich leider nicht ändern.
Das Unverständnis
nicht verstehen.
Ich sollte mich mehr herausfordern.
Ich würde zu kleine Brötchen backen.

Was sie nicht wissen:
Ich habe es versucht.
Ich habe das gemacht.
Ich wollte.
Um jeden Preis.
Das Resultat:
Zurück auf Los.
Rien ne va plus.
Noch weniger als vorher.

Ich sitze am Fenster.
Ich wünsche mir Geduld.
Für mich mit mir.
Für die anderen mit mir.

Ich sitze am Fenster
und hoffe.
Auf das Ende des Lockdowns.
Auf das Ende dieser Übergangszeit.
Auf mein Leben.

Ich schließe die Augen
und träume.
Ich bin da draußen.
Tanze, lache, feiere
mit meinen Freunden.
So fühlt sich Leben an.

Doch
dann
mache ich die Augen auf
und merke:
Ich sitze immer noch am Fenster.

LUCIA NEUMANN, ROSENHEIM
An die Heilige Corona

Liebe Heilige Corona,
ich kann ja verstehen, dass du dich im Laufe der Kirchengeschichte vernachlässigt gefühlt hast, aber dass dein Name jetzt seit über einem Jahr ständig im Gespräch ist, sollte inzwischen reichen. Es ist genug! Außerdem – es kann ja nicht wirklich in deinem Sinne sein, die Aufmerksamkeit für dich über dieses schreckliche Virus zu bekommen!
Außerdem wurde dadurch mein Leben nicht gerade einfacher. Auch ohne das Virus war es für mich eine Herausforderung, das ganz normale Alltags-Leben zu bewältigen. Auch ohne das Virus gab es Tage, an denen gar nichts ging.
Ich bin extra umgezogen! Weil ich Abstriche machen muss – statt ruhig im Grünen zu leben, brauche ich mehr Infrastruktur: kürzere Wege, öffentliche Verkehrsmittel, die Nähe zu Ärzten, Therapeuten, Apotheken, Lebensmittelgeschäften, etc. Ich bin extra umgezogen, um endlich auch wieder mehr Kontakte, nein, falsch, überhaupt wieder Kontakte haben zu können. Meine Hoffnung war, vielleicht über eine Selbsthilfegruppe, über einen Volkshochschulkurs oder ein Hobby, einen Sport wieder in Kontakt zu kommen. So war der Plan. Ich bin umgezogen. Genau im März vor einem Jahr. Und gleich nach dem Umzug saß ich dann in meiner neuen Wohnung und alles war dicht. So viel zum Thema mehr Kontakte, ein Hobby, ein Kurs oder Ähnliches.
Meine Nichte meinte, dass für mich und andere, die allein leben und/oder krank sind, die Einschränkungen besonders schwer sind. Ich bin mir da nicht so sicher. Klar, macht es mir was aus. Natürlich ist es doof und meine Hoffnungen waren

anders. Aber weil ich schon seit Jahren kein soziales Netzwerk habe, keine Freunde vor Ort, nur ein paar aus früheren Zeiten über Whatsapp, bin ich auch geübter darin, allein zu sein und keine Kontakte pflegen zu dürfen. Denn wenn ich nicht weggehen kann, kann ich das auch nicht vermissen, wenn es verboten ist. Wenn ich keine Freunde habe, fehlt es mir auch nicht, wenn ich draußen nur allein oder mit einer anderen Person zusammen sein darf. Und das sind ohnehin alles die Menschen aus meinem Begleiternetzwerk: Therapeuten, Ärzte, Sozialarbeiter, Krankenschwestern ...

Die da draußen, die ein „normales" Leben führen, wissen also gar nicht, wovon sie reden, wenn sie sich über die massiven Einschränkungen beklagen. Ich beklage mich nicht, obwohl ich das schon viel länger so leben muss als nur ein paar Monate, die sich zu einem einzigen Jahr summiert haben. Doch ebenso wie die da draußen möchte auch ich wieder so etwas wie ein „normales" Leben haben. Nur, das ist bei mir zum Teil unabhängig von dem Virus. Viele haben das Gefühl, in einer Warteschleife festzusitzen. Das kenne ich nur zu gut. Mein Leben hängt auch in so einer Schleife. Sofern ich das, was ist, tatsächlich als Leben bezeichnen kann. Und es wird sich auch nicht so leicht ändern lassen, selbst wenn die Pandemie vorbei ist.

Was soll ich sagen, liebe Heilige Corona? Für mich hat diese Pandemie zwei Seiten. Der Alltag ist deutlich beschwerlicher geworden. Auch ohne Mund-Nasen-Schutz ist der Einkauf von Lebensmitteln eine Herausforderung und manchmal unmöglich. Mit Maske ist er noch schwieriger, denn meist bin ich schon am Ende meiner Kräfte, wenn ich das Geschäft erreicht habe. Und dann beginnt erst die eigentliche Aufgabe und Herausforderung ... Das Gleiche gilt für Arzttermine und Therapie-Einheiten. Lange hat es gedauert, bis ich einen textilen Mund-

Nasen-Schutz gefunden habe, der für mich einigermaßen erträglich ist. Nicht berücksichtigt die vielen Versuche, passende zu finden, und stapelweise „Fehlkäufe". Und kaum hatte ich einen gefunden und genoss es, dass manches wieder möglich war, dann kam die neue Vorgabe: FFP2. Alles zurück auf Anfang. Oder genauer, zurück auf Los, zurück zum schon vertrauten „es geht nicht". Die normale Alltagsbewältigung – ein Kampf. Inzwischen habe ich auch Masken gefunden, die ich ertragen kann. Doch das hat seinen Preis. Ganz wörtlich. Werden normale Masken einem inzwischen fast nachgeworfen und bekomme ich für einen Euro mindestens eine Maske, bezahle ich für „meine" Maske mindestens das Vierfache. Noch dazu gibt es ganz besonders eifrige Maskenwächter an den Eingängen von Geschäften, die die ungewohnte Optik meiner Maske sehen und Zweifel äußern, ob diese überhaupt erlaubt ist ...

Ebenso hatte ich gehofft, jetzt an meinem neuen Lebensort, der Stadt, verstärkt die öffentlichen Verkehrsmittel nutzen zu können. Mit Maske über einen längeren Zeitraum ist das für mich unerträglich. Ständig ein Schritt vor, zwei zurück. Eine Hoffnung, ein Wunsch, ein Plan – zerschlagen. Das ist die eine Seite meines Lebens in dieser Virus-Zeit.

Die andere Seite traue ich mich oft nicht einmal anzusprechen. Denn es kommt nicht gut an, wenn ich sage, dass ich Vorteile dadurch habe. Und ich habe auch ein schlechtes Gewissen dabei, sehe ich doch die vielen Schicksale und Todesfälle. Darf ich dann froh sein, dass ich dank der Pandemie auch dazugewonnen habe? Durch die Homeoffice-Empfehlungen der Bundesregierung war es für mich und die Personalabteilung um einiges leichter, einen für mich, meine Fähigkeiten und Bedürfnisse angepassten Arbeitsplatz im Homeoffice zu bekommen. Dank Corona kann ich sozusagen wieder eigenes Geld verdienen. Das tut sehr gut! Viele meiner Arbeitsaufträge gäbe es gar nicht, wenn das Virus nicht wäre. Präsenztermine standen auch auf der Liste meiner Aufgaben, doch diese sind jeweils eine immense Anstrengung für mich. Oft Überforderung. Hohe Inzidenzwerte machen dies (zum Glück?) vorerst unmöglich. Stattdessen gibt es Online-Konferenzen, an denen ich teilnehmen kann und schon üben darf. Ein inzwischen sehr wichtiger Schritt der Vorbereitung von Präsenzterminen. Wenn dann die Zeit kommt, meinen Arbeitsvertrag zu aktualisieren, kommt sicher auch das Thema Präsenz zum Tragen. Dank Corona konnte ich noch nicht üben, was mich überfordert hätte. Dank Corona kann ich meinen Weg in meinem Tempo gehen und mir in kleinen Schritten mein Leben zurückerkämpfen, ohne permanent über meine Kräfte zu gehen. Darf ich das laut sagen: Ich gehöre zu den Gewinnern durch Corona? Darf ich sagen, dass mir das Corona-Virus durch die Einschränkungen auch hilft? Darf ich das denken, wenn ich täglich von den vielen Schicksalen, Erkrankten, daran Gestorbenen höre und lese und es mich zutiefst traurig macht?

Darf ich das sagen, wenn das Virus zugleich immer näher in meinem Umfeld auftaucht, Familienmitglieder an Corona erkranken, Freunde Kontaktpersonen der Kategorie 1 sind, Bekannte in Quarantäne sitzen ... Tief berührt bin auf meinem Balkon über Grundschulkinder, die ihre wöchentlichen Aufgaben bei ihrer Lehrkraft abholen und es auf dem Parkplatz ein unverhofftes Wiedersehen mit Schulfreundinnen gibt.

Ich wünsche mir – so wie alle anderen auch –, dass das Virus doch bald seine Kraft verliert, bezwingbar wird. Wie alle anderen sehne ich mich nach Kontakten und einem normaleren Leben. Vielleicht sogar mehr, weil ich diese „Wartezeit" schon viel länger als nur ein Jahr mein Leben nennen muss. Vielleicht weniger, weil ich geübter bin, vieles (noch?) nicht zu können ... Ich wünsche mir, ich könnte auf diese schrecklichen Masken ganz verzichten und müsste nicht darüber nachdenken, was heute geht und was nicht. Doch wird gerade Letzteres nicht immer möglich sein, selbst wenn Covid und Mutanten ihre Schrecken verlieren. Das ist mein Leben. So wie wir uns als Weltgemeinschaft Corona nicht ausgesucht haben, so habe ich mir mein Leben auch nicht in dieser Form ausgesucht oder gewählt. Und doch sind wir, bin ich gefordert, es zu leben und das Beste daraus zu machen. Das gelingt nicht immer. Ich versuche es. Immer wieder. Oft sehr bitter. Manchmal aber auch süß.

SYLVIA NOWAK, GROSSOSTHEIM
Die Grenzerfahrung

Ein Ganzkörperkostüm aus Schmerzfasern
umspannt meinen kranken Körper.
Ich schiebe mich im Slalom durch die Enge
der Einkaufsmarktgänge.
Menschenmengen meidend,
grabe ich mein grüblerisches Gesicht
maximal tief in die Mundnasenmaske.
Maskiert fühle ich mich schon lange.
Meine Kunst ist es, mein Leiden unkenntlich zu machen.
Niemand hier im Supermarkt bemerkt,
welch suboptimales Leben ich führe.
So mancher beschwert sich besserwisserisch über die
schlechte Zeit.
Dabei erleben viele erstmalig das, was ich schon viel zu lange
kenne:

Einschränkungen!

Willkommen in der neuen Wirklichkeit!

SYLVIA NOWAK, GROSSOSTHEIM
Wir

Wir haben, was wir haben wollen.
Wir machen, was wir machen sollen.
Wir fragen uns die gleichen Fragen,
und haben uns noch nichts zu sagen.

Routine ruiniert uns leise.
Wir leiden auf die gleiche Weise.
Im Kreise drehen wir uns weiter
und sind nicht mehr als Wegbegleiter.

Bis wir nicht mehr das Gleiche wollen
und nicht mehr machen, was wir sollen.
Bis wir den Kreislauf unterbrechen
und über Sinn des Unsinns sprechen,

so lange suchen wir zu zweit
die bittersüße Wirklichkeit.

CHRISTINA NURAWAR SANI, FREIBURG IM BREISGAU
Im rechten Licht

Wie einem bitteren dunklen Tier
voller Stolz, Unsicherheit und Gier
reichst du mir,
was ich niemals mir nehme –
mit sprachlosen Fragen,
haltlosem Entsagen,
einer Gewissheit Ausdruck
und dem Rechten
unserer Mitte
im rechten Licht,
wenn es meinen süßen Schatten bricht.

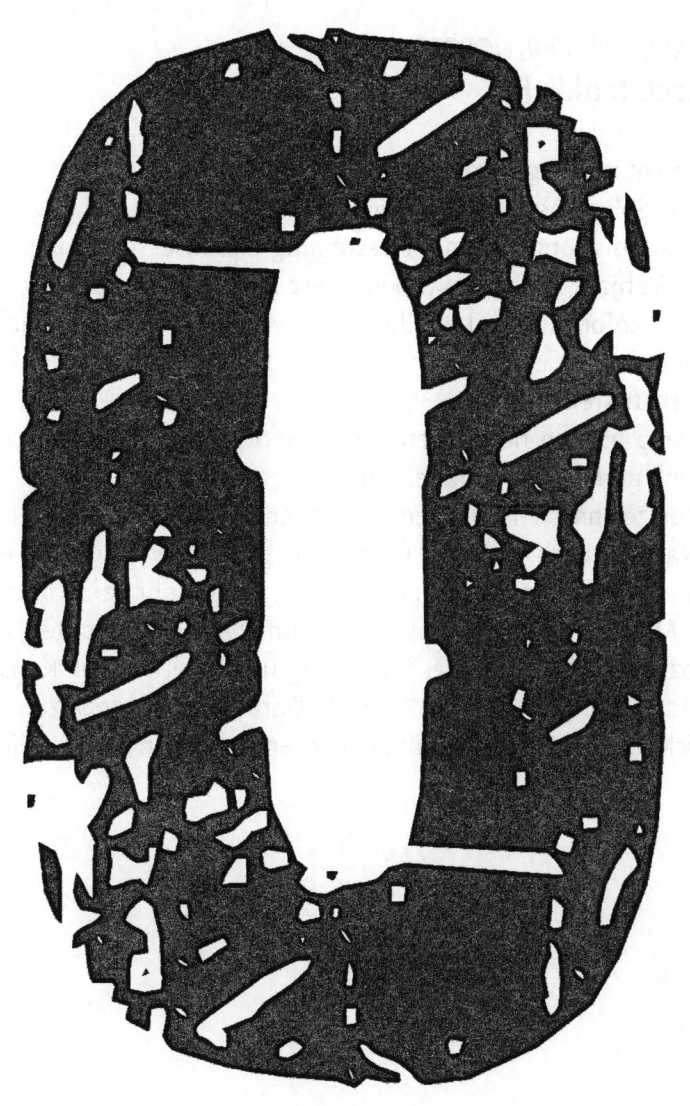

Nachdenklich

Ein Entstehungsbericht
Wir, Sohn und Vater Oelker, haben Anfang Dezember 2020 eine Einladung zu einer Ausstellung ortsansässiger Künstler im Frühjahr 2021 bekommen. Diese Einladung hat uns veranlasst, sofort aktiv zu werden, denn wir gehören zu den siebzehn ortsansässigen Künstlern von Hoppegarten, die etwas dort ausstellen dürfen.

Marco hat ein neues Gemälde kreiert, wieder einen großen Kopf, und ich eine Doppelfigur.

Hier zeichne ich nun den Werdegang von Marcos Gemälde „Nachdenklich" auf, weil unser Sohn geistig behindert ist, mit Pflegestufe vier, und so etwas selbst nicht mehr kann. Marco ist Mitglied des Inklusionskurses „Künstlerisches Gestalten" im Sozialen Hilfeverbandes Strausberg unter Leitung von Kunstpädagogin (MA) Claudia Jasnoch. Dort kann er jedoch zurzeit nicht malen. Deshalb malt er in unserem kleinen Kelleratelier.

Marco Oelker, Hoppegarten, **Nachdenklich**. Acryl auf
Leinwand gespachtelt, 100 x 70 cm, 2021

Marcos Gemälde ist in der ersten Januarwoche fertig geworden und wir haben ihm in der Familie des Augenblicks wegen gemeinsam den Titel „Nachdenklich" gegeben.

Und so fing das Malen an: „Marco, was wirst du für die Ausstellung malen?" Zögerliche Antwort: „Eine Farbkomposition." Ich merke, dass ihn da noch etwas anderes bewegt. Nach einer Weile: „Ja, einen großen Kopf werde ich wieder spachteln. Hilfst du mir dabei?" „Mache ich. Welche Farben brauchst du?" Marco hat mir nun gezeigt, mit welchen Farben er den Untergrund malen möchte. Zu meinem Erstaunen hatte Marco die Farben des Coronavirus' in den Mediendarstellungen im TV wahrgenommen und erkannt, dass es seine Lieblingsfarben Rot, Orange, Grün und Gelb sind, und diese hat er für den neuen großen Kopf gewählt.

„Mach mir mal die Acrylflaschen auf, ich kann das nicht, die sind immer zu fest zugedreht." Vorwurfsvoll weiter, auf die Leinwand blickend: „Sonst kleckert es dann wieder auf die Leinwand, wo es nicht hin soll." Sein Sprechen ist nicht flüssig und braucht Zeit.

Ich öffnete wunschgemäß die Farbflaschen Rot, Gelb und Orange. „Wohin sollen sie gegossen werden?" Die Leinwand ist 100 x 70 cm groß.

Ich weiß, dass die Leinwand auf mehreren Klötzchen auf dem nicht großen Arbeitstisch liegen muss und er gleich weitere Hilfestellungen braucht. „Willst du sie längs oder quer liegen haben?" „Quer." Nun muss ich die Acrylfarben in kleine Trinkbecher vordosieren, weil das Aufgießen der Farben sonst oft mengenmäßig zu viel wird. Er kann das Aufgießen aus den großen Farbflaschen motorisch nicht mehr richtig steuern. Mit seiner Größe von 1,86 m und kräftiger Gestalt beugt er sich nun tief über die Leinwand und gießt zielsicher das Rot aus dem

Becher auf die linke Seite und beginnt, die „Rotlache" mit dem ausgesuchten breiten, stets verkantet aufgesetzten Spachtel schnell, mit fast schwungvollen Bewegungen, zu verteilen. Marco kommt jetzt in den Flow und ist mit sich und den Farben „eine Einheit" und für meine Hinweise kaum noch erreichbar. Rasch hat er auch den Gelb- und den Orangebecher aufgegossen. Ich hatte alle Hände voll zu tun, um das Überlaufen der Farben auf den Arbeitstisch und den Fußboden zu verhindern. Und schon ist der Untergrund nach kaum 20 Minuten fertig. Froh strahlend, weil er was Gutes geschafft hat, verlangt er, die Schutzkleidung abzulegen und nach oben in sein Zimmer zu gehen. Und er weiß, dass heute am Bild nichts mehr passiert.

Inzwischen hat das neue Jahr Einzug gehalten.

Der trockene Untergrund soll heute den großen Kopf erhalten. Es entwickelt sich wieder ein Dialog: „Wo soll der Kopf hin? In den roten oder gelb-orangenen Untergrundteil?" „In den roten." „Ich möchte dir eine Hilfe vorschlagen, damit du weißt, wie die Umrisse des Kopfes gekennzeichnet werden können. Du ‚malst' mit deinem linken Zeigefinger ohne Farbe auf den roten Teil vom Hintergrund, wie groß und wo der Kopf hin gespachtelt werden soll." Er guckt mich hilflos fragend an. Ich male mit meinem Finger vor, wie er das machen kann. Es vergeht Zeit ... Ich wiederhole das Fingern mehrmals. Und dann hat er es begriffen. „So soll er hin", fingerte er mir vor. „Marco, ich reiße jetzt kleine Stückchen von diesem Malerkleband ab und du klebst sie auf." Das geht nicht, weil er seit Geburt nicht richtig räumlich sehen kann und sein Vorstellungsvermögen dadurch nicht gut ist. Außerdem ist er Linkshänder.

Und in seinem vierzigjährigen Alter hat seine Bewegungskoordination nachgelassen.

„Soll ich dir das mal vormachen?" „Ja." Ich beginne, den vorgefingerten Umriss des Kopfes mit kleinen Teilen abzukleben, bis für ihn das erkennbar wird.

Seine Augen beginnen wieder zu leuchten.

„Diesen Tipp habe ich vor einiger Zeit von einem Künstlerkollegen bekommen, der alle seine Werke mit diesem Hilfsmittel ermalt und dann auch erfolgreich ausstellt. Er hat das uns ‚Zuschauern' auch mal demonstriert." Ob Marco das verstanden hat?

Einige Schnipsel hat er zum Schluss doch noch selbst aufgeklebt und sich sehr gefreut, dass er den Kopfumriss nun voll erkennen konnte.

„Wenn du jetzt gleich wieder losspachtelst, weißt du genau, wo die Farben hinkommen, ohne dass du übermalst. Gut so?" „Ja." Und dennoch hat er über die Abklebung drübergemalt, aber gut akzeptierbar. Das war auch gut so ;-)).

Und dann kam ich wieder ins Staunen, und dieses Mal richtig. Er griff die Grünflasche und sagte: „Los, mach auf!" Weiß er, dass er die Komplementärfarbe gewählt hat? Nein, er macht es intuitiv.

Rasch dosiere ich den Becher gut drei Viertel voll Grün. Und im Nu war er im Stirnbereich draufgegossen. Das Spachteln ging los und die erste Haartolle auf der linken Stirnseite war erkennbar. Da es ziemlich viel aufgetragene Farbe war, sind Spachtelstriche etwas verlaufen. „Wird wohl eine Coronafrisur, ohne Frisör?" Er hört nicht hin. „Dreh mir mal die Leinwand." Ich wusste gleich wie. Und machte es. Durch diese Hilfe vermeidet er das Verwischen der Haartolle. „Gelb." Ich dosierte Gelb. „Drehen." Er kam jetzt wieder in den Flow. Und das Gesicht kam mit hastigen Spachtelstrichen zum Vorschein. Durchsichtig zum Hintergrund, warum? Wir wissen es nicht. Jetzt kam ein schwieriger Moment: Das Klebeband im Bereich der Haartracht musste abgezogen werden. „Das machst lieber du", hörte ich ihn. Angst zeigt sich. „Gut, ich mache es." „Jetzt musst du die frei gewordenen Streifen vorsichtig ausmalen. Nimm den linken Zeigefinger dazu." Das macht er recht gut und sein Gesicht strahlt wieder.

Nun ging's ums Ganze: Die Augen und der Mund mussten nach etwas Antrockenzeit angeordnet werden. Davor hatte er aber noch nie Angst gehabt. Die hat Marco ganz zielsicher mit seinem linken Zeigefinger nach Probe in Rot und etwas Gelb aufgestupst. So auch den Mund. Sein Gefühl für Harmonie ist gut ausgeprägt. Das grüne Gesicht schaut „Nachdenklich" etwas nach unten geneigt aus den roten Augen und hat eine starke Strahlwirkung.

Nun noch die Hals- und die Brustpartie. Wieder mit Klebeband bis zum Bildrand abkleben. Die befindet sich im Goldenen Schnitt. „Zufall?" Den beherrscht er intuitiv. Er wählte zuerst einen Braunton und merkte aber schnell, dass das nicht geht. Folglich musste ich rasch Gelb und Rot vordosieren. „Ich male eine Seite in Gelb und die andere mit Rot drüber." Mit dichten Spachtelstrichen, warum so, weiß nur er selbst. Und er macht es wieder intuitiv, wie wir anderen sagen.

Bleibt noch das Signum. „Papa, mach du mir das MO mit Grün unten rechts." „Ja, mache ich." Fertig, in einer guten Dreiviertelstunde.

Das ist Marcos buchstäbliche „bittersüße Wirklichkeit", hier und jeden Tag.

PS: Zu den für Marcos Tun erforderlichen Hilfeleistungen ist zu sagen, dass er sich bis Ende 2003 recht gut geistig und körperlich entwickelt hat. Er hat die Förderschule besucht und in der Lebenshilfe e. V. Strausberg einen Arbeitsplatz gefunden. Dann aber, mit 23 Jahren, kamen zu seinen geistigen Defiziten noch solche hinzu, die zu Wesensveränderungen führen würden und nun durch tägliche Medikamentengabe bekämpft werden müssen.

Glücklicherweise sind seine künstlerischen Fähigkeiten erhalten geblieben, aber seine Dialogfähigkeit und die koordinierende Beweglichkeit haben sich vermindert, sodass Hilfeleistungen rund um die Uhr erforderlich sind.

Marcos Farben, als solche ausgewählt, auf die Leinwand gegossen und mit dem breiten, stets verkanteten Spachtel tastend zu wenigen oder sparsamen Formen vermischt, sind für uns Betrachter rätselhaft für seine Empfindungen, in die er uns hineinblicken lässt.

Marco arbeitet nicht oft nach der Natur und auch meistens ohne ein vorbestimmtes Thema. Gern Farbkompositionen. Er malt, wo Worte fehlen.

Marcos Malkunst wird getragen durch das Auswiegen abstrahierter Farbgewichte zu Harmonien, die seinen seelischen Zustand widerspiegeln. Und dieser wird manchmal von lange vergangenen Ereignissen oder gesehenen Lokalfarben, wie zum Beispiel das Gelb der blühenden Rapsfelder, bestimmt.

Marco scheint zu wissen, zumindest jedoch zu fühlen, dass es in der Natur drei Primärfarben gibt: Gelb, Rot und Blau. Aus diesen lässt er oft aufleuchtende Sekundärfarben entstehen, die er in ihren Formen und Flächen oft intuitiv in den Goldenen

Schnitt stellt, wodurch sich ihre Wirkung weiter erhöht. Intuitiv stellt er auch gern seine Farbkompositionen in Komplementärfarben zusammen, ohne dass er diese Begriffe kennt. Und wir lassen es dabei.

Marco malt seine Bilder schnell und gern großformatig. Nur Trocknungspausen von mehrschichtigen Farbkompositionen lassen manchmal etwas mehr Zeit vergehen. Sobald sie aber fertig sind, geht er das Nächste an. Inzwischen ist er dadurch sehr ausstellungserfahren.

ANDREA OGRYSSEK, BERLIN
Ja, ich kann!

Es war der 3.4., an dem sich für Carsten das Leben völlig veränderte. Er erlitt einen Autounfall und war seitdem querschnittsgelähmt. Plötzlich saß er im Rollstuhl, und was früher so normal war, ging jetzt nicht mehr. Er verzweifelte völlig und gab sich selbst auf, außerdem fühlte er sich überflüssig und nutzlos. Er dachte, er kann gar nichts mehr, aber war das wirklich so?! Carsten begann sich völlig abzukapseln und von allem auszuschließen. Er wollte nichts mehr mit früher zu tun haben, auch nichts mit seinen Freunden. Traurig rollerte er die Straße hinunter, wo ihn plötzlich ein fremder Mann ansprach. „Entschuldigung, kannst du mir helfen, ich suche nämlich die Hermannstraße?" Carsten schaute ihn an und lächelte. „**Ja, ich kann!**" Er erklärte ihm den Weg und der Mann ging dankend in die richtige Richtung.

Carsten rollerte allein weiter und sah sich in der Gegend um. Plötzlich bemerkte er, wie schön doch alles war. Die Sonne schien und die Wiesen waren alle kunterbunt, Vögel hüpften fröhlich darüber und pfiffen ihm ein schönes Lied. Zum ersten Mal nahm er die ganze Welt so richtig wahr. Auf einmal kam ein alter Freund mit seinem Fahrrad vorbei. Das Rad hatte einen platten Reifen. Robert sah Carsten etwas zerknirscht an und fragte: „Carsten, du hast doch eine Luftpumpe, kannst du sie mir bitte borgen?" Und Carsten erwiderte: „**Ja, ich kann!** Aber eine Luftpumpe wird dir nichts nützen, dein Reifen ist völlig kaputt. Da kannst du pumpen, bist du schwarz wirst, denn du musst ihn flicken." Robert sah ihn an und fragte: „Kannst du das?" Carsten erwiderte: „**Ja, ich kann!** Du brauchst nur eine

Schale mit Wasser, wir drücken den Schlauch hinein, und wo es blubbert, da ist das Loch. Und da werden wir es flicken." Robert schaute fragend zu Carsten. „Kannst du mir dabei helfen?" Die Antwort war wieder: „**Ja, ich kann!**" Robert brachte die Schale mit Wasser und Carsten drückte den Schlauch hinein. Es machte blubb blubb, und schon hatten sie das Loch gefunden. Carsten packte sein Flickzeug auf die Erde und klebte den Flicken auf die kaputte Stelle. „Voila! Perfekt! Jetzt kannst du den Schlauch aufpumpen." Darauf sagte Robert: „Ich bin dir so dankbar, dafür lade ich dich zu einem Eis ein."

Sie machten sich auf den Weg und unterwegs rannte ihnen ein Mädchen entgegen. Völlig aufgelöst stand sie vor ihnen und redete hektisch drauflos. Wieder stand Robert ratlos da, denn er verstand kein Wort. Carsten aber antwortete sofort in einem perfekten Englisch. „Was wollte sie eigentlich?", fragte Robert. Die Antwort war: „Ooch, sie wollte nur wissen, wie spät es ist, weiter nichts." „Kannst du denn Englisch?" „**Ja, ich kann!**" „Mann, was du alles kannst", sagte Robert, „so viele Sachen, von denen ich keine Ahnung habe. So, jetzt gehen wir aber Eis essen und ich schiebe dich." „Ja, kannst du das denn?", fragte Carsten verschmitzt. Die Antwort war: „**Ja, ich kann!** Es ist toll, einen Freund wie dich zu haben." Und lachend zogen sie los.

Und merkt euch: Freunde sind das größte Geschenk. Und was allein nicht gut funktioniert, geht doch zu zweit oft leichter. Also: nicht aufgeben!!

KARSTEN PAUL, NÜRNBERG
Gehnlärn

erinnre erinnre den Ortotopä
der sagt dir der sagt dir das tut gar nicht wäääääääh

Indianer lern gehen und kenn keinen Schmerz
dann wächst stolzem Krieger ein Siegerchenherz

die böskrummen Füßlein wir schienen sie grad
dann klimmt unser Krüppelchen steilesten Pfad

erinnre erinnre den frühesten Satz
versagen verboten nun geh schon mein Schatz

KARSTEN PAUL, NÜRNBERG
Götterplitschen

alterdings Hörgeräte
neue Technik
neue Welt?

belauschen wir
den Spät-
sommergarten:

auch schwacher Wind erfahre ich
tratscht raschelnd
im Birkenzirkel

die Drossel wirft ein
Zwitscherargument ein
das ich feuchten Auges verstehe

die Grillen
entpuppen sich zirpend
als Töchter aus Elysium

und ich entdecke freude-
trunken tropfen-
taumelnd dass der

Gartenschlauch leckt:

„plitsch"
neckt mich das Glück

ANGELIKA PAULY, WUPPERTAL
Menschenangst ... und dann kam Corona

Borderline, schwere Angstneurose gratis aufgepfropft. Diese nicht heilbar, nicht therapierbar, kein Therapeut arbeitete daran. Also blieb sie, musste ich mit leben. Angst – vor was? Nun, eigentlich vor allem. Eine Auflistung in meinen schwersten Zeiten füllte zwei DIN A4-Seiten. Es reichte also. Angst vor allem ... und besonders vor jedem. Angst vor Menschen, vor Menschenansammlungen im Großen und im Kleinen. Schule, Partys, Familienfeiern machten mir zu schaffen. Immer wieder traten dabei Derealisations-Erscheinungen und Depersonalisations-Phänomene auf. Schon in meinen Kindertagen schreckten und quälten sie mich, diese Entfremdungsgefühle. War ich allein, war alles in Ordnung. So mied ich Menschen, verließ Feierlichkeiten rasch oder hielt mich abseits auf, sagte meistens ab und wirkte sicherlich seltsam. Ich erschrak, wenn mir Menschen draußen auf dem Bürgersteig entgegenkamen, wechselte die Straßenseite. Wenn das nicht ging, wich ich aus, nach links, nach rechts, was weiß ich wohin. Perfektioniert hatte ich das auch in Räumen, dieses Ausweichen, zur Seite gehen, an die Wand drücken und vor allen Dingen: Den Blick senken. Nein, ich konnte niemandem in die Augen schauen und kann es heute noch nicht – Borderline halt.

In Geschäfte ging ich nur, wenn keine Stoßzeit war, also samstagabends um 20 Uhr in den Baumarkt, zum Bäcker ganz früh. Ich trank gerne meinen Cappuccino im Bäckerei-Café. Wo denn? Nun, ganz hinten und möglichst in der Ecke. Wurde es voll, war ich weg.

„Warst du heute draußen?", wurde ich gefragt.

„Hast du dich heute mit jemandem getroffen, geredet?"

„Komm doch mit in die Stadt, du musst mal raus."
„Du solltest mehr Menschen treffen, igle dich nicht so ein!"

Und dann kam Corona.

Bleiben Sie zu Hause!
Oh ja, gerne! Zu Hause bleiben kann ich gut.
Lesungen? Geht, nicht. Corona.
Familienfeiern? Geht ja nicht. Corona.
Shoppen? Geht nicht. Corona.
Kino? So laut, so grell, so hell. Geht ja nicht. Corona.
Ein Glück.

Halten Sie Abstand!
Abstand halten? Oh ja. Ausweichen kann ich gut. Gäbe es dafür
einen Wettbewerb, käme ich sicher in die Endrunde.
Im Supermarkt entschwand ich im nächsten Gang, wenn je-
mand mir entgegenkam. Und es war in Ordnung!
Ich wartete im Kassenbereich, bis die Kasse frei war. Und es
war in Ordnung!
Auf einmal war ich nicht mehr komisch, war mein Ausweichen
nicht mehr krankhaft, sondern gewünscht. Mein jahrelanges
Training war plötzlich fast so was wie lebensrettend für mich.

Unternehmen Sie keine Reisen!
Mein lieber Schwan, reisen war das Letzte, was ich konnte.
Mein Radius betrug 50 km und das nur in Begleitung und in guten Zeiten. Wie oft hatte ich Lesungen absagen müssen, weil
es doch nicht klappte. Also, kein Problem.

So blieb ich zu Hause, down-gelockt und entspannt. Kein Druck mehr von außen. „Nun mach doch mal!" Ging ja nicht. Meine Warn-App hat nie eine Risiko-Begegnung angezeigt, wie denn auch?

Corona brachte mir Entlastung. Leider auch die Schattenseite: Denn wenn ich doch einmal irgendwohin musste, zum Arzt zum Beispiel, dann fiel mir dieses durchaus schwer. Das Rausgehen gelang mir nur einigermaßen, wenn ich es regelmäßig machte, und diese Regelmäßigkeit fiel in Corona-Zeiten weg.

Vermisste ich die Menschen? Nö.
War ich zu Hause einsam? Nö. Ich hatte mir jahrzehntelang ein Leben weitestgehend ohne Menschen aufgebaut, nur mit der engsten Familie.
Litt ich wegen Corona? Nö.
Hatte ich Angst vor Corona? Nö, Viren-Angst gehörte nicht zu meinen zwei DINA4-Seiten.
Nervte mich Corona? Allerdings! Eine schreckliche Pandemie mit entsetzlich vielen Toten.

Ich war mein Leben lang durch meine Behinderung down-gelockt, konnte gar nicht raus wegen meiner Ängste, die mich zum Abstand zwangen. Mein Leben fand drinnen statt und innen, in mir selbst mit meinem Schreiben und meiner Musik. Das schickte ich in die Welt, war zufrieden damit.
Wie konnte mich da eine Ausgangs-Beschränkung treffen? Gar nicht!
Und sie traf mich doch.
Am 18. Dezember kam meine Enkelin zur Welt. Linda, so süß und so klein, und ich konnte sie nicht sehen. Nun litt ich,

vermisste mein jüngstes Enkelkind. Ein einziges Mal durfte ich es im Arm halten, mit Vor-Quarantäne und Mundschutz.

Mein Gott, wie vermisse ich diese Begegnung. Und was mache ich? Was ich immer gemacht habe: Ich habe Linda ein Buch und ein Lied geschrieben ... bin ja immer zu Hause ...

Schlaf ein

Langsamer Walzer

Angelika Pauly

1. Schla - fe, mein Klei - nes, schlaf ein, die Ster - ne, die woll'n bei dir sein. Der Mond, er ruft dich zur Ruh, schließ schön die Äu - gel - chen zu. Ref.: Schla - fe nur, schla - fe nur, schla - fe mein Kind, die Träu - me, sie we - hen im Wind.

2. Der Tag, er ist bald vorbei,
Sterne erwachen, eins, zwei, drei.
Schlafe, mein Kleines, schlaf ein,
träum dich in den Himmel hinein.

Ref.: Schlafe nur, schlafe nur, schlafe mein Kind,
die Träume, sie wehen im Wind.

3. Das Christkind, es schickt bald den Storch,
er schlägt schon die Flügel, horch.
Und dann fängt dein Leben erst an,
schlaf süß und geborgen so lang.

Ref.: Schlafe nur, schlafe nur, schlafe mein Kind,
die Träume, sie wehen im Wind.

VICTORIA PAVOT, ESSEN
Love Like Blood

Der Beat vibriert in meinen Ohren und unter meinen Füßen auf dem leicht klebrigen Boden, ich tanze, boxe in die Luft, vergesse den Alltag, die Monotonie und Routine, alles löst sich in den Lichtern auf, ich bin Musik, Rausch und Moment. Meine Perücke mit den weißen Haaren sitzt perfekt, eine übertriebene stachelige Haarspangenmasse hält sie fest. Der Lidstrich hält ebenfalls, ich fühle mich attraktiv und der Sekt prickelt ein Lied in meinen fast leeren Magen, ich blicke nach oben, die ersten Töne von „Love Like Blood" ertönen, ich lasse mich in den repetitiven Refrain fallen, vollführe dramatische Armbewegungen, wünsche mir, dass der Abend ganz einfach nicht vergeht, die Lichter weiter flackern und ich eine versunkene Tänzerin bleibe. Rausch und Moment.

Jemand berührt meine Schulter. Ich drehe mich um. „Hi", sagt die Frau, „ich wollte dir sagen, dass ich dich voll oft hier gesehen habe und es soooo toll finde, dass du trotz deiner Behinderung tanzt!"

Ich nehme einen Schluck Sekt, schwenke den anderen Arm dramatisch. Sage nichts. Lasse sie einfach stehen. Und gehe einfach weiter tanzen. Love Like Blood. Mitleid like nicht nötig. Die Haare halten, die Nacht verschluckt das vergiftete Kompliment. Ich bin Rausch und Moment. Eine ewige Tänzerin. Und nichts hält mich auf.

RICHARD PFUND, SINZHEIM
Bittersüße Wirklichkeit
Betreuer Joachim Presch

Wahrscheinlich bin ich ein sinnlicher Genießer des Lebens mit vielen Hobbys, in die man versinken kann wie in einem bequemen Sessel. Der Grundstein meiner Leidenschaft für schöne Dinge wurde mir sozusagen in die Wiege gelegt. Schon als Kind war ich theaterbegeistert und interessierter Besucher von Ausstellungen und Konzerten. Von Klassik bis Moderne wollte ich jedes Genre der Bildenden und Darstellenden Kunst der verschiedenen Epochen und Stilarten kennenlernen. Malerei, Fotografie und Musik ziehen mich genauso in ihren Bann wie Theater, Film oder Hörspiel. Beim Kunstgenuss kann ich meine Seele baumeln lassen. Mit Schachspielen halte ich meinen Kopf in Schwung, trainiere mein Reaktions- und Konzentrationsvermögen, bin stolz auf Erfolge bei Turnieren und eigentlich zufrieden mit mir und der Welt.

Leider fehlt mir zu meinem Glück noch jemand, mit dem ich mein Leben teilen kann. Der Anblick einer Frau mit Sexappeal lässt mein Herz höherschlagen und mich dahinschmelzen, und wenn bei ihr dann auch noch Schönheit und Intellekt mit gesundem Humor gepaart einhergingen, wäre es um mich geschehen. Aber leider würde sie das wohl nie erfahren, denn mein sonst so großes Plappermaul würde nicht ein einziges Wort hervorbringen, weil ich Frauen gegenüber so was von verklemmt bin, dass mir selbst vorm Traualtar jemand mit einer Stopfnadel in den Po stechen müsste, damit ein Aaaahhh wenigstens annähernd wie JAAA klingen würde.

Wie oft ist sie mir schon im Traum erschienen, das holde Wesen mit langem, brünettem Haar, wunderschönen Augen, einem Mund, der zum Küssen einlädt und einem üppigen straffen Busen. Meine Traumfrau, die mich so liebevoll streichelt, bis ich schweißgebadet aufwache mit einer mächtigen Erektion. Zu mehr kam es leider nicht, denn sie war weg. Endgültig steht mein Entschluss fest. Mein Traum muss wahr werden. Ich beschließe, mich noch am selben Abend bei www.wo-bist-du-mein-schatz.de anzumelden und mir dort ein Profil einzurichten.

Den ganzen Tag über kann ich an nichts anderes denken. Durch meinen Kopf schwirren die tollsten Attribute, die man einem Mann von Welt zuschreiben kann. Die Liste meiner Hobbys wird noch länger, als sie ohnehin schon ist. Ich mache mir Notizen in meinem Terminplaner, damit ich die salbungsvolle Beschreibung meiner Person nicht wieder vergesse. Zwischendurch fällt mir ein, dass ich wahrscheinlich auch ein aktuelles Profilfoto von mir brauche. Um mein Interesse für Architektur zu unterstreichen, mache ich auf dem Nachhauseweg vor jedem Brunnen, jedem Denkmal, jedem kunstvoll restaurierten Gebäude Selfies mit und ohne Kussmündchen, mit und ohne dämliches Grinsen, die ich zu Hause am PC noch in Richtung unwiderstehlich retuschieren werde. Eins wird wohl dabei sein, in das ich mich selbst verlieben könnte.

Meine erste Amtshandlung in meinem trauten Heim war das Bedienen der Starttaste meines PCs. Entgegen meiner Gewohnheit, mir erst einmal was Leckeres zu kochen, bei Kerzenschein, klassischer Musik und einem Gläschen Wein mein Mahl zu genießen und es mir im Anschluss gemütlich zu machen, setze ich mich sofort an meinen Schreibtisch und ärgere mich, dass der Computer so langsam wie eine Schnecke alle möglichen Startfunktionen aktiviert.

Endlich! Statt wie üblich meine Post zu sichten, gebe ich heute die Adresse der Plattform ein, die mein Leben total verändern soll. Die Anmeldung war nach der Bestätigung meiner Volljährigkeit kinderleicht. Jetzt musste ich nur noch die Personenbeschreibung aus meinem Notizbuch in mein Profil übertragen und ein Profilbild hochladen. Das Eintragen der personenbezogenen Angaben ging leicht und schnell von der Hand, die Auswahl des Profilbilds leider nicht, denn ich finde, dass ich auf allen Fotos scheiße aussehe, aber dank Photoshop erhielt ich in kürzester Zeit ein engelsgleiches Antlitz. Geschafft, denke ich. Aber leider signalisiert mir das Programm, dass der Profilname fehlt.

Ach, du lieber Gott, das habe ich gar nicht bedacht. Das Amor-Eros-Lover-Gedöns finde ich regelrecht abtörnend und kann mir nicht vorstellen, dass eine Frau mit Stil auf so was abfährt. In meinem Fall muss es was Besonderes sein, aber was. Ein Profilname soll doch neugierig machen und aussagekräftig sein. Nach langem Hin und Her entscheide ich mich für Papageno26. Der Vogelfänger in Mozarts Zauberflöte war schließlich auch auf der Suche nach dem großen Glück. Ich bin mit der Wahl sehr zufrieden. Abspeichern, fertig! Zur Ansicht. Wow, was ist das denn für ein toller Mann unter den Neu-Profilen? Wenn ich eine Frau wäre, würde ich das Profil gleich mal anklicken.

Bekanntlich soll man das Glück nicht herausfordern, deshalb beschließe ich, mich abzumelden in der Hoffnung, dass über Nacht ein Wunder geschieht.

Obwohl ich völlig übermüdet bin, kann ich nicht einschlafen. In meinem Kopf kreisen die Gedanken wild durcheinander. Was ist nur in mich gefahren? Ich muss dieses Profil wieder löschen.

Voll peinlich, wenn das jemand liest, der mich kennt. Andererseits hat der- oder diejenige dann auch ein Profil auf dieser Plattform, in dem das eigene ICH wie eine sonnengereifte Frucht angepriesen wird. Ich beschließe, erst einmal abzuwarten. Löschen kann ich es immer noch.

Viel zu spät werde ich wach. Ich hatte ganz vergessen, meinen Wecker zu stellen. Wenn ich mich beeile und es heute mal bei einer Katzenwäsche belasse, könnte ich noch pünktlich zur Arbeit kommen. Irgendwie ist heute ein turbulentes Treiben im Büro, sodass keiner mein Zuspätkommen bemerkt. Ich fühle mich, als hätte ich die letzte Nacht durchgefeiert, und bin ziemlich unkonzentriert.

Ein großer Pott Kaffee lässt mich wach werden. Mein Arbeitspensum ist heute gewaltig, denn ich habe am Vortag nicht alles geschafft. Die Arbeit erledige ich zwar gewissenhaft, aber leider bin ich nicht der Schnellste. Ich beschließe deshalb, die Mittagspause durchzuarbeiten, um pünktlich Feierabend machen zu können.

Ein unsichtbarer Motor ließ mich zur Hochform auflaufen, wie von Zauberhand war der Berg unerledigter Arbeit von meinem Schreibtisch verschwunden. So konnte ich stolz verkünden, dass ich heute etwas früher nach Hause gehe, weil ich ja auf meine Pause verzichtet habe.

Als ich den Schlüssel im Schloss der Wohnungstür drehe, kann ich spüren, wie mein Puls zu rasen beginnt. Schnell den PC hochfahren, denke ich. Wie ferngesteuert melde ich mich mit Papageno26 an. Sie haben eine Nachricht. Ich muss mich setzen. Wie kriegt man das jetzt auf? Vielleicht auf den Briefumschlag klicken? Perfekt, es tut sich was.

„Die Neugier ist die mächtigste Antriebskraft im Universum, weil sie die beiden größten Bremskräfte im Universum überwinden kann: die Vernunft und die Angst." (Walter Moers)
Viele Grüße Ramona

Zu Walter Moers fällt mir spontan ,Kleines Arschloch' ein. Für Moers Comicfigur gibt es keine Tabus, und die Art und Weise, mit der die Kunstfigur seine Umwelt terrorisiert, trifft den Zeitgeist und entspricht genau meinem Humor. Auch Moers Fantasie-Romane sind für mich etwas Besonderes. Woher weiß Ramona das? Wie sieht sie eigentlich aus? Ich klicke auf das kleine Bild in der Nachricht, um das Profil zu öffnen, und vergesse zu atmen. Meine Traumfrau. Das ist doch ein Fake oder es erlaubt sich jemand einen Scherz mit mir. Soll ich das Profil als Spam melden? Das wäre mit einem Mausklick erledigt, aber ich muss mir eingestehen, dass mich diese Nachricht fasziniert.
Ich überlege, wie ich darauf antworten soll, und fühle mich schachmatt gesetzt. Da dies kein Schachspiel ist, habe ich noch eine Chance. Leider habe ich gerade keine zündende Idee. Meine Antwort muss genauso außergewöhnlich sein wie ihre Nachricht an mich. Ich muss unbedingt das Interesse dieser schönen und wie es scheint auch klugen Frau wecken und hoffe, dass dieses Profilfoto identisch ist mit der Ramona, die mir so zauberhaft entgegenlächelt.
Ich klicke auf Antworten und beginne zu schreiben. Hallo Ramona. Das klingt, als würde ich ihr hinterherpfeifen.

Liebe Ramona,
Deine Nachricht hat mich angenehm überrascht, und ich möchte es nicht versäumen, Dir gleich darauf zu antworten.

„Ein Mädchen oder Weibchen wünscht Papageno sich. Oh, so ein sanftes Täubchen wär' Seligkeit für mich!"
Viele Grüße Richy

Senden. Ups, jetzt habe ich das wirklich abgeschickt. Zu spät, das kann man nicht mehr löschen.

Meine Herzdame kriegt einen Lachkrampf.

Die Befürchtung, dass Papageno, der als „merkwürdiges Wesen" – halb Mensch, halb Vogel – beschrieben wird, damit den Fauxpas seines Lebens landet, hat sich nicht bestätigt. Im Gegenteil.

Im Laufe der Tage, Wochen und Monate bestätigte sich, dass Männer, „welche Liebe fühlen", für die „Weisheitsliebe" nicht verloren sind. Ramona ist mehr und mehr zu meiner Papagena geworden, und ich habe inzwischen das Gefühl, dass wir uns völlig gleich sind. Wir können über dieselben Dinge lachen, wir können miteinander diskutieren und philosophieren, wir können zusammen traurig sein, uns trösten, einander Halt geben und Geborgenheit vermitteln. Einfach schön so was. Es vergeht kein Abend, an dem wir nicht ausgiebig miteinander chatten und gemeinsam den Tag Revue passieren lassen. Ich bin begeistert von ihrem Witz und Humor, ihrer Schlagfertigkeit und ihrem Schöngeist.

Ich bin total verliebt, aber das habe ich ihr noch nicht gesagt. Sie hat mich heute gefragt, ob wir nicht dazu übergehen wollen, miteinander zu telefonieren. Außerdem, meint sie, ist der Zeitpunkt gekommen, sich endlich einmal persönlich kennenzulernen. Mit einem lauten „Yeah" nehme ich das zur Kenntnis. Ich bin aufgeregt wie ein pubertierender 15-Jähriger. Unser Telefonat dauerte bis tief in die Nacht. Sie hat eine bezaubernd erotische Stimme, die bei mir Gänsehaut erzeugt, und ihr

Lachen ist einfach ansteckend. Seither telefonieren wir jeden Abend stundenlang miteinander und sind uns inzwischen so vertraut wie ein altes Paar.

Wieder ist es Ramona, die ein längst überfälliges Treffen vorschlägt. Sie hat beruflich in meiner Gegend zu tun und will die Dienstreise nutzen, um mich endlich persönlich kennenzulernen.

Ich bin überglücklich, dass sie mir das abgenommen hat, denn ich habe mich nie getraut, ihr diesen Vorschlag zu machen, weil ich Angst davor hatte, dass sie NEIN sagt.

Die platonische Liebe zu Ramona ist für mich etwas ganz Besonderes und bestimmt inzwischen mein ganzes Leben. Der Tag, an dem unser Treffen stattfinden soll, rückt in greifbare Nähe.

Aus diesem Grund krame ich jeden Abend in meinem Kleiderschrank und kombiniere meine Klamotten immer wieder aufs Neue, um das passende Outfit für das große Ereignis zusammenzustellen. Ich war auch schon einige Male bei meinem Lieblingsitaliener zum Probeessen, damit ich Ramona auch das geeignete Menü vorschlagen kann, falls sie mich fragen sollte.

Es ist so weit! Nachdem ich mich dreimal umgezogen habe, mache ich mich auf den Weg. Wir haben uns für 20 Uhr zum Essen verabredet. Natürlich bin ich schon kurz nach sieben im Restaurant und bestelle eine große Flasche Wasser, die ich noch vor Ramonas Eintreffen geleert habe. Die gleiche Menge Wein hätte zwar zur Beseitigung meines Lampenfiebers beigetragen, mein daraus resultierender Zustand wäre aber für ein erstes Rendezvous eher ungeeignet.

Ich habe den schönsten Tisch für uns reserviert und mich so platziert, dass ich die Eingangstür im sehnsuchtsvollen Blick habe. Pünktlich wie der Gongschlag bei der Tagesschau betritt Ramona in einem eleganten Kleid das Restaurant. Als sie mich sieht, entgleiten ihr die Gesichtszüge. Sie ist völlig geschockt, macht auf dem Absatz kehrt und verlässt das Lokal. Das ist meine Schuld. Ich hätte ihr sagen müssen, dass ich im Rollstuhl sitze, aber dann hätte sich diese wundervolle Frau bestimmt nie für mich interessiert.

Der Chef bringt den Rotwein, den ich schon vor Wochen ausgesucht habe, stellt die Flasche mit tröstendem Blick wortlos auf den Tisch und klopft mir im Gehen freundschaftlich auf die Schulter.

Die Schrift auf dem Etikett kann ich nicht mehr lesen, denn meine Augen füllen sich mit Tränen.

Ich schenke mir Wein ein und trinke das Glas in einem Zug leer. Dann fülle ich den guten Tropfen in beide Gläser und proste mit tränenüberströmtem Lächeln dem Stuhl, der eigentlich für Ramona gedacht war, zu. Was habe ich ihr mit dem Verschweigen der Realität nur angetan? Ich fühle mich schlecht, sehr schlecht.

In meinem endlosen Schmerz hatte ich gar nicht registriert, dass mir gegenüber jemand Platz genommen hatte. Mit einem bezaubernden Lächeln hält Ramona ihr Glas in der Hand.

„Entschuldige meine Reaktion, Richy. Dass Papageno nicht fliegen kann, wusste ich, dass er nicht laufen kann, hättest du mir sagen müssen ...“

EVA-MARIA PICHLER, STAINACH, ÖSTERREICH

Corona – Die Angst in den Köpfen

Die Corona-Epidemie: Lockdown um Lockdown, immer wieder kommen wir in den Lockdown. Die Angst wegen dem Corona-Virus ist groß, viele Menschen leben in ständiger Angst, dass sie es bekommen und dann auch daran sterben. Die Angst steckt in den Köpfen der Menschen, besonders bei den Menschen, die vorbelastet sind, denn die bekommen es zuerst. Auch bei uns steckt die Angst in den Köpfen, denn die Angst ist da. Zu viele Menschen haben keine Ahnung – und sobald sie hören Lockdown, kommt die Angst zurück wegen dem lieben Virus. Wir hoffen, dass die Impfung wirklich etwas hilft und wir dann keine Angst mehr haben – besonders die vorbelasteten Menschen und die vorbelasteten Familienangehörigen. So wie es bei mir der Fall ist.

Corona – Corona, keiner mag das Wort, aber es ist nun mal da und wir werden noch einige Zeit lang damit leben, mit dem Virus, mit der Angst und mit der FFP2-Masken-Pflicht. Aber wir halten es aus, müssen wir ja. Die Angst ist wieder da. Die Angst in den Köpfen der Menschheit ist einfach da und geht nicht so schnell wieder weg. Die Angst und die Angst vor Ansteckung. Keiner kann etwas machen gegen das Corona-Virus, viele Menschen haben es schon gehabt und Gott sei Dank auch überlebt, alle aber nicht. Und man kann Corona nicht nur einmal bekommen, man kann es mehr als einmal bekommen, dieses Virus. In China gab es einen Mann, der es schon zum zweiten Mal bekommen hat. Keiner weiß, ob er es überlebt hat, keiner. Hoffentlich bekomme ich es nicht – wegen meines Vaters. Die Angst in den Köpfen bleibt. Die Leute sind erst sicher, wenn die Impfung da ist. Da haben die Menschen dann keine Angst mehr und die Angst in den Köpfen verschwindet. Die Leute werden auch wieder fröhlich und ausgeglichen sein, um diese Zeit zu überstehen, die Corona-Virus-Zeit. Das wird uns noch lange Zeit begleiten.

ROSWITHA PIEPER, MINDEN
Leben

Das Leben fängt klein an, als Baby wird man geboren.
Du wächst heran. Wir machen unsere ersten Schritte,
die ersten Schritte in unser eigenes Leben.
Es geht stetig immer weiter, langsam,
mal bergauf, dann bergrunter.
Mal strahlt das Leben ganz gewaltig voller Sonnenschein,
dann gibts Schlechtwetter, wenn das Wetter nicht so gut ist,
ein Leben mit schlechter Laune.
Junge und alte Menschen kreuzen unseren Weg.
Fröhliche Menschen und böse Menschen, traurige Menschen.
Kinder kommen auf mich zu, sie merken,
ob ich es gut meine oder nicht.
Das Leben ist bunt gemischt wie eine Tüte Konfetti.
Ein bunter Blumenstrauß in allen Farben des Regenbogens.
Doch wo die Sonne scheint, tröpfelt auch mal Regen.
Wenn ein Mensch von uns gegangen ist,
sind wir trostlos, unglücklich.
Es wird duster draußen und in unserer Seele.
Wir lassen einmal Dampf ab,
dann befreit sich der ganze Körper.
Man kann atmen ganz durch.
Es ist erfrischend wie eine Tüte Eistee.
Bei Gewitter schalten wir ab.
Wir lenken uns ab durch andere Dinge,
die uns glücklich machen.

KRISTINA PLENTER, GRONAU
Die bittersüße Wirklichkeit – Gedanken einer Unsichtbaren

Die bittersüße Wirklichkeit der Unsichtbaren tanzt zum Rhythmus ihres Lieblingsliedes. Eine Melodie, der ihr Taktgefühl mit jedem Herzschlag mehr und mehr bestimmt. Ein Empfinden, das der Unsichtbaren hilft, ihrem Platz im Leben endlich einen Namen zu geben. Gelähmt seit der Geburt, eine Qual, wenn man diesem Schicksal nicht entrinnen kann. Dunkle Gedanken des Grauens, die sich immer weiter entfalten, sodass es zu spät für eine Menschenseele sein kann. Zu spät für alles, was die Seele brutal zu korrigieren versucht. Die bösartigen Depressionen bahnen sich ihren eigenen Weg. Jeder unangenehme Satz, der zu überleben sucht. Die Kraft entschwindet immer mehr, immer weiter und weiter, bis die Hoffnung endgültig zerplatzt. Der Makel der Unsichtbaren beherrscht sie mit jedem einzelnen Atemzug, der sich tief in die Seele frisst, immer und immer weiter, bis man in ein Loch fällt, das man Selbsthass nennt.

Die bittersüße Wirklichkeit, der Selbsthass der Unsichtbaren, ist wie ein gewaltiger Sturm, der keine Rücksicht nimmt, eine Verwüstung hinterlässt, an der man ewig lang zu knabbern hat. Die schwarzen Gedanken begleiten den Tagesablauf der Unsichtbaren, sie überwiegen, schieben die hellen beiseite und lösen schreckliche Erinnerungen in ihr aus. Erinnerungen, die sie tief im Verborgenen hält, Verborgenes, das sie so misstrauisch wie auch einsam macht. Eine Erkenntnis, die keinem Menschen auf dieser Welt guttut. Die Einsamkeit, ein Machtspiel gegen sich selbst. Ein Zustand voller Selbstkomplexe, der schwer auszulöschen ist. Der Ein-Personen-Haushalt ist nicht fair, kann Gedanken eintrichtern, die nicht für diese Welt bestimmt sind. Die Einsamkeit ist der größte Feind, der genau weiß, was er will, und in den meisten Fällen das bekommt, wofür er mit aller Macht kämpft. Ein Kampf, der von der Gesellschaft falsch interpretiert wird, sodass Missverständnisse den Alltag der Unsichtbaren prägen. Gut gemeinte Ratschläge werden in der Regel nicht angenommen, übersehen, bis man in den tiefen Abgrund des Nirgendwo fällt und trotzdem auf Rettung hofft.

Das Selbstbewusstsein der Unsichtbaren ist schwer auffindbar, trotzdem ist es kein Ding der Unmöglichkeit, es zu finden. Das Selbstbewusstsein versucht, höher nach den Sternen zu greifen, bevor negative Gedanken den grandiosen Erfolg zerschmettern.

Selbstbewusstsein ist ein harter Knochenjob. Nicht jedem ist es auf diesem Planeten vergönnt, so zu leben, wie er es gerne möchte. Erkenntnisse wie ein schwarz-grauer Faden, die tief in ihrem Herzen Platz finden, tiefer und tiefer, bis der Abgrund sich mit dem Schattenbild vereint. Ein Schatten, der länger wird, so lang, bis er kurz vor einer Explosion steht, um sich von seiner unerträglichen Last zu befreien.

Die bittersüße Wirklichkeit, die Stille der Unsichtbaren, ist ein Raum voller Ängste. Eine Angst, die sich immer mehr entfalten kann. Sie erdrückt mit all ihrer Kraft, sodass es kein Entkommen gibt. Die Stille ist einsam, sie macht krank, sie beherrscht die Unsichtbare unentwegt. Die Stille ist eine tickende Zeitbombe, die in den Wahnsinn treibt, eine, die sich nicht den Mund verbieten lässt, eine, die erdrückt und keineswegs versucht, ihr freundschaftlich die Hand hinzuhalten. Die Stille ist der Feind in ihrem Körper, sie ist unantastbar, eine Erkenntnis, die sie nicht vom Hocker haut. Dagegen anzukämpfen, ist schwer, so schwer, dass ihr Tränen in die Augen steigen. Ein bösartiger Orkan, der sich tief in der Seele einnistet, um sie kaltblütig fertigzumachen. Die Stille ist ein schwarzes Loch, das die Dunkelheit immer mehr für sich einnimmt. Die Stille, sie ist das Böse, sie ist allmächtig, sodass alles sinnlos erscheint. Die Stille, wann hört sie endlich auf? Enttäuschungen gibt es genug, zu viele, die die Unsichtbare nicht in Worten beschreiben kann. Worte, die durch die Dunkelheit spazieren und im Endeffekt alles nur noch schlimmer machen. Das Schicksal spricht eine ganz andere Sprache, eine, die sich in der Tat keine andere Meinung einholt, um der Unsichtbaren Klarheit ins Dunkel zu bringen. Der Hoffnungsschimmer ist weit davon weg, ihre Gedanken von diesen Schmerzen zu erlösen.

Aber die bittersüße Wirklichkeit, der unbändige Glaube an Gott, hilft ihr stets und überall über vieles hinweg. Das Kämpfen kommt ganz allein auf sie an, ein Kampf, der für die Unsichtbare wichtig ist. Es muss eine Lösung geben, die in Windeseile einen gigantischen Plan hervorhebt, um ihre ganzen Empfindungen in die Öffentlichkeit hinauszutragen. Mutig genug sein, sich endlich selbst zu finden. Die Freiheit auf ihrer Haut zu spüren, ist ein Zauber der Gerechtigkeit, eine, die sie vor allem durch ihr Durchhaltevermögen verdient. Das Licht rückt für die Unsichtbare eines Tages immer näher. Ein Ereignis, das Glücksgefühle und persönliche Empfindungen in ihr sprengen. Das Licht für die Unsichtbare spendet Wärme, es hält sie am Leben, es wird niemals enttäuschen, egal, wie es im Leben gerade läuft. Glücksmomente liegen im Verborgenen, sie wollen von der Unsichtbaren entdeckt werden. Kleine Momente, die sie des Lebens erfreuen, ohne Forderungen zu stellen. Das

Glück wird da sein, wenn sie es sieht, es wird da sein, wenn die Unsichtbare es braucht. Glücksmomente liegen ihr Tag für Tag zu Füßen. Sie geben Geborgenheit, lassen sie niemals im Stich, sie werden ihr stets Hilfe leisten, wenn sie glaubt, am Ende des Lebens zu stehen. Sie sind da, wenn man nicht mehr daran glaubt. Glücksmomente des Mutes werden Begleiter, nicht Gegner sein, sie werden niemals enttäuschen. Ein Moment der Glückseligkeit wie auch der Liebe, die so viel mehr in ihrem Leben verspricht. Die Liebe ist der Herzschlag dieser Welt. Sie vereint die Menschen für ein achtsames, gemeinsames Miteinander, das der Unsichtbaren ein Lächeln ins Gesicht zaubert. Ein Lächeln, das Selbstbewusstsein ausstrahlt und der Unsichtbaren auch aus dieser Sicht Licht am Horizont schenkt. Der Glaube an die Liebe verdrängt die Einsamkeit, sie lässt das Dunkle im Leben der Unsichtbaren mit voller Wucht hinter sich. Ihre Vorstellungskraft lässt die Liebe in ihrem Kopf mehr als lebendig werden, sie spornt an, endlich alles zu wagen, was sie sich in der Vergangenheit immer erträumte. Träume sind wie Seifenblasen, die sich im Nirgendwo befinden, um der Unsichtbaren das Gefühl zu geben, dass im Leben alles erreichbar sein kann, wenn man nur fest daran glaubt und ebenso hart für sein Ziel kämpft.

Die bittersüße Wirklichkeit, der unbändige Wille, macht die Unsichtbare zu einer Heldin im noch kalten Regen, die barfuß im Regen tanzt, um zu beweisen, dass auch sie endlich wertgeschätzt wird in allen Lebenslagen ihres Daseins. Tief in der Seele der Unsichtbaren herrscht eine vielschichtige Kraft, die nach langem Zögern versucht, ein Bein ins Tageslicht zu setzen, um ihre wahren Talente ohne Hemmungen der ganzen Welt zu präsentieren. Die Welt wird erstrahlen und der Unsichtbaren mit offenen Armen begegnen, wenn sie ihr Herz nur sprechen lässt und den Sinn ihres Lebens von selbst erkennen wird, ohne Forderungen an das Leben zu stellen.

Der Sinn des Lebens wird sie beflügeln, immer höher und höher. All die dunklen Schatten in den Hintergrund stellen, sodass die Unsichtbare zu hoffen wagt, endlich eins mit der Außenwelt zu sein. Ihr Hass auf sich macht das Leben schwer, aber Stärke zu beweisen, brennende Flammen zu löschen, die ihr Leben zielstrebig durcheinanderbringen, ist ihr ganz großes Ziel. Nein, eine Lebensaufgabe, die dem Dasein der Unsichtbaren endlich einen Hauch von Hoffnung schenkt. Ein Hoffen, das ihre Seele voller Liebe empfängt. Sich einzugestehen, dass kein Mensch auf diesem Planeten fehlerfrei ist, beflügelt sie zu immer höheren Taten.

Jeder Mensch ist einzigartig – wie ein bunter Regenbogen mit all seinen Farben am Himmelshorizont. Die leuchtenden Sterne in der Nacht sind helle Hoffnungsschimmer, die der Unsichtbaren in schweren Zeiten den Weg ins Licht zurück zeigen, wenn die Dunkelheit das Licht verdrängt in vielen schweren Situationen.

Die bittersüße Wirklichkeit, der Glaube an Mut, Gerechtigkeit und Toleranz in dieser Welt, macht die Unsichtbare bärenstark in jeder Lebensphase ihres Daseins. Jeder Mensch ist so perfekt, wie er nun mal ist, und genau das sollte man sich immer vor Augen halten.

Der Scherbenhaufen der Unsichtbaren gleicht einem Mosaik, das fleißig zusammengesetzt werden will, den Blick nach vorne gerichtet, um ihrem Selbstbewusstsein endlich einen Tritt in den Hintern zu verpassen. Das Selbstbewusstsein ist das Fundament des Lebens, es spornt an, das Herz der Unsichtbaren endlich in den richtigen Takt zu bringen, um nie wieder an sich selbst zu zweifeln.

Das Herz der Unsichtbaren singt sein eigenes Lied, das tief in sie eindringt. Nein, zu spät war es noch lange nicht für einen Neuanfang in ihrem Leben. Das weiß sie in diesem einzigartigen Moment. Ihre ganz persönliche bittersüße Wirklichkeit.

NICOLE PLISCHKE, MINDEN
Bittersüßes Leben

Mein Name ist Nicole und bittersüß beschreibt mich und mein Leben ganz gut.

Seit 2012 habe ich die Diagnose emotional instabile Persönlichkeitsstörung.

Seit 2018 habe ich Diabetes Typ 1.

In meiner Welt ist also alles schwarz und weiß, bitter und süß. Ich trage zwei Tattoos an meinen Knöchel – ein Engelchen und ein Teufelchen, weil sie mich immer begleitet haben.

Ins Leben als Frühchen gekämpft, schwieriges Elternhaus, Trennung von meiner Tochter und so manche anderen Schwierigkeiten, und doch bin ich noch da.

Oft weiß ich nicht, wer ich bin oder ob ich gut so bin. Aber eines weiß ich: Warum ich bin. Ich bin eine Kämpferin, eine Löwin – mein Lieblingstier – durch und durch.

2016 kam ich nach vielen Auf und Abs in die Werkstatt für behinderte Menschen. Ich fühle mich wohl, aber aktuell bin ich dabei, mich auch hier wieder hochzuarbeiten.

Beginnend mit einem Praktikum mit dem Ziel, bald einen sogenannten ausgelagerten Arbeitsplatz zu bekommen. Ich nehme meine Medikamente täglich, gehe regelmäßig zur Arbeit, bald steht eine Therapie an.

Ich lebe in einer turbulenten, glücklichen Beziehung, wir wohnen seit zwei Jahren in einer gemeinsamen Wohnung. Meine Tochter kommt regelmäßig zu uns, und wir verbringen die Tage wie eine kleine Familie zusammen. In dieser Zeit fühle ich mich komplett.

Mein Stresspegel geht schnell hoch, wenn ich unterwegs bin, flaut zu Hause aber wieder ab.

Leider gehört selbstverletzendes Verhalten zu meiner Border-line-Erkrankung oft dazu. Früher war das ausgeprägter, ich bin schon viel ruhiger geworden, aber ich hatte oft das Gefühl, einfach zu platzen. Ich fühle alles einfach fünfmal so heftig wie andere. Wut, Trauer, aber auch die schönen Gefühle wie Liebe. Wenn ich innen geladen bin, voll mit negativen Gefühlen, dann kann ich Nähe nur schwer ertragen, weil ich denke, man hat nur Mitleid mit mir. Sonst bin ich eine die Nähe Suchende, brauche regelrecht Bestätigung.

Das Süße am Borderline ist ganz sicher das Kreative. Ich male wirklich gern, das bringt mich in andere Welten. Mit meinen Gedichten versuche ich, meine Gefühle in Worte zu fassen. (Eines lege ich mal bei, es heißt: „Die Blume im Wind".)

Mein Diabetes ist ebenfalls bittersüß zu sehen. Ich achte mehr auf mich im Gegensatz zu früher, höre mehr auf mein Innerstes und spüre meinen Körper mehr. Bitter ist, das ich nun wieder häufiger Panikattacken habe, aufgrund der Angst vor der Unterzuckerung. Das ist nämlich kein schöner Zustand.

Das Corona-Virus macht mir Angst, das muss ich schon zugeben, aber viele Auswirkungen hat es auf meine kleine Welt sonst nicht. Alles läuft für mich wie immer.

Ich bin eine Löwin mit kleinem Rudel, Freunde habe ich wenige. Viel Unterstützung bekomme ich auch vom ambulant betreuten Wohnen. Allein bin ich ungern und glücklicherweise bin ich dieses auch selten. Ansonsten hält mich auch Musik in schlechten Zeiten über Wasser. Ich kann zwar nicht singen, aber tue es gern bei meiner Lieblingsmusik.

Wie ihr gelesen habt, ist bei mir alles bittersüß und ich bin glücklich damit.

NICOLE PLISCHKE, MINDEN
Die Blume im Wind

Die Blüte ist fest verschlossen
Versucht sich zu schützen
Vor dem Wind, der sich anfühlt wie der Sturm
Sie wiegt hin und her
Traut sich einfach nicht zu erblühen
Und wartet sehnsüchtig auf die Sonne
Langsam bahnt sich die Sonne ihren Weg durch die Wolken
Alles wird warm, die Bienen summen
Aber die Blume ist weiter verschlossen
Zerrissen von den Gefühlen Angst und Neugier
Jahr für Jahr
Wovor habe ich Angst, fragt sie sich immer wieder
Davor, dass die Sonne mich wärmt?
Dass die Bienen mich kitzeln?
Irgendwann, langsam, ganz bedächtig
Entfaltet die Blume ihre Schönheit
Die Sonne wärmt sie
Die Bienen kitzeln sie
Die Blume strahlt
Die Kinder, die vorbeilaufen, geben ihr Wasser
De Blume ist glücklich
Da ist noch Angst
Aber von jetzt an genießt die Blume ihr Leben

Alles braucht Zeit

ANNETTE POCHADT, HAMBURG
Allein

Einsamkeit ist des Teufels Zeug,
wenn ich mich dahin nur beug.
Sie kann Schmerz in die Seele bringen,
jedoch nicht, wenn ich will ein Liedlein singen.
In Herzen lebt unbändige Lust und Stärke,
die gerade durch das Alleinsein ich merke.

ELLEN PÖKEL, LANDSBERG
To come to breathe

Um zu Atem zu kommen
Muss ich erst mal zur Ruhe kommen
Und genau das bekomme ich bei euch nicht
Jetzt weiß ich, dass ich störe und nerve
Und habe wieder mal mein Lachen verloren
Ich fühle mich so alleine
Dann kommt, wie jedes Mal, alles anders
Das war schon immer so
Ständig bin ich es, die Fehler macht
Habt ihr auch mal über eure Fehler nachgedacht
Euch kann man nicht vertrauen
Augen auf, hier steht der Teufel
Er will euch in die Hölle holen
Da, wo ihr hingehört
Denn ihr habt mich ständig fertiggemacht

To come to breathe
My heart must keep beating
That I can go on
And yet there is still a hagen
To come to breathe
Do I need this air
That you took from me
And the devil has come too
To come to breathe
I leave everything behind

Because I don't stand here long
Just went wrong with you guys?
To come to breathe
To come to breathe

Und so was wie euch habe ich vertraut
Wie konnte das alles passieren
Denn ihr habt mein Herz geraubt
Das habe ich euch nicht erlaubt
Ihr habt doch alles weggeschmissen
Durch eure Lügen
Schaut her, es verschwindet alles
Und es ist nichts mehr zu machen
Weil ihr nur an euch denkt
Wie es mir dabei geht
Ist euch doch scheißegal, oder
Ihr braucht nicht so zu schauen
Denn ihr könnt nicht mehr weglaufen
Weil ihr in der Hölle seid
Und da kommt ihr nie mehr raus

Ständig redet ihr drumherum
Und das kotzt mich an
Denn ich bin doch nicht dumm
Ich bekomme es mit, wenn was nicht stimmt

Mir kann keiner was vormachen
Nämlich gar keiner
Und euer scheiß Lachen
Könnt ihr auch mal lassen
Ihr macht nur Ärger
Und das kann man nicht aushalten
Warum tut ihr das?
Denn das geht zu weit
Leute, ich werde mein Herz behalten
Schaut nicht mehr her
Ich kann euch nicht mehr sehen

ANTJE RAABE-PIEPER, HAMBURG
Bitterer Trugschluss, leicht gesüßt

Wenn ich erst mal in Rente bin,
muss täglich nicht zur Arbeit hin,
erwachsen tolle Chancen,
die köstlichsten Avancen!
Mit meinem Liebsten Hand in Hand
steinalt bis an den Lebensrand,
so hatten wir's uns vorgestellt.
Oh, wie naiv in aller Welt!
In der recht toppen Lebenskraft,
als vieles noch mit links geschafft,
dacht', Blackys Worte sind doch Mist,
dass Alter nichts für Memmen ist!
Mit voller Wucht wird leider klar,
wie treffend dieses Zeugnis war.
Zunächst fing es beschaulich an
voll Frohsinn, Freude. Aber dann
hieb uns das Schicksal Schlag auf Schlag
erbarmungslos bis zu dem Tag,
als harsch Gevatter Tod herkam,
mein höchstes Glück, den Liebsten, nahm.
Warum traf ihn, nicht mich sein Schwert?
Mein Leben schien mir nichts mehr wert.
Wofür atme ich künftig fort?
‚Verwitwet' wuchs zum Schreckenswort!
Von lieben Menschen, mir vertraut,
behutsam wieder aufgebaut,
ganz sachte Mut zurückgegeben,
ein süßes Licht in bitt'rem Leben.

Für meine Kinder lohnt sich's doch!
Ein bisschen leben möcht' ich noch.

So watschel ich in Einsamkeit
Durch meinen Rest an Lebenszeit.
Die Körperlänge stark verkürzt,
Rücken und Magen eingestürzt.
Verwelktes Fleisch von Haar bis Füßen.
‚Harold & Maude', sie lassen grüßen.
Fünfhundert Meter maximal,
dann wird der Weg zur Höllenqual.
Das Rückgrat bricht, frech pfeift die Puste,
es folgt erschöpftes Rumgehuste.
An Sehnsuchtsorte zu gelangen,
utopisch! Fühle mich gefangen.
Per Bahn und Bus ist's nicht geheuer,
die Fahrt ein Horror-Abenteuer.
Kann ich nun kaum zur Stadt hinaus,
hol ich frustriert sie mir ins Haus.
Die Welt besucht mich knapp und schmal
in meiner Stube medial.
Trotz aller meiner Schmerzen, Blößen
Gibt's Dinge, die mir Mut einflößen:
Wenn auch die Mattigkeit mich bannt,
Die Finger flink, klar der Verstand.
Gott lob! Noch fit sind Hände, Kopf.
Manch arroganter fieser Tropf
meint: Alt und gebeugt bedeutet dumm,

trampelt auf meiner Würde rum.
Den Stolz, so schwöre ich im Wüten,
wird' ich mir kostbar, zäh behüten.
Erhob'nen Hauptes bittersüß – und doch:
Ein bisschen leben möchte' ich noch!

Will Selbstmitleid zu sehr mich plagen,
muss tadelnd ich mir ernsthaft sagen:
Um mich herum, in unserem Haus
sieht es oft reichlich schlimmer aus!
Ein lastenvoll erfüllter Ort.
‚Verwitwet' ist ein Standardwort.
Herr X hat einen Schlaganfall.
Frau Y mit einem Knall
hat sich die Glieder fies lädiert,
was sie ins Pflegeheim nun führt.
Manch einer kann nicht mal mehr kriechen,
muss hilflos leise leidend siechen.
Im achten Stock Frau Z verwirrt
ziellos durch lange Gänge irrt.
Und wer sich kraftvoll fit noch zeigt,
wird neidisch sehnsuchtsvoll beäugt.
Das lässt die meisten gar nicht kalt,
man gibt sich gegenseitig Halt,
ist hilfsbereit zu jeder Zeit
kraft noch verbliebener Möglichkeit,
leiht Kummer offenes Gehör.
Ist manchmal zwar das Herz bleischwer,

im Stillen heiße Tränen fließen,
wir trotzdem manchen Spaß genießen!
Bei Feiern, andren netten Sachen
gemeinsam froh und herzhaft lachen,
dank Heiterkeit die Last besiegen.
Wir lassen uns nicht unterkriegen!
Schlingt mich auch oft ein bitt'res Loch,
auf Lebenssüße hoff ich noch.

Als sollt' all dieses noch nicht reichen,
muss Freude einem Winzling weichen.
Ein unsichtbares Virus schafft
die ganze Welt in Lock-down-Haft.
Zahllos erkrankt, einsamer Tod,
global herrscht unbekannte Not.
Die Wissenschaft voll Eifer blickt,
wie dieses Virus wohl so tickt.
Hilflos die Politik sucht Rat,
was eiligst sie zu machen hat.
Will sich dies Biest am Wohlstand rächen?
Home-Office, Existenzen brechen.
Um Enkel, Kinder kreisen Sorgen,
wie sind die Chancen für ihr Morgen?
Ganz schmucklos, streng das Abitur,
das Studium geht online nur.
Kein Treff, nicht Nächte durchgetanzt,
das Recht der Jugend ausgeschanzt.

Die Kinder Schule, Kitas missen,
üben zu Hause brav ihr Wissen.
Kunst, Sport, Gastro total verstummt,
dafür der Online-Handel brummt.
In jungen, alten Herzen wohnen
Frust, Einsamkeit und Depressionen.
Damit es spärlich weitergeht,
uns Nötigstes zur Seite steht,
so manche ihren Job erfüllen,
für uns sich in Gefahren hüllen,
der Infektion stark ausgesetzt,
zudem von Ignoranz verhetzt.
Mögen wir auch verzweifelt schimpfen,
maskiert, auf Abstand, Massenimpfen,
die Ungeduld schürt Ängste hoch:
Ein bisschen leben möchte' ich noch.

STEFANIE RADEK, NEU WULMSTORF
Liebe Lizzy!
Im Januar 2021

Ich hoffe, du nimmst es mir nicht übel, dass ich so viele Jahre nicht geschrieben habe.
Manchmal hätte ich dir gerne geschrieben. Besonders dann, wenn ich auf der Suche nach Verständnis war, denn du hast mich verstanden. Dir musste ich nie etwas erklären.
Doch wo hätte ich anfangen sollen?
Ich habe keine Erinnerung daran, wann ich zuletzt geschrieben habe. Für ein Anknüpfen an den letzten Brief ist es ohnehin viel zu spät.
Sicher hast du keine Ahnung, was gerade passiert. Wir befinden uns inmitten einer weltweiten Pandemie, deren Ende bisher nicht abzusehen ist, obwohl Impfstoffe gefunden wurden. Es ist eine ganz merkwürdige Zeit, dieser Lockdown. Meine Geduld, auf das Ende der Pandemie zu warten, ist allmählich erschöpft.
Du hast es gut. Papier war schon immer geduldig.
Vor der Pandemie hatte ich viele süße und auch einige bittere Momente. Manchmal sogar beides im selben Augenblick.
Bitter-süß oder süßlich-bitter.
Die jetzige Zeit erscheint mir oft wie ein schlechter Traum, aus dem ich einfach nicht aufwache – fast nur bitter, ganz ohne den süßen Beigeschmack! Wirklich süß erscheinen mir nur noch die sehr, sehr selten gewordenen Augenblicke in Gesellschaft. Sogar süßer als jemals zuvor!
Als Kind fühlte ich mich auch sehr allein, ohne echte Freunde. Traurig war ich deshalb nicht. Weißt du noch, wie oft ich mich in eine andere Wirklichkeit träumte? Diese andere Wirklichkeit war immer angenehm süß.

Du kannst dich bestimmt an die wilden Abenteuer erinnern, die ich mit Muhammad, Clarence, Lotta und Roland erlebte. Niemand, außer dir und mir, wusste, dass ich jeden Tag nach der Schule von meinen erdachten Freunden abgeholt wurde. Sie sollten mich vor den boshaften Kindern aus der vierten Klasse beschützen, die den Jüngeren auflauerten, um sie zu verspotten und zu drangsalieren.

Wenn der Anblick von Clarence, dem schielenden Löwen, die bösen Kinder nicht sofort vertrieb, dann klaute Pippilotta ihnen die Schulranzen, und Muhammad Ali warf sie in die Brennnesseln. So konnte ich auf dem Rest des Heimwegs mit Roland Kaiser lauthals seinen Schlager „Frei – das heißt allein" singen.

Obwohl es mir rückblickend vor Sorge eher den Schweiß auf die Stirn treiben sollte, muss ich heute bei dem Gedanken daran meist schmunzeln. Imaginiert, hätte es ein Kinderpsychologe wahrscheinlich uncharmant ausgedrückt. Zum Glück hatte ich keinen Psychologen. Ich hatte einen netten Klassenlehrer. Er schrieb wohlwollend in mein Zeugnis, ich sei eine „fantasievolle, kreative Schülerin" gewesen. Das klingt wesentlich netter als eine unschöne Diagnose eines Psycho-Klempners.

Wir beide, du und ich, sind uns bestimmt einig, dass ich damals tatsächlich noch alle Tassen im Schrank hatte. Schließlich waren meine geheimen Freunde nicht völlig erdacht. Nur, dass sie meine Freunde waren, hatte ich frei erfunden.

Manchmal, in diesen Tagen des Lockdowns, wünsche ich mir meine geheimen Freunde wieder her. Ich könnte ihre Gesellschaft zurzeit wirklich gut gebrauchen. Wenn der Anblick von Clarence, dem schielenden Löwen, die böse Corona nicht vertreibt, dann klaut Pippilotta dem Prof. Dr. Wieler und seinem

Kumpel Prof. Dr. Drosten die Schulranzen. Danach schubst Muhammad Ali den Söder und den Spahn in einen Haufen Brennnesseln. Es wäre zwar niemandem geholfen, wenn Söder und Spahn in einem Haufen Brennnesseln landeten, aber die Vorstellung ist ziemlich amüsant.

Gassenhauer von Roland Kaiser sänge ich heute allerdings bestimmt nicht mehr. Vielleicht sollte ich die bittere Realität von heute einfach mit einer ordentlichen Portion süßem Humor würzen. So wie man süßen Zucker auf eine bittere Grapefruit streut. Das ist wesentlich besser, als sich die Zeit mit imaginären Freunden zu vertreiben.

Meine liebe Lizzy, vielen Dank für das stumme Zuhören zu so später Stunde. Niemand versteht mich so gut wie du. Ich verspreche, bald wieder zu schreiben.

Herzliche Grüße von deiner

Maria

DIETER RADTKE, MÜNSTER
Berührt werden

... irgendwas mit Menschen ...
Wo Berührung keine Rand-
Erscheinung ist

Wo die Falten der
Greisinnen Geschichten
Erzählen

Zu lange war ich unberührbar
Bis ich lernte
Die Sprache der Hände
Der Augen zu lesen –

Bücher mit sieben Siegeln
Die sich öffnen
Unter Deinem sanften Druck

... irgendwas mit Menschen ...
Wo keine Zahlen regieren
Und Gefühle nicht aufge-
Rechnet werden

Zwischenräume –
Die Zeit zwischen
Wort und Wort –

Pulsieren in der Stille –
Erinnerung – Dein Auge –
Deine Hand

DIETER RADTKE, MÜNSTER
Watte

Ein Tag
Wie Schwimmen in Watte –

Wenn Wattewolken sich
Ergießen in die Stadt
Und in Deinen Körper –

Wattelangsame Bewegungen
In der Stille –
Welten aus Watte

Und eine Hand
Wie ein Führer
Durch weiches Dickicht

Wo das wilde Tier
Hinter dunstigen Vorhängen
Schläft

Und erwacht
Und verzaubert um sich
Blickt

Und langsam über
Blütenteppiche schreitet

Auf der Suche –
Jemand kommt mir entgegen

Wie ein Schwert
Gegen die zähste Masse –
Wie ein sanftes
Wetterleuchten

Man weiß es nicht
Tagebuch

4. Februar 2021
Heute bin ich im Krankenhaus in Essen angekommen, mein Auge wird operiert. Man hat mir erklärt, dass ich eine Strahlenkapsel in mein Auge bekomme, weil ich ein Melanom im Auge habe. Ich bin ganz allein, wegen Corona ist kein Besuch erlaubt. Eigentlich wünsche ich mir, dass mich jemand in den Arm nimmt und tröstet, ich habe solche Angst. Sie bestrahlen in den nächsten Tagen mein Auge, damit das Melanom nicht weiterwächst.

10. Februar 2021
Heute darf ich wieder nach Hause, das Taxi bringt mich von Essen zurück nach Minden. Draußen ist Schneechaos, es schneit wie verrückt, so viel Schnee gab es seit Ewigkeiten nicht mehr. Die Fahrt dauert etwa drei Stunden, nur eine Fahrbahn ist frei, der Fahrer fährt vorsichtig und unterhält sich mit mir, er ist höflich und nett. Aus dem Wagenfenster sehe ich in das Schneechaos draußen, in meinem Leben ist auch Chaos, was wird denn jetzt? Geht das weg in meinem Auge? Einsamkeit und Isolation überall in meinem Leben – scheiß Corona.

22. Februar 2021
Heute war ich bei meiner Frauenärztin, wieder schlechte Nachrichten. Es gibt da eine Stelle in meiner Brust, da ist etwas, sie weiß es nicht genau. Ich muss zur Mammografie. Mein Herz klopft so doll, ich habe wieder Angst.

9. März 2021

Nach der Mammografie kam heute die Biopsie, dann weiß ich endlich Bescheid. Ich fühle mich verloren, immer warten, nicht wissen, was kommt.

Es hilft mir so, dass ich eine Mitarbeiterin habe (aus dem ambulant unterstützten Wohnen), die immer für mich da ist und der ich vertraue.

7. April 2021

Wieder eine Operation, die Brust muss abgenommen werden, es war doch bösartig.

Kein Besuch im Krankenhaus erlaubt, Corona ist immer noch da. Auf meinem Zimmer liegt noch eine jüngere Frau, sie ist nett und wir können uns unterhalten. Wenigstens ein Mensch in meiner Nähe, wir hatten uns schon beim Vorgespräch im Warteraum kennengelernt. Jetzt teilen wir uns das Zimmer und ich bin so froh, dass sie da ist, ein Mensch in der Nähe.

Ich bin ein Stehaufmännchen und bin nach der OP schnell auf den Beinen.

Das Leben geht weiter.

Juni 2021

Das Auge hat sich verschlechtert, die Sehkraft lässt noch mehr nach. Ich lese mit einer Lupe und schaue mit dem gesunden Auge. Fünf Jahre werde ich jetzt Medikamente nehmen gegen den Krebs. Manchmal geht mir durch den Kopf, ob ich morgen wohl noch da bin? Ich habe dann Angst einzuschlafen, ob ich morgen noch wieder wach werde.

Gut, dass ich Freunde habe, mit meiner besten Freundin durfte ich mich während der ganzen Zeit treffen, wenn es möglich war. Jetzt sind wir alle geimpft, langsam wird alles besser, das normale Leben kehrt zurück. Das macht mir Freude, wenn man durch die Stadt geht und endlich wieder Menschen sehen kann. Der Sommer kommt, ich kann viel draußen sein, mich mit meiner Freundin treffen, shoppen gehen.

Doch wie es weitergeht – man weiß es nicht.

NICOLE REESE, LATENDORF
Wie von einem anderen Planeten – bitter und süß

Sie sitzt mir gegenüber und sagt: „Ich kann gar nicht verstehen, warum man für so was einen Schwerbehindertengrad bekommt."
So was?
Hat sie gerade „so was" gesagt?
Was meint sie mit „so was"? Und vor allem, von wem wurde ihr denn gesagt, was ich habe? Ich war es nicht! So viel steht fest. Und es kommen nicht sehr viele Menschen infrage, unter anderem wegen der Verschwiegenheitspflicht. Gedanklich gehe ich alle durch, die es wissen. Wieder und wieder. Ich gleiche mein Vertrauen in diese Menschen ab und immer wieder fällt mein Gedanke auf meine Beraterin vom Integrationsfachdienst. Sie soll eine Vertrauensperson darstellen. Dachte ich zumindest. Aber sie war diejenige, die kürzlich unbedingt ein Vier-Augen-Gespräch mit meiner Vorgesetzten wollte, oder umgekehrt. Zumindest haben sie sich ohne mich getroffen. Das alles geschieht innerhalb von Sekunden, denn unser Personalgespräch setzt sich ja nebenbei fort. Ich bin fassungslos. Zu fragen, was mit „so was" gemeint ist, traue ich mich nicht. Kein Wunder, wenn in mir gerade die Gefühle toben und die Gedanken Loopingbahn fahren. Sich anderen ausgeliefert fühlen gehört zu den unangenehmsten Gefühlen, die mich treffen können. Dazu braucht es nicht mal einen Grad der Behinderung. Es behindert mich ganz automatisch, weiter vertrauensvoll mit diesen Menschen umzugehen.
Zack. Aus. Vorbei. Ende im Gelände. Verspielt.

Ein ähnlicher Moment wie der, als mir die Ärztin in der Tages-klinik offenbart: „Wenn Sie die Medikamente nicht nehmen, muss ich Sie entlassen!"

Wie bitte?

Auch da setzt sich so ein Gedankenfluss in Gang.

Und wieder spreche ich nicht aus, was ich denke.

Ich mache Fortschritte in dieser Tagesklinik, komme mehr und mehr zur Ruhe. Okay, ich brauche immer etwas länger als an-dere, um „anzukommen".

Das war übrigens schon bei meiner Geburt so. Sieben Wehen auslösende Spritzen verpasste man meiner Mutter in sozusa-gen letzter Minute, bis ich mich endlich doch in diese Welt traute. Hatte ich schon eine Vorahnung dessen, was mich er-warten würde? Scheute ich mich deswegen?

Aber zurück zur Tagesklinik.

Ich mache zu dem Zeitpunkt schon deutliche Fortschritte. Ich fühle mich wohl im Kreise meiner Mitpatienten und blühe wie-der auf – und das, obwohl ich nicht ganz aus freien Stücken dort bin. Die Krankenkasse hatte darauf bestanden, nachdem meine Ärztin mich auf unbestimmte Zeit krankgeschrieben hatte. Auch unter einer Art Androhung – nämlich mir die finan-ziellen Leistungen zu kürzen.

Die Gefühle der vergangenen Jahre in dem für mich überwie-gend giftigen Arbeitsumfeld sind in der Tagesklinik ganz all-mählich von mir abgefallen. Mir wird Tag für Tag klarer, wieso gewisse Dinge und Situationen für mich nicht funktionieren. Mein Selbstbewusstsein wird stärker.

Und nun soll ich Tabletten nehmen? Trotz der zu erkennenden Erfolge ohne Medikamente? Erschließt sich mir nicht. Will ich nicht.

„Du darfst nur weiter mitspielen, wenn du machst, was ich dir sage!", drängt sich mir der Gedanke immer wieder auf und ich frage mich: Ist das nicht sogar Erpressung? Ich fühle mich zumindest erpresst. Sehr lange Zeit. Inzwischen weiß ich, dass andere immer wieder glauben zu wissen, was gut für mich ist. Sie liegen nur sehr oft daneben. Verdammt oft. Leider nahezu immer – und das auch noch ganz weit! Es gibt nur sehr wenige Menschen, die mich verstehen. Sehr, sehr wenige! Ich nehme tatsächlich diese Tabletten, damit ich bleiben und genießen darf, was mir gerade so guttut. Menschen, die mich so nehmen wie ich bin (bis auf diese Ärztin, die mich sozusagen erpresste), neue Eindrücke und Erkenntnisse in Rollenspielen und Gruppengesprächen, meine kreative Ader neu entdecken und ausleben und meine persönlichen Grenzen spüren durch Ergotherapie. Außerdem die Erkenntnis, dass ich gar nicht so verkehrt bin und denke, wie ich oft zu spüren bekomme – sondern genau so ganz richtig. Eben ich. Bin ich nur im falschen Unternehmen gelandet, mit den falschen Menschen umgeben?

Es sollten sich noch sieben Jahre Leid durch diese Medikamente und ihre Nebenwirkungen anschließen, da ich mehrere Versuche, diese auszuschleichen, abgebrochen habe, weil die Absetzerscheinungen sich bei mir so heftig zeigten, dass ich es mit der Angst zu tun bekam. Eine Zeit lang dachte ich wirklich, ich würde nie wieder davon loskommen. Ich begegne immer wieder Menschen, die davon erzählen, wie viel Lebensqualität ihnen das gleiche Medikament gebracht hat. Ich kann über keine einzige positive Auswirkung berichten. Moment. Doch. Vielleicht über eine. Meine Muskelschmerzen, die ich nach anspannenden Erlebnissen immer wieder ertrage, waren möglicherweise etwas gedämpfter. Dagegen handelten mir diese Medikamente Hautprobleme ein, und ich war in all den Jahren ein Dauergast beim Zahnarzt. Zu jeder Tageszeit konnte ich schlafen, gefühlt sogar im Stehen. Meine kreative und entdeckungsfreudige Ader kam fast zum Stocken. Eine langjährige Freundin äußerte des Öfteren, dass sie sich so sehr ihre alte Freundin zurückwünschen würde. Und das war lange noch nicht alles …

Wenn einem Situationen und die vermeintlich richtigen Medikamente überwiegend Nachteile einbringen, sollte man sich Gedanken machen. Oder? Meist braucht diese Erkenntnis Zeit. Manchmal viel Zeit. Und in meinem Fall eben noch „sieben Wehenspritzen" länger. Tja, das scheint sich wie ein roter Faden durch mein Leben zu ziehen.

Es geschah schleichend. Erfahrung für Erfahrung wurde es klarer. Und zum Glück leben wir in einer Welt, in der es leichter geworden ist, Mitleidenden, Ähnlichtickenden, Gleichfühlenden und darum Wissenden zu begegnen.

Ich hatte mir während des Aufenthalts in der Tagesklinik vorgenommen, nicht wieder in diese Firma zurückzugehen, und die Beraterin vom Integrationsfachdienst hatte mir zu Beginn große Hoffnungen gemacht, mich woanders unterbringen zu können. Sie lobte meine Fähigkeiten und sah mich schnell vermittelbar. Es sollte alles ganz anders kommen.

Ein paar Monate waren vergangen. Die Gesetze hatten sich zwischenzeitlich geändert. Ich hätte mich nicht in einem Arbeitsverhältnis befinden dürfen, damit sie mir zu einer neuen Stelle verhelfen konnte. Mein Mut und mein Selbstwert waren noch nicht groß genug, um die sichere Stelle zu kündigen. Inzwischen hatte ich eine Teilberentung und fühlte mich dadurch, als hätte man einen Teil von mir einfach abgehackt. So steckte ich drin, in einem Teufelskreis. Es sollten noch ein paar Jahre vergehen, bis ich herausfand, was wirklich mit mir los war. Im Nachhinein betrachtet wird vieles immer klarer. Das Gefühl, nicht von diesem Planeten zu sein, habe ich sehr oft. Es begleitet mich schon sehr lange. Und, obwohl wir in vielen Dingen grundverschieden sind, so scheint es auch meinem Bruder so zu gehen. Als wir noch Kinder waren, vielleicht etwas älter als zehn Jahre, schauten wir gemeinsam in den Abendhimmel, bewunderten die unzähligen Sterne und fragten uns, ob es irgendwo da draußen wohl noch Leben geben würde. Dann äußerte mein Bruder einen Satz, der mir nie aus dem Kopf gegangen ist: „Vielleicht haben sie uns hier ausgesetzt oder vergessen. Und wenn die zurückkommen, um uns zu holen, dann bekommen sie als Allererstes auf die Fresse!"

Als ich Bücher und Videos zum Thema Hochsensibilität entdecke, erkenne ich mich darin wieder. Wow, da hat jemand ein Buch über mich geschrieben. Es gibt scheinbar noch andere hier von meinem, unserem Planeten.

Wie oft habe ich mir in meinem Leben schon Sätze anhören dürfen wie „Was du immer hast" oder „Was sie schon wieder haben", „Du denkst wohl, du bist was Besonderes", „Du bist immer so kompliziert", „Stell dich nicht so an", „Meine Güte, bist du aber sensibel", „Schaff dir mal ein dickeres Fell an", „Das siehst nur du so", „Nun flenn' doch nicht gleich", „Werd mal endlich erwachsen", „Du bist echt komisch".

Es ist noch gar nicht so lange her, da durfte ich mir von der eingangs erwähnten Vorgesetzten (bezüglich einer Aufgabe, die mich belastet und die ich abgeben möchte) anhören: „Intelligente Menschen sehen darüber hinweg." Unfassbar! Ich habe mich zur Wehr gesetzt und gefragt, ob sie mich etwa tatsächlich nicht für intelligent hält, habe jedoch nur eine ausweichende Antwort bekommen.

Wenn man sich über Jahre hinweg immer wieder von verschiedensten Menschen solche Aussagen anhören muss, stellt man sich früher oder später selbst infrage. Oder man wird stahlhart. Das ist bitter! Da ist es oft auslaugend und ich muss intensiv darauf achten, dass das Süße nicht zu kurz kommt.

Was das Süße ist?

Es gibt da durchaus sehr vieles. Es ist bezaubernd und atemberaubend schön, Dinge zu spüren, die anderen Menschen entgehen, weil sie diese entweder gar nicht wahrnehmen oder nicht so ausgiebig genießen können. Die ganz kleinen Details eben. Die Antennen aller Sinne voll auf Empfang. Die Natur mit all ihren kleinen und großen Wundern.

Ich habe eine ausgeprägtere Intuition. Manche nennen es übersinnlich.

Ich weiß öfter Dinge, die man vermeintlich gar nicht wissen kann. Es kam schon vor, dass ich von einem Paar wusste, dass sie zusammenkommen würden, da sind sie sich gerade das erste Mal begegnet. Und als ich es ihnen Jahre später erzählte, wann ich es bereits zu wissen glaubte, da staunten sie sehr und sagten, dass es noch sehr viel länger gedauert hätte, bis es bei ihnen gefunkt hat.

Noch süßer sind diese Begegnungen und Wahrnehmungen bei Tieren, weil diese ihre Körpersprache nicht künstlich verstellen. Manchmal kommt es mir fast so vor, als würde ich tatsächlich mit ihnen sprechen können. Oder ich fahre an einer Kuhweide vorbei und spüre, dass eine der Kühe gleich kalben wird. Spüre, wenn ich durch ein Waldstück fahre, dass ich jetzt vorsichtiger fahren sollte, und kurz darauf erscheint Wild am Fahrbahnrand.

Es ist oft magisch.

Ja, für manche klingt das verrückt. Und deswegen wird man wohl als hochsensibler Mensch in den Katalog der psychischen Störungen gepresst. Als Diagnose ist es sowieso nicht anerkannt. Wozu auch? Es ist ja im Grunde eine Begabung. Eine, die allerdings auch sehr behindernd sein kann. Es hat mich in einen Burnout getrieben, vielleicht sogar nicht nur einmal.

Hergeben möchte ich diese „Fähigkeiten" auf gar keinen Fall!

Ich nehme das Bittere für das Süße in Kauf.

Und meine große Hoffnung ist, mir eine Umgebung zu schaffen, in der es viel mehr süß als bitter ist.

ANJA REETZ, LEVERKUSEN
Die Traumfabrik

Ausgeschlafen
Kaffee trinken
Mit Klarträumen beschäftigt
Abtauchen in die Traumfabrik
Erinnerung

ANJA REETZ, LEVERKUSEN
Moritz' Traum

Bilderfeuerwerk
Moritz wacht in der Nacht auf
Im Zirkuszelt
Ein Scheinwerferlicht ist auf ihn gerichtet

Moritz wacht in der Nacht auf
Wörter fliegen aus Moritz' Mund und jonglieren in der Manage
Ein Scheinwerferlicht ist auf ihn gerichtet
Das Publikum jubelt

Wörterfliegen aus Moritz' Mund und jonglieren in der Manage
Wortbilder entstehen
Das Publikum jubelt
Musik für Moritz' Ohren

Wortbilder entstehen
faszinierende Erlebniswelt
Musik für Moritz' Ohren
Kinderträume

Faszinierende Erlebniswelt
Applaus, Applaus
Kinderträume
Willkommen in Moritz' Welt

Applaus, Applaus
Bilderfeuerwerk
Willkommen in Moritz' Welt
Im Zirkuszelt

HEIKE RENKEN, DELMENHORST
Bittersüße Wirklichkeit

Es begann schleichend auf einem Spaziergang. Mein rechtes Kniegelenk schmerzte ganz leicht, was ich jedoch erst einmal nicht weiter beachtete. Später wiederholte es sich, es wurde schlimmer und der Schmerz befiel mich immer öfter. Zusätzlich war es nicht mehr möglich, mein rechtes Bein ganz durchzustrecken. Was war das nur? Eines Tages hielt ich es nicht mehr aus und ließ mir von meiner Ärztin eine Überweisung zum Orthopäden ausstellen. Es dauerte eine Zeit, bis ich einen Termin erhielt. Dann lag ich dort auf der Liege und der Orthopäde bewegte langsam und vorsichtig mein Bein in verschiedene Richtungen. Bei einigen Bewegungen schmerzte es sehr im Gelenk.
Der Arzt vermutete Arthrose im Gelenk und es wurde ein MRT veranlasst. Es handelte sich tatsächlich um Arthrose. Ich sollte ambulant operiert werden. Als es zu dem OP-Termin kam, der Knorpel geglättet und geschädigtes Gewebe entfernt werden sollte, zitterte ich vor Angst und weinte, denn nur als kleines Kind war ich bis dahin operiert worden.
Dann war die OP beendet, ich erwachte und hatte Schmerzen. Der Chirurg verabreichte mir ein Schmerzmittel, es half nicht viel. Mehr dürfe er mir nicht geben, erklärte er, und es gibt Menschen, die sind schmerzüberempfindlich. Zu dieser Kategorie würde ich gehören.
Später erwartete mich im Krankenhaus mein Freund mit einem geliehenen Rollstuhl. Er schob mich damit bis an sein Auto. Vorsichtig wurde ich in den Wagen gesetzt, und wir fuhren zur Apotheke. Dort besorgte mein Freund hochdosierte

Schmerztabletten, die ich sechs Wochen einnehmen sollte. Dann ging es weiter zu meiner Wohnung. Schwierig wurde es, weil ich in einer Oberwohnung lebte. Nur eine steile Treppe führte hinauf. Letztendlich schaffte ich es und benutzte in der Wohnung Gehhilfen.

Morgens übte ich nach einer gewissen Zeit, im Liegen mein rechtes Bein nach und nach ganz durchzustrecken. Am Anfang klappte es gar nicht. Es tat nur weh, ich gab allerdings nicht auf. Irgendwann gelang es mir, immer ein bisschen mehr, jedoch längst nie vollständig.

Ich überlegte, wie ich meinen Haushalt organisieren könnte, und kam auf die Idee, mich auf meinen Computerstuhl mit Rollen zu setzen, den Staubwedel in die Hand zu nehmen und so durch die Wohnung zu rollen. Mit dem Staubsauger verfuhr ich ähnlich. Es war eine geniale Idee.

Zusätzlich erhielt ich Physiotherapie, auch um die umliegenden Sehnen und Muskeln zu kräftigen und um keine Schonhaltung einzunehmen. Massagen erhielt ich überwiegend in der Kniekehle. Letztendlich brachte mir die gewesene OP keine wirkliche Besserung. Der Orthopäde empfahl mir zur Entlastung des Kniegelenks viel Fahrrad zu fahren.

Mir wurde geraten, einen Antrag für einen Schwerbehindertenausweis zu stellen, da es mir nicht mehr möglich war, ohne Schmerzen länger als 15 Minuten am Stück zu laufen und zu stehen. Diesen beantragte ich dann. Es wurden mir 30 % Behinderung zugesprochen. Daraufhin legte ich Widerspruch ein und erhielt 50 %.

Zusätzlich zu dem Schwerbehindertenausweis benötigte ich als Zusatz eine kostenpflichtige Wertmarke. Diese erhielt ich nun kostenfrei, da ich arbeitssuchend war, und bin damit berechtigt, Busse, die Nordwestbahn, den IC und Straßenbahnen zu benutzen.

Ursprünglich schlug mir damals der Orthopäde vor, ein künstliches Kniegelenk zu bekommen. Dieses lehnte ich ab, denn es war der letzte Ausweg, ich hatte panische Angst davor und ich erklärte ihm, dass ich es erst einmal ohne versuchen würde, und es klappt bis heute. Es ist mir immerhin möglich, ohne Schmerzen nun 35 Minuten durchgehend zu stehen, zu laufen, und ich übe weiter. Die OP ist circa 9 Jahre her.

Dann traten heftige Rückenschmerzen auf, von einem Tag auf den anderen. Eine ganze Weile lief es so weiter, bis ich mich entschied, mich untersuchen zu lassen. Ich wurde gründlich untersucht und geröntgt. Es stellte sich heraus, dass meine unteren Rückenwirbel ziemlich verschlissen waren. Mir wurde zur OP geraten. Auch das lehnte ich ab und kam für 10 Tage zur Schmerztherapie in eine Fachklinik für Orthopädie.

Dort erhielt ich regelmäßig Spritzen, Massagen, Gymnastik und andere Anwendungen. Mein Zustand besserte sich täglich und nach den besagten zehn Tagen war ich relativ beschwerdefrei. Die Schmerztherapie war meine ganze Hoffnung, ich glaubte an sie und sie erfüllte sich. Die Ärzte und das gesamte Personal waren immer freundlich und geduldig. Das Ganze ist vor einigen Jahren geschehen.

Meiner Meinung nach wird heute oft zu schnell operiert bei diesen Dingen.

Natürlich bin ich nicht komplett durchgehend schmerzfrei, jedoch hält es sich in Grenzen und tritt nicht täglich auf. Zusätzlich stellte ich meine Ernährung um, nahm viele Kilo ab und bewege mich oft per Rad, mache zu Hause Dehn- und Streckübungen.

Nun, ich bin alleinstehend, jedoch nicht einsam. Ich überlegte mir, was ich in meiner Wohnung während der Pandemie bewerkstelligen könnte. Spontan fing ich an zu zeichnen – und ich bin richtig gut darin geworden. Im Internet schaue ich zwischendurch vorbei. Ich lese gerne Bücher, singe zu Hause, interessiere mich sehr für Politik, Natur- und Umweltschutz und vieles mehr. Langeweile ist ein Fremdwort für mich. Mit Freunden und Familie telefoniere ich ab und zu. In naher Zukunft lese ich ehrenamtlich bei einem Radiosender meine selbst geschriebenen Kindergeschichten vor. Die Geschichten schrieb ich für meine beiden Enkel, sie waren damals begeistert. Das Schreiben bereitet mir viel Freude.

Mein Fazit: Mit meinem Glauben an mich, festem Willen, den Übungen, Physiotherapie, Schmerztherapie, Ernährungsumstellung, Bewegung und Optimismus erreichte ich doch letztendlich all das, wo ich heute stehe. Es ist zu schaffen ...

BEN RICKES, LAUFFEN AM NECKAR
Das Rennen

Wir beginnen auf dem Steg,
ruhen auf den Pfeilern.
Sie seien stabil.
Manche vermodern
und werfen uns,
es ist zu früh,
in die kalte Tiefe.

Wir zappeln wild umher,
links geht einer unter,
bald treibt er hinter uns.
Rechts dreht einer um,
doch findet keinen Steg wieder.
Vor uns lernten sie schon schwimmen.
So tun wir es wohl auch.

Überholen und zurückfallen,
mehr gibt es im See nicht.
So viele ziehen vorbei,
das Ziel in ihren Augen.
Sie kämpfen um den Sieg.
Wer wird wohl der Erste sein?
Ich bleibe stehen.
Mit Sicherheit nicht ich.
Links blieb einer stehen,
bald überholt von Hunderten.
Rechts blieb einer stehen,
doch würd er gerne weiter.

Ein Blickkontakt.
Wir tauchen unter.
Dunkelheit.
Füße verfangen sich in Seetang.
Unsere Körper treiben nach oben,
doch wir ziehen tiefer.
Auf dem Boden angekommen.
Keine Luft.
Der letzte Atemzug,
so dachten wir.
Lichter kommen näher.

Kiemen und Flossen wachsen uns,
und wir schwimmen schnell empor.
Unter Wasser ziehen wir vorbei,
die Ersten liegen hinter uns.
Nach kurzer Zeit
Land in Sicht!
Warme Sonnenstrahlen.

Die Kiemen fliegen bald davon,
die Flossen verschwinden auch.
Manch einem helfen wir zum Strand,
doch leben von nun an sicher.
Wir beginnen auf dem Steg.
Wir enden auf dem Land.
Wer Erster und wer Letzter ist,
ist hier nicht relevant.

SUSANNE RIEDMAYER, RAVENSBURG
Bittersüße Wirklichkeit

Geboren – leicht verschoben – in einem kalten Januar.
Geborgen, mit Wärmfläschchen zu Haus verwöhnt.
Ein Augapfel verwachsen – die Sicht erschwert.
Mit dem zweiten sieht man besser –
mit dem Herzen noch viel mehr.
Die Wirbelsäule gekrümmt – ein Jahr nächtliches Gipsbett.
Das Motto meines Lebens: Rückgrat haben und zeigen.
Verschobenes Becken, sichtbar auf der Orgelbank,
dafür musisch begabt das Gehör.
Blutige Nase habe ich mir oft geholt, Bälle flogen ...
Ein kostenloser Aderlass ist vielleicht zu loben.
Tumore züchten war nicht gewollt,
gutartig zum Glück, aber schmerzhaft allemal.
Hochsensibel durch all die Erlebnisse,
geschult in Empathie für alle Behinderten.
Gehirn ohne Filter – von Eindrücken geflutet.
Gratwanderung zwischen Last und Gabe.
Alltag ein Kraftakt – keine Leichtigkeit,
aber eine bittersüße Wirklichkeit.

SEBASTIAN RINKE
Bittersüße Wirklichkeit

Ich, Sebastian, stand mit beiden Füßen voll im Leben. Ich habe meine Gesellenprüfung zum Tischler als Zweitbester unter den angetretenen Prüflingen bestanden. Ich war total glücklich und ging ab da jeden Tag frohen Mutes in die Welt. Doch dann stand ein junger Mann mit erfolgreich bestandenem Gesellenbrief zum Tischler auf der Straße. Ich hatte große Sorgen, eine Arbeitsstelle zu finden, da die Arbeitslage zu der damaligen Zeit nicht gut für das Tischlerhandwerk ausgesehen hat. Doch ich fand eine Arbeitsstelle als Aushilfe in einer neu eröffneten Tischlerei. Der Chef hatte mir von vornherein gesagt, dass er mich nicht voll einstellen könne. Ich stimmte jedoch mit guter Laune zu, da ich froh war, nicht auf der Straße zu landen. Ich sagte meinem Chef: „Ich bleibe ohnehin nur so lange, bis ich etwas Festes gefunden habe." Per Handschlag bekräftigten wir meine Beschäftigung.

Schon nach wenigen Wochen kam jemand auf mich zu. Er sagte ein freundliches „Hallo". Daraufhin grüßte ich freundlich zurück. Ich kannte ihn, im Dorf kannte jeder jeden. Er begann das Gespräch so: „Du hast doch jetzt deine Prüfung zum Tischler bestanden?" Die Frage bestätigte ich ihm mit einem „Ähm, ja!". Dann fragte er noch, wie es jetzt mit der Arbeit aussehen würde. Ich antwortete ihm etwas verlegen: „Ich habe zwar den Brief in der Tasche, aber leider habe ich keine feste Arbeitsstelle gefunden." Er lächelte. Mir selbst war überhaupt nicht zum Lachen zumute. Ein paar kurze Worte aus seinem Mund veränderten mein Gefühl schlagartig. „Hast du nicht Lust, bei uns zu arbeiten?" Meine Augen wurden immer größer, da ich nie im Leben daran gedacht hatte, dass ich einmal in einer ‚positiv bekannten' Firma würde arbeiten können.

Mit lauter Stimme gab ich ein „Ja" zur Antwort und setzte gleich eine Frage dazu: „Wann kann ich anfangen?" Er sah meine Freude, die mir fortan ins Gesicht geschrieben war. Seine Antwort ließen mich zwar etwas ängstlich werden, konnte meine Freude aber nicht völlig zum Erlöschen bringen. „Wir haben momentan jede Menge Arbeit, du kannst gerne erst aushelfen. Ich weiß allerdings nicht, ob wir dich übernehmen können. Ich werde mit dem Chef reden und dir Bescheid geben, wann dein erster Arbeitstag ist."

Ich war so glücklich, dass ich einen guten Kumpel angerufen habe, um ihn zu fragen, was am Wochenende los sei. Nach kurzer Überlegung fiel ihm eine Veranstaltung ein, die wir gemeinsam besuchen könnten.

An diesem Abend konnte ich so gut feiern wie noch nie. Ich habe viel getanzt und auch etwas getrunken. Am späteren Abend fiel mir ein junges hübsches Mädchen ins Auge. Wir haben uns an dem Abend kennengelernt und die Nummern ausgetauscht. An dem Tag hat einfach alles gestimmt.

Kurze Zeit später entwickelte sich aus der Bekanntschaft eine richtige Beziehung. Ich habe ihr klargemacht, wie es beruflich um mich stand und dass ich aufgrund meines Könnens oft eingesetzt werden und nicht so oft daheim sein würde. Beruflich brachte ich es sogar so weit, dass ich zu dieser Zeit europaweit unterwegs war. Besser hätte es für mich gar nicht laufen können.

Fünf Wochen war ich mit meiner allerersten Freundin zusammen. Wir unternahmen viel gemeinsam. An einem Wochenende hatte die Mutter meiner Freundin Geburtstag. Ich wurde leider nicht eingeladen. In den fünf Wochen der Beziehung kam es bedauerlicherweise nicht zu einem Kennenlernen der Eltern. Ich habe es ihr aber nicht übel genommen, es sollte halt nicht sein.

Zum Glück gab es das Handy, um bei den Kollegen zu checken, was an dem nächsten Wochenende anliegen würde. In so einem kleinen Dorf, in dem ich lebte, gab es immer und jederzeit einen Anschluss, mit dem man etwas unternehmen konnte. So auch diesmal. Ich stimmte meinem Kollegen zu, mit ins Ruhrgebiet zu fahren, um eine Disco in Bochum zu besuchen.

Der Kollege bot sich öfter zum Fahren an, weil er nicht gern Alkohol trank. Wir sind 1,5 Stunden lang hingefahren und haben dort kräftig gefeiert, bis wir uns dann alle wieder ins Auto gesetzt haben, um die Heimfahrt anzutreten.

Als ich wieder wach wurde und klar bei Verstand war, habe ich rechts und links von mir nur Gitterstäbe gesehen. Es war ein Krankenbett, an dem die Gitterstäbe verhindert haben, dass ich aus dem Bett falle. Ich wollte meine Mutter rufen. Im Kopf war mir bekannt, wie die Laute aus meinem Mund sich anhören sollten. Aber als ich mich selbst reden hörte, habe ich mich beim besten Willen selbst nicht verstanden. Es kamen nur krächzende Laute. Ich versuchte, immer lauter zu werden. Doch es kam niemand, da mich niemand gehört hatte. Dann sah ich neben mir eine überdimensionierte Fernbedienung mit einem roten Knopf. Ich drückte darauf und der Knopf fing in kurzen Abständen an aufzuleuchten. Mir wurde ein immer lauter werdendes, sirenenartiges Geräusch bewusst. Meine Mutter öffnete die Tür und trat ein, das Geräusch war immer noch enorm laut. Sie beugte sich über meinen Nachttisch und drückte den Alarmknopf, sodass das Geräusch erlosch. Den Alarmmelder trug sie an einem Band um den Hals.

Meine Mutter fragte mich, was los sei.

Ich antwortete ihr unverständlich: „Wahum lihe ie hie i Bed?"
Sie drehte sich herum, nahm etwas auf und zeigte mir eine DIN
A4-Tafel. Diese legte sie auf mein Bett und meinte: „Versuche
es hiermit zu sagen." Ich schaute mir die Tafel an und sah ein
großes „A", ein „B" und ein „C" weiterlaufend bis „Z" und ein
leeres Feld. Zum Glück wusste ich die Bedeutung der einzelnen
Buchstaben noch. Ich verstand aber nicht richtig, was los und
was alles passiert war. Meine Mutter wartete darauf, dass ich
mit dem Finger auf die Buchstaben deutete und so die Wörter
buchstabierte. Ich verstand jedoch nicht, wie ich mich äußern
sollte. Da nahm sie ihre Finger und deutete auf manche Buchstaben auf der Tafel.
Anscheinend hatte ich die Sprache verloren. Rasch wurde mir
klar, dass ich mich mit der Tafel äußern könnte. Ich nahm einen Finger und deutete ganz langsam auf das „H", suchte dann
den nächsten Buchstaben, ein „A", weiter ein „L". Das nächste
„L" konnte ich schnell zeigen und zuletzt ein „O". Meine Mutter
sagte: „Ja, Hallo. Warum hast du geklingelt?" Dann habe ich ihr
mein Anliegen auf der „ABC"-Tafel gezeigt. Ich fragte sie, was
etwas länger dauerte, warum ich in einem Bett liegen würde
und nicht reden oder laufen könnte.
Daraufhin kam nur ein leicht entsetztes Stöhnen und mir
wurde erklärt, warum die Situation so war. Sie teilte mir mit,
dass ich als Mitfahrer hinter dem Fahrer des Pkws gesessen
hätte. Wir wären in einer Disco gewesen. Auf der Fahrt nach
Hause wäre der Fahrer eingeschlafen und von der Straße abge-
kommen. Die anderen vier Insassen des Autos hätten nur
leichte Verletzungen gehabt und hätten das Krankenhaus
schnell wieder verlassen können. „Da, wo du gesessen hast, ist
ein Baum in das Auto eingedrungen", sagte sie. Nach der von
mir auf der Tafel buchstabierten Frage, was ich alles für

Verletzungen hätte, brach meine Mutter in Tränen aus. Sie atmete tief durch und erzählte das Geschehen: „Als wir am Sonntagmorgen einen Anruf aus dem Krankenhaus bekommen haben, war ich schockiert. Eine Stimme hat mir gesagt: ‚Guten Morgen, Frau Rinke. Ich muss Ihnen sagen, dass Ihr Sohn einen schweren Verkehrsunfall erlitten hat. Sein Herz schlägt, aber es sind keine anderen Funktionen mehr vorhanden.'" Dann sagte mir meine Mutter noch, dass ich fünf Wochen im Koma und zwei Wochen im Wachkoma gelegen hätte. Sie verdeutlichte mir, dass, wenn etwas sein sollte, ich auf den Knopf der großen Fernbedienung drücken sollte.

Gesagt, getan. Jedes Mal, wenn ich Durst hatte, drückte ich den Knopf. Jedes Mal, wenn ich Hunger hatte, auf den Knopf gedrückt. Jedes Mal, wenn ich auf Toilette musste, auf den Knopf gedrückt. Ein Leben auf Knopfdruck.

Jeden Morgen ist eine Mitarbeiterin der Sozialstation vorbeigekommen und hat mich aus dem Bett gehoben. Es war gewollt, dass ich stehe. Zum Glück merkte man schnell, dass mein linkes Bein kürzer war. Der Unterschied wurde mit vier Büchern ausgeglichen. Aber es wurde nie die Frage gestellt, warum das Bein kürzer war. Ich wurde hingestellt und sollte stehen bleiben, was aber nie wirklich gelang.

So lag ich zumeist im Bett und vergaß mein komplettes Leben. Irgendwann war mir sogar nicht mehr bewusst, dass ich früher hatte laufen und sprechen können. Ich nahm mein Nichtkönnen einfach so hin.

Eines Morgens kam ein Herr in mein Zimmer. Ich war inzwischen schon sehr geübt, mich mit der Tafel zu verständigen. Er fragte mich und ich wollte ihm antworten. Ich fing mit dem Schreiben auf der Tafel an, wobei der Mann mich ständig mit den Worten „nochmal" unterbrach. Als das Gespräch beendet war, drehte er sich zu meiner Mutter um und sagte ihr etwas. Bis heute höre ich seine Worte: „Der Junge muss raus aus dem Krankenbett." Kurzerhand wurde ein Beschluss gefasst. Einige Tage später wurde ich in einem Rollstuhl von zwei Leuten aus der 2. Etage geholt, in einen Lieferwagen geschoben und in eine vier Stunden entfernte Rehabilitationsklinik gefahren.

Als ich dort ankam, hatten sich die Schwestern in Reih und Glied aufgestellt, um mir alle die Hand zur Begrüßung zu reichen. Ich wurde dann in mein eigenes Zimmer geschoben. In dem Rollstuhl, in dem ich saß, konnte ich mich mit dem rechten Bein nur langsam fortbewegen, wenn die Fußstütze nach oben geklappt war.

Die Klinik war ein neues Gebäude, viele neue Leute, ein neues Zimmer. Das alles machte mich lange Zeit sprachlos. Es gab auch einen Gruppenraum, in den ich selbstständig langsam mit Fußbewegungen reinfahren konnte.

Ich wurde freundlich begrüßt und gefragt, wer ich wäre. Zur Antwort zog ich meine Tafel, die sich in einer Tasche hinten am Rollstuhl befand, heraus und zeigte die Antworten. Im Raum vernahm ich ein lautes Gemurmel: „Der kann nicht reden!"

Ich versuchte, einem der Mitpatienten im Raum mit der Tafel zu sagen, wer ich bin. Nachdem ich den ersten Buchstaben angetippt hatte, meinte die Person: „Was willst du denn?" Ein junger Mann trat an mich heran und meinte: „Der kann nicht lesen, zeige mir, was du willst!" Ich nahm meine Tafel und tippte auf die Buchstaben. Von ihm kam: „Noch einmal, du bist zu schnell." Ich begann von vorne. Als ich fertig war, rief der Junge, der meinem Finger über die Tafel gefolgt war, laut in den Raum: „Hallo, ich bin Sebastian und ich kann nicht reden, hat er mir geschrieben." Viele Münder blieben offen stehen.

Aber genauso schnell war das Erstaunen wieder vorbei und ich wurde zum „Mensch ärgere dich nicht" eingeladen. „Das kannst du doch, oder?" Ich bestätigte das mit einem lächelnden Gesicht. Den weiteren Abend habe ich angenehm mit meinen Mitpatienten verbracht.

Der nächste Morgen brach an. Meine Zimmertür sprang auf, ein „Guter Morgen" ertönte und das Licht wurde eingeschaltet. Es ging alles hoppla hopp. Es war ein Arzt. Er legte meine Decke beiseite und meinte: „Bevor Sie sich waschen, müssen wir etwas machen." Ich merkte erst, was er vorhatte, als er meine Bauchdecke abtastete. Er zog vorsichtig an dem Schlauch, der in meiner Bauchdecke verschwand. Mein Gesicht verzerrte sich ein wenig vor Schmerzen. Nach kurzer Zeit hielt der Arzt den Schlauch in der Hand. Er hatte den Katheter entfernt. Er schaute auch auf den zweiten Schlauch, der in meiner Bauchdecke verschwand, und meinte: „Der ist als Nächstes dran, nur müssen wir dich ein wenig darauf vorbereiten, dass du selbst essen kannst."

Ich wurde zum Frühstück geschoben und mir wurde eine Tasse Tee eingeschüttet. Fünf Minuten später kam eine Schwester mit einer großen Spritze und füllte den Inhalt in den an meiner Seite hängenden Schlauch ein. Sie sagte dann scherzhaft: „So, du bist fertig mit dem Essen."

Nach dem Frühstück wurde ich von Therapie zu Therapie geschoben. Als ich in der Ergotherapie war, habe ich mir selbst einen Therapie-Plan erstellt. Auf dem Plan standen dann täglich 3 bis 6 Therapien. Ich habe alle täglich abgearbeitet. Bei mir dauerte es immer ein wenig länger als bei anderen wegen der Verständigung mit der Alphabet-Tafel.

Nach einigen Tagen befand ich mich zu einer freien Zeit auf meinem Zimmer. Es klopfte. Ich gab einen Laut von mir. Die

Person vor der Tür trat in mein Zimmer. Es war ein Mann mit einem quadratischen elektrischen Gerät an einer langen Stange. Er lief kurzerhand auf mich zu und meinte: „Bald kannst du reden!"

Meine Augen hellten auf.

„Sorry, nicht du, ich meine, dass einer für dich redet."

Die Fragezeichen in meinen Augen wurden immer größer. Der Mann brachte das Gerät mit der Stange an meinem Rollstuhl an und schaltete es ein. Ich sah das komplette Alphabet.

„Ich habe gehört, dass du schreiben kannst. Schreibe etwas und drücke auf den Lautsprecher."

Ich tippte wie so oft einfach nur „Hallo" ein und anschließend drückte ich auf den Knopf für den Lautsprecher. Es kam eine helle piepsige Stimme: „Hallo."

Der Mann sagte laut „oh" und stellte etwas an dem Gerät um. Ich drückte wieder auf den Lautsprecher und es ertönte ein „Hallo" in einer richtig männlichen Stimme.

Späterhin in der Physiologie wurde alles an mir begutachtet und alles ausprobiert, um zu erahnen, was nicht stimmen würde. Doch leider wurde unbedingt eine Röntgenaufnahme nötig. So wurde ich einige Tage später in ein Krankenhaus gefahren. Es wurde eine Röntgenaufnahme von der linken Hüfte gemacht. Als das Bild ausgedruckt war, zuckte selbst der Arzt erschrocken zurück. Um es nicht zu schmerzhaft für mich zu machen, sagte er einfach und klar: „Das Hüftgelenk ist zerbrochen, zudem die Hüftkugel, und die Hüftpfanne ist zersplittert. Das muss alles sehr schnell operiert werden. Es dürfen keine weiteren physiotherapeutischen Maßnahmen mehr durchgeführt werden. Das Einzige, warum Sie das aushalten ist, dass Sie eine Backofenpumpe in der Bauchdecke haben. Die Pumpe gibt täglich Schmerzmittel ins Rückenmark ab, um die spastischen Schmerzen des linken Beins sowie des rechten Arms zu lindern."

Schnell wurde ein OP-Termin gemanagt. Es ging alles sehr rasch. Ich kam in ein Krankenhaus und mir wurde in einer elfstündigen Operation eine neue Hüftkugel, eine neue Hüftpfanne mit acht Zentimetern Verlängerung eingesetzt. Die fehlenden elf Zentimeter des Beins konnten nur mit acht Zentimetern ausgeglichen werden, weil die Sehnen eine stärkere Dehnung nicht mitmachen würden.

In der nachfolgenden Zeit wurde ich mit einem elektrischen Seilzug täglich in den Stand gezogen, was mit sehr großen Schmerzen verbunden war. Die Therapeuten versuchten, mich mit den Worten zu beruhigen, dass es nur in den ersten Wochen nach der OP noch zu Schmerzen kommen würde.

Auch die Logopädin versuchte viel mit mir. Am Ende kam sie zu dem Schluss, dass meine Sprachunfähigkeit daran liegen würde, dass mein Gaumensegel bei den Platzlauten nicht schließen würde. Sie verschrieb mir für die nächste Zeit einen Talker, der sich ja schon an meinem Rollstuhl befand.

Später wurde ich in ein Krankenhaus gebracht, acht Stunden dauerte die Fahrt im Taxi dorthin. Beim Gespräch mit dem dortigen Chefarzt war diesem sofort klar, warum ich nicht sprechen konnte. Er erklärte mir, dass bei dem Autounfall meine schwere Kopfverletzung wesentlich dazu beigetragen hätte. Mein Gaumensegel wäre gelähmt. Als Beweis legte er mir einen Satz vor, den ich lesen sollte. Ich machte dies, konnte mich selbst aber nicht verstehen. Er sagte, dass ich mir mal die Nase zuhalten und dann den Satz noch einmal lesen sollte. Mein Erstaunen war riesig. Das erste Mal nach dem Unfall konnte ich mich selbst verstehen. Der Arzt hat für mich eine Gaumensegelprothese anfertigen lassen. Die erste Zeit konnte man mich damit noch nicht hundertprozentig verstehen, aber es wurde immer besser.

Ich habe ihn gefragt, wie lange ich die Prothese tragen müsste, bis ich wieder richtig sprechen könnte. Er atmete tief durch und versuchte mir zu erklären, dass es in zwei oder drei Jahren so weit sein könnte. „Im Normalfall schätze ich fünf Jahre. Es gibt leider auch welche, die können sich ihr ganzes Leben nur mit so einer Prothese verständigen. Das wird bei dir aber nicht der Fall sein, das habe ich schon erkannt."

Ich war froh, so langsam wieder am Leben teilhaben zu können. Alles erfolgte in langsamen Schritten, aber es ging voran. Ich konnte glücklich mit dem Rollstuhl durch die Stadt fahren, konnte mich immer besser äußern. Zugleich war ich aber jeden Abend traurig, dass alles so langsam voranging. Ich habe versucht, jeden Tag so gut zu leben, wie es mit den Einschränkungen möglich war. Immer, wenn ich mit anderen Menschen zusammen war, habe ich viel gelacht und Spaß gehabt mit ihnen. Ich war in der Stadt, in der ich lebte, schon sehr bekannt. Und bei jeden Kennenlernen neuer Menschen kam die Frage: „Warum sitzt du im Rollstuhl?" Dann antwortete ich: „Willst du die kurze oder lange Version hören?" Viele wollten nur die kurze Version hören, aber ich wusste, dass es nie bei der kurzen Version bleiben wird.

.

KARSTEN ROESKE UND MARIA-ANNA STOMMEL,
WILDESHAUSEN

Bildbetrachtung

(Zum Titelbild dieses Buches)

Mit vier Augen angeschaut
mit zwei Blicken gedeutet

Farben erscheinen
dunkle und helle
leuchtende verschattete
abgegrenzt vermischt
Flächen und Linien:
Das Schwere und Leichte
der Wirklichkeit

Ein Vogel
deutet sich an
helles Auge dunkler Schnabel
roter Kopf farbiges Gefieder
Ob er ein Lied weiß
ein bittersüßes?

KARSTEN ROESKE UND MARIA ANNA STOMMEL,
WILDESHAUSEN
Das Leben ist so gemischt

Karsten stammt aus einem Dorf im Emsland. Er ist heute 48 Jahre alt. Wenn er nach seinen Erinnerungen aus der Kindheit und Jugendzeit gefragt wird, sagt er: „Was so schwer ist, davon erzählt man nicht gerne." Denn in seiner Familie war vieles nicht in Ordnung. Seine Eltern stritten sich oft, sein Vater vergewaltigte seine Schwester, das Geld für die Familie kam vom Sozialamt. Und Karsten persönlich hatte es nicht leicht, weil keiner sein Freund sein wollte, im Gegenteil: Die Kinder aus dem Dorf hänselten ihn und seine Brüder nannten ihn „Behindi".

In seiner Schulzeit wurde er täglich mit dem Bus zur nächsten Stadt abgeholt. Dort in der „Kindertages- und Bildungsstätte" gefiel es ihm nicht, denn seine Lehrer waren streng. Nach dem Ende der Schuljahre arbeitete er im Trainingsbereich, erst für Metall-, dann für Holzarbeiten. Auch dort waren die Betreuer nicht nett zu ihm. So kam es, dass Karsten mit der Zeit immer mehr psychische Probleme entwickelte, Angststörungen und Zwangsgedanken. Schließlich, mit 28 Jahren, schickte sein Arzt ihn für drei Monate zur Behandlung in die Psychiatrie. Und nachdem er von dort aus einen Wohnplatz in einer betreuenden Einrichtung der Diakonie bekommen hatte, begann für ihn ein neuer Lebensabschnitt.

„Dass ich Freunde habe, ist mir wichtiger als meine Familie", erklärt Karsten heute. Schon seit 22 Jahren wohnt sein Freund in derselben Wohngruppe wie er. Zusammen sind die beiden auch mehrmals innerhalb der Einrichtung umgezogen. Heute wohnen sie in einem modernen Haus, das in der Nähe eines städtischen Wald- und Erholungsgebietes liegt. Hier erlebt Karsten freundliche, nette Betreuerinnen, und er versteht sich gut mit Mitbewohnern und seinen Arbeitskollegen in der Werkstatt. Er hat ein helles eigenes Zimmer, wohin er sich zurückziehen und auf seiner Musikanlage CDs hören kann – besonders gerne von Helene Fischer. „Die gute Seite meines Lebens", so kann er seine jetzige Situation nennen. Er erinnert sich an gemeinsame Ausflüge, zum Beispiel zu einem Freizeitpark. Dort genießt er Karussells und die Schiffschaukel, Pommes, Bratwurst und Cola.

Er erlebt Erfolge, da er seit mehreren Jahren sein Alkoholproblem überwunden hat oder die Dosierung seines Psychopharmakums herabgesetzt werden kann. Wenn er nach 20 Jahren seine Schwester wiedersieht und beide dabei weinen. Ihr Sohn studiert Maschinenbau und Verfahrenstechnik, darauf kann auch Karsten stolz sein. Und nicht zu vergessen: Vor zwei Jahren ist seine erste Geschichte in einem Buch veröffentlicht worden – das hat doch schließlich nicht jeder!

Dann und wann eine Flasche Malzbier und die Musik werden Karsten auch in Zukunft das Leben versüßen helfen.

ANDREA ROHN, BREITENAU
Oh, bittersüße Wirklichkeit!

Ich dacht' zunächst, die neuen Pillen
würden Chamäleons Hunger stillen.
Unbeugsam war der Bestie Willen.
Oh, bittersüße Wirklichkeit!

Plötzlich gab es für mich 'ne Wahl.
Speisen vertrug ich in großer Zahl.
Da wurde Juckreiz mir zur Qual.
Oh, bittersüße Wirklichkeit!

Was freut' mich der Gewichtsanstieg.
Das verhieß mir endlich Sieg.
Jetzt führt' ich mit den Kilos Krieg.
Oh, bittersüße Wirklichkeit!

Ich spürt' meine Kräfte wiederkommen,
war durch die Vorfreude benommen.
Zack – hat mir Camilla die Kraft genommen.
Oh, bittersüße Wirklichkeit!

Die Pillen sollten mir Freiheit schenken.
Die Krankheit mich nicht weiter kränken.
Doch Camilla muss gegenlenken!
Oh, bittersüße Wirklichkeit!

Fort sind die unerträglichen Schmerzen,
dafür meine Haut nun Flecken „schwärzen".
Sie beliebt gerne mit mir zu scherzen,
die bittersüße Wirklichkeit!

INGRID ROSE, BAD OEYNHAUSEN
Zwillinge

Am 6.7.1954 wurde ich in dem Dorf Oberbauerschaft geboren, es war eine Hausgeburt, das war damals üblich auf dem Land. Eine halbe Stunde später wurde dann meine Schwester geboren, ich bin nämlich ein Zwilling.

Von Geburt an hatte ich große Probleme mit dem Sehen, eine Erkrankung des Auges, die immer weiter fortschritt. Mein Sehnerv auf dem rechten Auge ist stark geschädigt, das war bitter für mich. Meine Schwester war immer neben mir, für mich da, hat mich unterstützt.

Wir waren unzertrennlich, meine Mutter strickte und nähte unsere Kleider selbst und so waren wir immer gleich angezogen. Wir hatten eine schöne Kindheit, wurden auf einem großen Hof groß und spielten draußen zusammen mit dem Puppenwagen.

Ich erinnere mich daran, wie wir gemeinsam in den Berg gingen und Moos suchten für die Osternester, meine Schwester zeigte mir die schönsten Stellen und wir waren zusammen glücklich.

Die erste Trennung erlebten wir, als wir in die Schule kamen. Ich war häufig krank und konnte nicht regelmäßig zur Schule gehen, meine Schwester war in allem ein bisschen weiter. Doch sie fühlte sich noch immer als meine Beschützerin und war für mich da.

Später bekam meine Schwester ihre erste Stelle in Bielefeld, ich war noch zu Hause und half meiner Mutter. Meine Schwester machte den Führerschein, ich konnte das mit meiner starken Sehbehinderung leider nicht, das war echt hart. Manchmal war ich traurig, sie konnte alles machen, ich musste zusehen.

Unerwartet gab es eine richtig gute Nachricht für mich, als meine Augenerkrankung zum Stillstand kam, sich nicht weiter verschlechterte. Ich erhielt eine neue Brille, Kunststoffgläser, so eine Erleichterung, die dicken Glasgläser waren so schwer auf der Nase gewesen und das Gestell auch so dick.

Mit der neuen Brille konnte ich allein und selbstständig mit dem Nahverkehr fahren. So ein Glück für mich, allein und selbstständig war ich unterwegs, konnte in die Stadt fahren zum Einkaufen.

Jetzt wollte ich gerne arbeiten und machte mich auf die Suche nach einem Arbeitsplatz. 1974 war es so weit, ich bekam meine erste Stelle in der Diakonischen Stiftung Wittekindshof. Ich arbeitete in verschiedenen Bereichen zur Probe und fing dann in der Altenpflege im Haus Bethanien an.

Dort habe ich bis zum Ruhestand gearbeitet und wohne jetzt in einer eigenen Wohnung in Volmerdingsen.

Zwilling zu sein, ist bitter und süß, wir haben uns den Bauch unserer Mutter geteilt, zusammen gespielt, gearbeitet, unsere Eltern begraben, sind beide alt geworden.

Doch manchmal möchte man eine einzelne Person sein, etwas ganz allein machen. Nicht als Zwilling auftreten, sondern allein.

Noch immer ist meine Schwester für mich da, sie wohnt in Bielefeld. Sie besucht mich, holt mich ab und wir telefonieren regelmäßig. Ich kann mich auf sie hundertprozentig verlassen. Gemeinsam pflegen wir das Grab meiner Mutter und denken an unsere vergangene Kindheit.

Und wie ist Ihr Glücksindex?

Selbst in einem Lebensalltag mit schwerem Handicap erfährt man noch ungefragt Bewertungen von Dritten, aus der Freundschaft, Nachbarschaft, Kollegenschaft ... Oftmals floskelhaft wie du siehst ja wieder blendend aus – gehts dir nicht gut? – hast du zugenommen? – hast du abgenommen? – bist du früher nicht mal schneller gelaufen? Meistens wird man so ungewollt eingestuft und weiß gleich gar nicht wohin damit. Was soll man da immer antworten? Freuen, wundern, ärgern? Eine meiner eher knurrigen Standardantworten: „Nachdem ich schon zweimal knapp vor dem AUS stand, heute aber nur noch deutlich GEZEICHNET bin, kann ich feststellen: Es geht mir AUSGEZEICHNET!" Wobei Fremdeinschätzungen Dritter rasch auch übergriffig werden können – Komm, hab dich nicht so – Ach wegen dir ... – Du schaffst das schon, streng dich mal an ... – Früher ... Besonders gefährdet sind dabei in besonderer Weise Menschen mit einer nahezu unsichtbaren Behinderung. Rollstuhl oder Armbinde scheinen eher problemfreier. Aber seelisch, psychisch, hirnorganisch belastet, da langt mancher schon mal hin: Hallo, könnten Sie mal? Zu lange gefeiert? Nicht einschlafen bitte. Hat Sie das getroffen? Sorry. War ja nicht böse gemeint.

Ihr Glücksindex oder PIX
Glücksindexe gibt es rund um den Globus. Die Psychologie hat das Glück seit Langem ebenso entdeckt wie die Philosophie. Die Buchangebote blühen und die Inhalte klingen oft eher

nach Reiseführern durch das Leben. In vielen Buchhandlungen liegen diese Werke meist vorne im Eingangsbereich und Ausgangsbereich, wo jede Kundschaft vorbeigehen muss – und das meist in einem Slalomkurs. Glücksbuch neben Kochbuch oder Bestseller. Beste Lage für gute Umsätze. Aber ein Glücksbuch allein macht ebenso wenig glücklich wie ein Kochbuch satt.

Ganz oben auf den meisten Glücksskalen stehen Gesundheit vor Selbstbestimmung. Auf den nächsten Plätzen kommen Erfolg und Geld. Alles vorhanden? Dann müssten viele eigentlich rundum glücklich sein. Unerwartete Störungsfelder können leider immer wieder und sogar mehrfach durchziehen. Trennung, Burnout, Mobbing, Einbruch ...

Und dann gibt es natürlich diese Glücksregionen wie Irland oder Hawaii oder das fast unbekannte Tal in Südwestasien als absoluten Geheimtipp. Und innerhalb Deutschlands ändern sich ab und an die Glücksgebiete zwischen Nord und Süd, Ost und West. Aber umziehen lohnt sich deswegen nicht. Man kann schließlich überall zu den Glücklichen und Unglücklichen gehören. Losgelöst von Wohnlage, Gehaltsklasse, Berufsfeld, Familienstand und so weiter. Betrachten wir einfach das Leben als Gleichung mit oft plötzlich wechselnden Unbekannten und nur zwei absolut verlässlichen Konstanten: Geburt und Tod.

Und dazwischen unendlich vielen Variablen, deren Werte nicht einmal von Sekunde zu Sekunde vorhersehbar sind. Und schon gar nicht deren gegenseitige Wirksamkeit und Überlagerungen. Änderungen kann es blitzschnell geben. Schauen wir einfach mal uns an, ob selbst betroffen oder Angehörige: An der Glücksspitze Gesundheit beziehungsweise Unversehrtheit hat es doch ziemlich hart eingeschlagen. Gesundheit nicht nur temporär gestört, sondern dauerhaft.

Aber deswegen gleich dauerhaft unglücklich? Auch kein schöner Gedanke. Da hilft vielleicht erst einmal eine Neusortierung der Prioritäten: Anders als beim DAX können wir selbst und somit aktiv auf unseren PIX Einfluss nehmen – und sogar unsere Lieblingsmenschen als Unterstützungsteam gewinnen. Egal wie besch... unsere Lage ist.

Was macht Sie in Ihrer aktuellen Lage noch glücklich? Was wünschen Sie sich besonders, um ein Fünkchen mehr an Wohlbehagen, Zufriedenheit zu spüren, zu fühlen, zu erreichen? Streichen Sie aber aus der Wunschliste lieber schnell, was unerreichbar ist. Ersetzen Sie Defizite (negativ) durch vorhandene, verbliebene, neu erarbeitete Stärken. Werden Sie Ihr eigener Pfadfinder und suchen Ihre Wege und Ihre Inseln des Glücks – achtsam und individuell. Nicht irgendwann und irgendwo. Heute und für Sie erreichbar.

Die Basis dazu bildet Ihre aktuelle persönliche Bestandsaufnahme. Die Fortschreibung erfolgt ohnehin weiterhin und gewissermaßen automatisch: morgens beim Aufstehen, beim Blick in den Spiegel, wenn man die früher selbst aktiv betriebene Sportart im Fernsehen sieht. Die Anlässe für Rückschauen durchziehen unseren Alltag und sind nur schwer auszublenden. Das muss und soll auch sein. Aber wir müssen diese Erinnerungen gleichzeitig überlagern mit guten Fortschritten seit dem Auftreten der Beeinträchtigung oder Behinderung. Wenn Sie ein Tagebuch führen oder einen Kalender mit wichtigen Ereignissen, haben Sie schon Plätze der Dokumentation. In so einem „Therapeutischen Tagebuch" sollten großen Veränderungen (nach oben wie auch nach unten), aber besonders kleine Fortschritte Platz finden: Linke Hand lässt sich wieder ganz öffnen, Glas mit beiden Händen gehalten, Bluse selbst angezogen, kurzes Telefonat geführt, ohne Schmerzen durchgeschlafen. Hier können Sie sich vieles bewusst machen, was bereits klappt und was noch auf die Wunschliste kommt. Daraus entstehen als Nebenprodukt auch hilfreiche Gesprächspunkte mit Ihren Therapeutinnen. Und bitte nicht übersehen: Vieles geht in kleinen, ganz kleinen Schritten. Ist aber an sich nichts Neues. Ihre gesamte bisherige Entwicklungsgeschichte verlief doch ebenso – von klein an: laufen, sprechen, essen mit Besteck, schreiben, lesen. Alles brauchte seine Zeit. Selbst damals ohne Einschränkung! Und ab und an ist auch ein Rückblick interessant: Was ging vor einem Monat, einem Jahr, zwei, drei ... Jahren noch oder noch gar nicht, besser, schlechter? Vielleicht erfreut das Ihre Seele oder gibt Ihnen Motivation für ein neues kleineres oder sogar größeres Ziel.

DAVID SALIM, LAUF AN DER PEGNITZ
corona ist doof

ich mag corona nicht
mein leben ist langweilig
ich kann nicht einkaufen und reisen
nicht feiern und trinken
nicht andere treffen, nur in die arbeit gehen
ich freue mich, wenn ich bald wieder alles kann
ich bin froh, dass ich in die arbeit gehen kann
und dort jemanden treffen kann

LUCA SALKOVIC, KÖLN
Bittersüße Wirklichkeit

Es wird Zeit
für bitter-süße Wirklichkeit
Bitter ist
wenn du die Wirklichkeit
verpeilst und
so ein Scheiß aber
so weit bin ich für
das Süße bereit
wie ein Biss ins Nutella-Brot
auch wenn dafür Karies droht
Es ist alles wahr, wirklich gegen Karies
benutzt du Zahnseide, aber wirkt nicht
Auch wenn du so bist
mich kann nichts aus der Ruhe bringen
weil ich mich schone
erwischt es dich bitter
wie ne Zitrone
das Leben ist nicht ohne
Es gibt schöne Momente
wie ein weiches Kissen
wir müssen die kleinen Dinge
zu schätzen wissen
dann entdecken wir häufiger das Süße
ohne Mühe
man soll mir die Hand abschneiden
wenn ich lüge

Krüppel! (Romanausschnitt)

Leiden
Leiden entsteht nicht durch Begehren. Jedenfalls nicht immer.
Nicht einmal oft. Da irrt Buddha. Leiden kommt einfach so aus
heiterem Himmel, jäh und unerwartet und ohne jede Begrün-
dung.
Leiden trifft blind.
Leiden kann nur einen Sinn haben, wenn es verwandelt wird –
in Kunst oder Literatur. Oder in Optimismus.

Spaß
Wenn es total traurig ist,
dann mach dir einen Spaß draus!
Denn was bleibt dir anderes übrig?

Schmerz
Wie ein Schuss trifft mich der Schmerz. Ein Schuss im ganzen
Körper. Ich wache auf. Ich kann nicht schreien. Der Schmerz ist
so groß, dass ich nicht schreien kann. Nur meine Lippen bewegen sich langsam und mühsam, pressen sich gegeneinander,
bringen dabei kein Wort hervor und keinen Laut.
Mein Körper ist vom Schmerz erfüllt bis in den hintersten Win-
kel. Mein Körper ist der Schmerz. Nichts anderes mehr. Gestern war er noch mein Körper, funktionierte, gehorchte wie immer – wie gewohnt. Heute ist es nur noch der Schmerz.
Ich bin der Schmerz und der Schmerz ist ich. Wir sind eins. Wir
können nicht voneinander unterschieden werden. Mein Herz
ist Schmerz, meine Lunge, mein Magen, meine Füße, Beine,
Hüfte, auch meine Hände und Finger. Sterbe ich jetzt einfach

so, langsam Stück für Stück? Erst stirbt irgendein Finger, dann ein Zeh, anschließend die Nasenspitze, zum Schluss das Gehirn, vorher ein Auge und dann das andere.

Wie kommt das? Woher kommt das?

Gestern konnte ich noch gehen, ganz normal wie üblich, wie jeden Tag. Ohne daran zu denken, dass ich gehe. Automatisch gehen: In den Supermarkt gehen und einkaufen; in die Kneipe gehen, ins Kino, ins Restaurant, ins Café, in die Bücherei. Einfach ganz normal die Straße entlang gehen, einen Bekannten sehen und kurz grüßen mit einem lässigen Kopfnicken und mit leicht erhobener Hand. In die untergehende Sonne gehen. Nach Hause gehen. Einmal um den Block gehen, um das Abendessen besser verdauen zu können. Über die Straße laufen, um einen Bus noch zu erreichen, und froh darüber sein, wenn ich es tatsächlich geschafft habe. In mein Lieblingskaffeehaus gehen und ein großes Stück Frankfurter Kranz essen, dazu eine Tasse Kaffee und das Lächeln der Bedienung. Und dann noch ein kleines Stück Würfelzucker vorsichtig in den Kaffee werfen, damit es nicht spritzt, und sachte umrühren. Und später wieder aufstehen und weggehen, zufrieden und ausgefüllt.

Aber jetzt trifft mich der Höllenschmerz wieder – voll, die linke Gesichtshälfte verzieht sich, bleibt stehen. Droht mir eine Lähmung, eine Entstellung? Ich vermute eine grässliche Fratze.

Ich kann diesen Schmerz nicht kontrollieren, so sehr ich mich auch darum bemühe. Es geht nicht. Ich kann nicht einmal schreien, mich nicht bewegen. Meine Beine machen nichts, die Steuerung versagt, ist gar nicht mehr da. Ist mein Kopf überhaupt noch da? Aber ich kann wenigstens sehen, wie durch einen Schleier, durch eine Nebelwand im Zimmer. Manchmal flimmert die Umgebung, flirrt die weiße Raufasertapete. Die Decke tanzt, beruhigt sich zwischendurch wieder, tanzt dann erneut, mal heftig, mal im Walzertakt. Vielleicht tanzt sie ja einen Tango? Den letzten Tango? Meinen letzten Tango? Das ganze Zimmer tanzt jetzt mit. Mein Zimmer ist seekrank. Die feuchte Morgenluft, die durch das auf Kipp gestellte Fenster hereingekrochen ist, schwankt mit. Und setzt sich dann auf den Boden.

Ich liege einfach nur da, kann mich nicht wenden. Wackersteine liegen schwer in meinem Hintern, dicke Wackersteine, wie man sie an alten Brunnen findet. Große Wackersteine, wie sie die Großmutter dem bösen Wolf im Märchen in den aufgeschnittenen Bauch füllt und dann zunäht. Und der Wolf geht zum Brunnen, weil er brennenden Durst hat, stürzt hinein und stirbt … Es gibt nichts Unhandlicheres als solche Wackersteine, Eisenbahnschienen vielleicht. Beweglich wie eine Eisenbahnschiene, an die man ein Dutzend Wackersteine gekettet hat, aus irgendeinem kuriosen Grunde oder auch nur einfach so, aus einer Laune heraus.

Ich möchte in Ohnmacht fallen, einfach alles schnell vergessen; ich kann aber nicht, ich schaffe es nicht, so sehr ich mich auch anstrenge.

Wie eine Schildkröte liege ich hilflos im Bett. Sonst liege ich nie auf dem Rücken, sondern auf der Seite. Ich kann mich nicht drehen, nicht einmal wenige Zentimeter. Nichts ist mehr normal. Alles ist anders – ab sofort ganz anders, gefährlich anders. Alles ist verrückt. Mein Körper spielt verrückt.

Ich bin verrückt.

Die ganze Welt ist verrückt. Jetzt steht es fest.

Es gibt dafür keine Gründe. Was sollten Gründe sein? Ich kann sowieso nicht nachdenken.

Ich habe Durst.

Schrecklichen Durst wie der große böse Wolf im Märchen – und Wackersteine im Hintern. Vielleicht ertrinke ich auch im tiefen Brunnen. Doch wo sollte hier ein Brunnen sein? Und wie sollte ich da hinkommen? Jetzt zieht der Schmerz rauf und runter, sammelt sich kurzzeitig in der Hüfte, strahlt in meinen linken Arm, danach in die Brust. Herzschmerzen? Herzinfarkt? Aber warum kann ich mich dann nicht mehr bewegen? Ist das hier eine andere Welt? Die Welt des bewegungslosen Schmerzes?

Ich rutsche langsam ab. Das Bettlaken ist glatt, hat fast keinen Griff. Ich kann mich nicht halten. Die Schwerkraft ist zu stark; meine Kräfte sind zu schwach. Ich stemme mich krampfhaft dagegen, spreize beide Hände, auch meine Zehen. Es nützt nichts. Ich habe Angst, aus dem Bett zu fallen. Ich brauche ein Gitter, das mich sichert – gegen den Absturz und gegen meine Angst davor.

(Später im Krankenhaus werde ich dauernd ein Gitter haben, in das ich ständig rutsche. Ich werde mich im Gitter verfangen. Wie ein Fisch im Netz. Aber ich kann nicht zappeln. Meine Hände werden das kalte Gitter umklammern und frieren. Meine Welt wird ein vergittertes Krankenbett sein mit immer der gleichen Perspektive nach oben an eine grüne Decke, denn Grün beruhigt ...)

Wenige Zentimeter komme ich nach oben unter Aufbietung aller Kräfte. Dann lässt mich der stechende Schmerz zusammenzucken und ich rutsche wieder. Draußen schlägt der Rotor eines Helikopters. Er fliegt zum Krankenhaus, das nur 300 Meter von meiner Wohnung entfernt liegt. Ich sehe die Klinik klar und deutlich von meinem Wohnzimmerfenster aus, selbst bei leichtem Nebel. Sie steht auf einem kleinen Hügel, als wolle sie von hier aus die Stadt bewachen, alle Geschehnisse mitkriegen. Als brauche sie den Überblick und wäre eine Art von Spionagezentrum. Die Balkone sind bunt gestrichen. Jeder in einer anderen Farbe, wie ein Regenbogen; das hebt die Stimmung der Kranken. Daher rührt auch der Spitzname „Regenbogenklinik". Sie besteht aus Beton, ist ein typischer Klotz der 70er-Jahre. Ab und zu höre ich die Ansagen aus den Lautsprechern. Sie schallen über den grauen, buckligen Vorplatz, der mit lieblos bepflanzten Blumenkästen verziert ist, die selbstverständlich auch aus Beton bestehen. Drum herum schleichen die letzten Raucher, blasen ihre blauen Wolken sanft in die Luft, lüften ihre Bademäntel aus, schweigen, langweilen sich, warten auf etwas, vielleicht auf einen Operationstermin, betrachten die mickrigen Betonblumenkübelpflänzchen misstrauisch, als wollten sie diese fragen: Bist du auch schon eine Blume? Wird das noch was mit dir? – Existieren hier eigentlich Pflanzen, die es sonst nirgendwo anders auf der Welt gibt? Gar biologische Sensationen? Sind hier aufsehenerregende Entdeckungen zu machen, direkt vor der Haustür?

JEREMY SCHEIBLER, LAUF AN DER PEGNITZ
corona

ich finde corona scheiße
die meiste zeit zu hause allein
die eltern kommen nicht
die anderen sind in den zimmern
ich ganz allein im flur und allein
die betreuer genervt, ich auch
alles scheiße
ich will wieder ein normales leben
ohne corona
hoffenlich bald

Liebe Susi,

ich sitze gerade im Strandkorb auf unserer Terrasse und muss an dich denken. Der Flieder blüht wunderschön und duftet herrlich. Wir haben lange nichts voneinander gehört. Wie geht es dir? Was gibt es Neues bei dir? Die Zeit rennt momentan, gefühlt, einen Marathon.

Vor ein paar Tagen habe ich etwas über einen Literaturwettbewerb für Menschen mit Behinderung gelesen. Das Thema ist sehr spannend. „Bittersüße Wirklichkeit." Oh Mann, sofort habe ich Ideen und Kopfkino. Es jetzt noch zu Papier zu bringen, ist gar nicht so einfach. Es sind noch drei Tage Zeit, hoffentlich kriege ich etwas Schönes hin. Die spontanen Dinge sind ja meist die besten.

Auf Arbeit läuft es gerade so lala. Viel zu tun und einige unzufriedene Kolleginnen. Vor ein paar Tagen hat bei uns eine neue Kollegin angefangen. Sie beeindruckt mich. Eine junge Frau, ruhig und freundlich. Sie hat drei Kinder und ist verheiratet. Wie sie es selbst beschreibt, sie hat vier Räder unterm Hintern. Sie ist Mama mit Körperbehinderung und rollt durch die Welt. Ihr Name ist Martha. Die meiste Zeit ist sie glücklich, und ihr „Glas ist halb voll". Letztens in der Mittagspause hat sie aber erzählt, dass nicht immer alles so einfach ist. Für ihr Glück muss sie oft ganz schön kämpfen. Dann ist ihr „Glas halb leer". Und ich kann sie so gut verstehen. Sie sagt, manchmal sind ihre Gedanken schneller, als ihre Arme und Beine es umsetzen können. Das ist so manches Mal frustrierend.

Stell dir vor, an ihrem ersten Tag, als eine Mitarbeiterin sie von Büro zu Büro begleitet hat, um sie dem Team vorzustellen, gab es eine Kollegin, deren erste Frage war: „Oh, kommt sie denn überhaupt bei uns hier oben auf die Toilette?" Volle Breitseite, ein Klischee für Rollifahrer, dass man nicht laufen kann, hat sie schmunzelnd gesagt. Aber sie kann kleine Strecken sehr wohl zu Fuß bewältigen, der Rollstuhl gibt ihr einfach mehr Sicherheit, um weniger zu fallen. Die meisten Kolleginnen begegnen Martha ohne Vorurteile. Manchmal spürt sie es aber auch, dass man ihr eine Aufgabe nicht zutraut. Martha schaut sich die Aufgaben an, überlegt sich einen Lösungsweg und macht sich dann ans Werk. Egal, wie weit der Weg zum Ziel ist.

Neulich hat sie von ihren Töchtern erzählt. Ihre Große ist fast erwachsen. Sie kann wunderschön Trompete spielen und den Menschen damit ein Lächeln ins Gesicht zaubern. Ihr Sandwichkind, wie es mal ein Doc gesagt hat, kocht und backt für ihr Leben gern.

Und dann kam vor ein paar Jahren noch ihr Nesthäkchen. Ein kleiner Mensch mit vielen Hummeln im Popo, wie sie es liebevoll beschreibt. Sie ist so stolz auf ihre kleine Familie. Martha erzählte mir, dass es für einige Menschen in unserer Gesellschaft unvorstellbar ist, dass es Mütter und Väter mit Behinderung gibt. So manches Mal gab es einen unsensiblen Kommentar.

Sie sagt, dass es auch sehr verletzend sein kann. Einmal im Jahr fährt sie mit ihrer Familie zu einer Familienfreizeit, um Kraft der besonderen Art zu tanken. Es ist eine eigene kleine Welt. Keine skeptischen Blicke, keine dummen Bemerkungen und keine Rechtfertigungen. Mütter und Väter mit unterschiedlichen Behinderungen mit ihren Kindern, Ehepartnern und Assistentinnen treffen sich zum gemeinsamen Austausch, Spielen, Lernen und Entspannen. Es tut ihr gut, sich dann in ihrer normalen Welt austauschen zu können.

Heute Nachmittag waren wir gemeinsam im Schlosspark laufen. Also ich bin gelaufen und Martha ist mit ihrem Handbike mitgefahren. Ein „halbes Fahrrad" vor den Rollstuhl gespannt. Mit den Armen „tritt" man in die Pedale und setzt das Gefährt in Bewegung. Man braucht ganz schöne Muckis. Martha hat einen Traum, sie möchte einmal beim Halbmarathon in Berlin mitfahren. Die Stimmung und die Atmosphäre sollen dort grandios sein. Nach unserer Runde haben wir uns noch ein Eis gegönnt. Es war ein schöner Nachmittag.

Nach einem anstrengenden Arbeitstag habe ich mir eine Tasse Tee gemacht und in einer Zeitschrift etwas über Rollstuhltanzen gelesen. Der Artikel hat mich neugierig gemacht. Ich habe im Internet nach Videos geschaut. Alle Achtung, was die Tänzerinnen und Tänzer dort leisten. Schicke Kleider, flotte Musik und heiße Rhythmen im Rollstuhl werden aufs Parkett gelegt und unter den strengen Augen der Wertungsrichter begutachtet. Die Sportler wirken stolz und glücklich. Martha ist auch eine Tänzerin. Sie betreibt diesen Sport gemeinsam mit ihrem Mann.

Mittlerweile ist ein halbes Jahr vergangen und Martha hat sich gut im Team eingelebt. Wir sind befreundet und treffen uns immer mal wieder zu gemeinsamen Aktivitäten. Plötzlich ist alles anders. Ein kleiner Virus legt die ganze Welt lahm. Jeder muss sich neu organisieren. Wir müssen jetzt im Schichtdienst arbeiten, dürfen nur noch einzeln im Büro sitzen. Martha darf ab sofort nicht im Büro arbeiten. Man glaubt, dass sie mit ihrer Behinderung zu einer Risikogruppe gehört. Sie hat einen Laptop fürs Homeoffice bekommen. Anfangs kann sie sich damit gut arrangieren. Das Risiko, sich anzustecken, wird minimiert, denn Respekt davor hat sie schon. Und die Fahrerei ins Büro fällt weg. Mit der Zeit fällt es ihr immer schwerer, zu Hause zu arbeiten. Familie, Homeschooling, Haushalt und Homeoffice unter einen Hut zu bekommen, ist eine echte Herausforderung. Martha ist froh, dass unser Arbeitgeber das Homeoffice so ermöglicht, aber sie möchte auch unbedingt wieder ins Büro kommen. Der Kontakt zu den Kolleginnen fehlt ihr, außerdem bekommt sie mehr und mehr das Gefühl, dass ihre Arbeitskraft weniger gebraucht wird. Der Austausch über Telefon, E-Mail oder Zoom-Konferenzen ist eben nicht alles. Außerdem werden auch Stimmen des Neides laut, dass sie im Homeoffice arbeiten darf. Dieser Neid macht traurig, denn Martha möchte unbedingt wieder im Büro arbeiten. Alle warten darauf, dass wieder Normalität einkehrt. Hoffentlich bald!

Weißt du, wenn ich so durch unsere Welt gehe, wirkt alles vollkommen normal. Treppen, Stufen, Erhöhungen sind für mich kein Problem. Aber was machen ein Rollstuhlfahrer oder ein Senior, der schlecht zu Fuß ist, oder auch Muttis mit Kinderwagen?
Warum gibt es eigentlich so viele Barrieren? Könnten wir nicht alle von weniger Stufen profitieren?

Wie würde es uns gehen, wenn wir plötzlich einen Rollstuhl oder Gehhilfen bräuchten? Kämen wir ohne Probleme zurecht? Warum muss sich ein Mensch mit Handicap der „normalen" Gesellschaft anpassen? Könnten wir uns nicht auch mal einem Menschen mit Handicap anpassen?
Können wir nicht auch von einem Menschen wie Martha lernen? Sie steht immer wieder auf, richtet ihre Krone und geht weiter, egal wie steinig der Weg zum Ziel ist. Viele Wege füh-

ren zum Ziel, und wer bestimmt eigentlich, welcher Weg der richtige ist?

Ich hoffe, dass wir uns bald wiedersehen können, vielleicht kannst du dann Martha auch mal kennenlernen. Ich freue mich auf deine Post und bin gespannt, was du in den letzten Wochen erlebt hast.

Lasse es dir gut gehen, bleib gesund und fühle dich ganz lieb gedrückt.

Viele Grüße deine Betty :-)

TAMARA SCHINNER, RÖDENTAL

Ohne Dich

Ohne Dich
ist alles leer.
Ohne Dich
kein zusammen mehr.

Ohne Dich
bin ich allein.
Ohne Dich
will ich nicht sein.

Aber ohne Dich
gibt es keinen Streit.
Ohne Dich
komme ich so weit!

Ohne Dich
bin ich mehr ich.
Ohne Dich
finde ich mich.

Und ohne Dich
werde ich weitergehen.
Ohne Dich
im Leben stehen.

FENJA SCHLEGEL, WILDESHAUSEN
Stiller Glanz

Jeden Morgen lächelt es dich an,
denkst, heute bist du endlich einmal dran,
betrachtest es im Spiegellicht,
willst es zeigen, dein Wahres-Ich,
und willst eröffnen ihnen eine neue Sicht.

Doch dein Spiegelbild, das sehen sie nicht.
Das, was sie sehen, das bist du nicht,
zumindest nicht für dich.

Doch sie,
sie halten fest daran
zu wissen, wer du bist und was du willst,
beschützen dieses unbekannte Ich,
damit es ihnen nicht zerbricht.

Doch dein Spiegelbild,
es will sich zeigen,
will sich vielleicht ein Stück beweisen,
kämpft und kämpft und kommt nicht weit genug voran,
denn dieses unbekannte Ich versperrt ihr Tag für Tag die Sicht
hin zum Scheinwerferlicht.
Der Star bist immer noch du,
du unbekanntes-Ich.

Doch dein Spiegelbild, das sehen sie nicht.
Das, was sie sehen, das bist du nicht,
zumindest nicht für dich.

So versteckt es sich im stillen Glanz
ganz leise,
verdrängt vom unbekannten Ich,
und tanzt auf ganz besonders eigene Weise,
nur für dich alleine.

Vier Räder, die mich halten

Ja ich, ich bin der, an den du gefesselt bist,
der dich verfolgt,
denn du bist schwach und bist verletzt,
dein Schatten,
dein ewig lästiger Begleiter,
wär ich doch bloß nie hergekommen.

Sind wir denn eigentlich nicht Freunde?
Ich mein,
gibt's sonst denn noch so viele,
die dich begleiten,
all deinen Schmerz,
all deine Freude halten?
Ich versuch doch stets dich aufzufangen.
Bei mir hast du 'nen sicheren Platz.
Ich lass dich niemals ganz allein,
dich nicht im Stich,
solang du mich nicht mit was allzu Spitzem stichst.
Doch auch geflickt und zugenäht erobern wir die ganze Welt.
In Mailand, in Paris, in Wien und in Madrid,
ja mich, mich nimmst du immer mit.

Und klar,
ich kenn dich nun ja schon ein paar mehr Jahr.
Auch ich lern immer mehr dazu.
Da dachte ich doch früher noch,
dass bunt und farbenfroh ich aussehen muss.
Doch manchmal ist vielleicht auch weniger viel mehr.

So strahl ich nun in mattem Glanz,
bring dich zum Vorschein, zum Strahlen, zum Glänzen
in voller Pracht.
Du wirkst so glücklich ganz nah bei mir,
spür, wie du dich frei fühlst,
mich durch die ganze Gegend führst,
mir ständig neue Wege zeigst,
mich beschützt vor Schubsen, Stößen,
all den blauen Flecken und den Kratzern.

Ich glaub, ich bleib noch lange jung,
wie du mich pflegst, mich putzt und auch mal schrubbst.
Die kleinen Kratzer auf meiner Haut,
die malst du liebevoll dann wieder aus.
Ich bin so froh, dass wir uns haben.
Komm, lass uns die ganze Nacht tanzen,
ich trag dich hin,
wohin auch immer du willst.

Und du kannst dir sicher sein,
so schnell wirst du mich nicht mehr los,
ich pass für immer auf dich auf,
denn du bist mein Schatz,
mein kleiner Diamant,
und wir für immer eine Einheit, ein Bund,
auf unsere ewig lange Freundschaft!

BRIGITTE SCHLÖTZER, NÜRNBERG
Narzissen im Schnee

Der die Realität vergisst
Und seine Lieben verlässt,
der baut sich irgendwie ein Nest.
Die Katastrophe ist's eh,
Narzissen blühen im Schnee.
Man darf sie nicht brechen und sperren ein.
Nur die Wärme schmilzt das Eis,
es wird wieder Frühling sein,
wohl dem, der um die Liebe weiß.

BRIGITTE SCHLÖTZER, NÜRNBERG
Vom Weinen und Lächeln

Gedanken und Gefühle jagen
alle zu derselben Zeit,
sie werden sie tragen
in einen Moment der Unendlichkeit.
Niemand kann sie des' berauben,
ihre Seele ist entrückt,
sie hat Tränen in den Augen
und ein Lächeln im Gesicht.

OLAF SCHMIDT, BURGSTÄDT

Geschichten – die das Leben schreibt
Zwei Buchstaben – zwei Typen

Das Leben als Bestandteil der Natur ist durch Bewegung und ständige Veränderungen gekennzeichnet. Diese zu erfassen und darzustellen, erfordert eine qualitativ beurteilende Einrichtung. Dazu suchte sich die Natur die Menschheit aus und versah sie mit der Gabe, manches in Form von Geschichten zu bewahren und zu übermitteln.

Einen solchen Weg möchte ich auch nutzen, weil mir in jüngster Vergangenheit eine besondere Auffälligkeit diesbezüglich wiederfuhr. Die Hauptdarsteller in meiner Geschichte sind zwei Buchstaben des deutschen Alphabets.

Das Alphabet als ordentlich aufgeräumtes Buchstabenreservoir diente schon immer für seine Bewohner als Rückzugsort. Dies galt besonders dann, wenn sich die Menschheit aus ihm ihre Buchstabenkombinationen entnahm. Mit dem so entstehenden Durcheinander sollte den Lesern Vergnügen oder auch Verzweiflung bereitet werden. So geschah es auch, als man sich eines Tages für das „P" und das „C" entschied und sie aus ihrem geordneten Nest, dem Alphabet, nahm. In diesem Moment konnten beide noch nicht ahnen, dass sie zukünftig zu einer Größe zusammenwachsen würden. Um gleichberechtigt aufzutreten, bekamen sie den Auftrag, ihre Reihenfolge den jeweiligen Anforderungen der Menschen anzupassen. Also konnte einmal das „P" und dann auch das „C" vorn stehen und der jeweilig andere an zweiter Stelle. So nutzte die Menschheit diese Buchstabenkombinationen als Abkürzungen für ihren Sprachgebrauch. Die Variante mit dem „P" voran hat sich schon viele Jahre gehalten und wurde für die Menschheit unentbehrlich. Die Kombination mit dem C vorneweg fühlte sich benachteiligt und drängte aus dem Schattendasein hervor, erst zögerlich, dann umso kraftvoller. Dies bekam die Menschheit schnell zu spüren.

Beide Typen machten sich mir 2020 negativ bemerkbar. Der eine, mit dem ich schon lange vertraut war, zeigte mir im Sommer plötzlich die kalte Schulter. Der andere Typ würfelte „Gott sei Dank" nur das Leben ringsherum durcheinander und betraf mich bis jetzt nicht unmittelbar. Vielleicht hat er aber einen Verwandten geschickt, um stattdessen meinen PC lahmzulegen. Jetzt erst merkte ich, wie sehr ich von diesem „Typ eins" abhängig war. Ich erhielt den Rat, ihn für eine gründliche Untersuchung, gut verpackt, auf Reisen zu schicken, und zwar an Spezialisten, die nur darauf warten, solche missratenen Typen zur Raison zu bringen. So dachte ich, aber weit gefehlt! Diese Spezialisten sandten mir über viele Wochen nur tröstende Signale. Es nutzte auch nichts, rechtlich eine Beschleunigung zu erwirken, da mir keine gesetzliche Handhabe empfohlen werden konnte. So kamen fast zwei Monate zusammen, in denen ich ohne mein Hilfsmittel dasaß. Gerade während einer Zeit, in der besonders viele Dinge von zu Hause geregelt werden mussten. Nun kam endlich mein Hilfsmittel wieder zurück, allerdings etwas verändert.

Letztendlich bietet eine positive Erkenntnis Trost. Die Buchstabenkombination „PC" (Personalcomputer) ist trotz seines langen Ausfalls gegenüber der zweiten Kombination „CP" (Coronapandemie) das geringere Übel. Hoffentlich einigen sich beide Typen, dass das Virus sich künftig zurückhält und den PC in Ruhe arbeiten lässt. Er bleibt im Vordergrund und „CP" muss einsehen, dass die Menschheit nicht bereit ist, sich ihm zu beugen. Damit wäre eine missliche Periode beendet und eine neue, schönere, mit neuen Erkenntnissen und Verhaltensweisen, würde ihren Anfang nehmen. Jedoch nur, wenn die Menschheit alles durch ihre eigenen Hände in eine maßvolle Richtung bringt. Dann können daraus neue Geschichten entstehen, die der Nachwelt schönere Bilder übermitteln.

RÜDIGER SCHMIDT, LAUF AN DER PEGNITZ
Frei sein

Ich mag Corona nicht,
ich finde es nicht schön, eingesperrt zu sein,
ich will wieder Karussell fahren,
ich will wieder einkaufen und in den Tiergarten.

AUS DIE MAUS

Ich bin unsicher. Es sind gefühlte hundert Jahre her, dass mir ein Mann im Café gegenübersaß. Er gibt sich gepflegt, ist frisch rasiert und sein Körper steckt in einem gebügelten Blümchenhemd. Seine weißen Sneakers glänzen weiß in der Sonne und sein runder Bauch sucht nach Freiraum jenseits seines Ledergürtels. Sichtlich stolz, was er in seinem Leben erreicht hat, breitet er mir sein Leben wie ein Kartenspiel zwischen Bier und Cocktail aus. Lauter Trümpfe, wie mir scheint: Fußballtrainer, Kind gezeugt, Haus gebaut und Frau versorgt. Er sagt, er hat alles für seine Frau gemacht, kannte jedes Fleckchen an ihr. Er konnte ihr viel bieten, dennoch hatte sie ihn verlassen. Offensichtlich kannte er den Geschmack ihres Herzens nicht.

Er kann nicht gut allein sein. Sein Bildungsbürgerbauch hebt und senkt sich im Rhythmus seiner Erzählung. Ich nippe an meinem Cocktail und höre zu. So wie ich das immer mache. Ich höre zu! Seine Beine sind selbstbewusst gespreizt. Er will wissen, wie das so ist, so mit dem Querschnitt, ... im Rollstuhl! Ich sage ihm, dass es nur ein Fortbewegungsmittel ist. Sagt er: Nein ..., wie das so ist, mit dem Sex? Im Rollstuhl? Nein, mit Querschnitt! Ich sage, na ja ... Ich hatte noch keine Zeit, mich darum zu kümmern, mir war noch nicht danach.

Im Schatten der Straßenlaterne schließe ich die Augen und Bilder verwobener Körper ziehen an mir vorbei. Nach einer Weile sage ich: „Ich glaube, es ist Kunst! Die Kunst, sich einzulassen und darauf zu vertrauen, dass die Angst mich nicht auffrisst. Die Kunst, dem anderen Blick standzuhalten, einzutauchen in den Geschmack seines Herzens. Die Kunst, nicht zu viel zu wollen und doch alles zu wagen." Er grätscht sich ungeduldig zwischen meine Gedanken. „Aber küssen geht doch noch, oder?" Dabei dreht er sich zu mir rüber und schaut mich erwartungsvoll an. Ja, denke ich leise, küssen geht immer, aber dein Mund interessiert mich nicht. Du bist ein alter Mann, hingegen bin ich noch jung, meine Haut ist glatt und oberhalb meines Querschnitts sind meine Brüste wohlgeformt.

Mir scheint, er kann meine Gedanken hören, denn er winkt hastig den Kellner heran und bestellt sich ein Bier. Seine Fragen sind sehr direkt und ich weiß noch nicht, wie ich das finden soll. Ich frage mich, wer von uns beiden behindert ist (obwohl ich dieses Wort überhaupt nicht mag). Sein Blümchenhemd und seine viel zu enge Jeans lassen ihn nicht unbedingt jünger aussehen. Er sagt, er kümmert sich gerne. Er genießt die Blicke der anderen, denn ER lässt sich auf eine Behinderte ein, führt sie sogar in ein Café aus! Er mag kluge Frauen, doch meine Gedanken driften wieder ab. Ich bin die ewig Sitzende! Die stolze Königin auf dem rollenden Thron. Mein Rollstuhl ist ein wildes Pferd! Ich bin alles, aber kein Sozialprojekt! Ich habe keine Angst mehr vor der Angst mich einzulassen. Manchmal treibt mich auch die Einsamkeit an. Ich weiß, ich muss mich bewegen, doch ich darf wählen. Wer sagt, dass ich in einer schlechteren Position bin, nur weil ich im Rollstuhl sitze, der kennt nicht mein wildes Herz! Ich bin eine mutige Frau, selbstbestimmt und frei, frei zu wählen! Ich verlasse den Mann mit dem raumgreifenden Bauch und lächle in mich hinein. Die Welt zeigt sich auch um Mitternacht von ihrer schönen und schlauen Seite!

Epilog:

Ich hab nie aufgehört zu träumen,
bin ich zurückgekehrt in mein verbranntes Haus.

Hab aussortiert und aufgeräumt und jeder Träne einen festen
Platz gegeben.

Woanders sich Pokale in der Sonne aalen, reiht sich mein
Schmerz zu einem großen Eis,

denn ich weiß, das Leben schmeckt manchmal
süß und manchmal mal bitter ...

ULRIKE SCHÖFFLER, KIEL
Bitter-süße Wirklichkeit

Von Weitem winkt Ulrike mir von ihrer sonnigen Terrasse schon zu, als ich sie besuchen komme, um sie zu interviewen. Ulrike wohnt auf dem Waldhof (Marie-Christian-Heime e. V.), einer Einrichtung, in der das christliche Menschenbild im Vordergrund steht. In einem kurzen Gespräch erzählt sie mir, dass sich ihr Leben vor 11 Jahren verändert hat. In ihrer Sprache erklärt sie mir, dass es Schicksal sei und dass es teilweise schwer sei, aber dass sie sich in ihrem Zimmer mit ihren Bildern und den anderen schönen Dingen wohlfühle. Sie erlitt einen Schlaganfall, ist seither halbseitig gelähmt und sitzt im Rollstuhl. Ich frage sie, was sich für sie in der Corona-Zeit verändert hat. Sie selbst sagt zu Corona „Conora", dabei lachen wir beide. Sie versucht mir zu erklären, dass ihr Leben nicht bitter sei, da eine Hälfte des Körpers funktioniere. Sie könne selbstständig einkaufen und sich fortbewegen. Dennoch ist ihre Freiheit eingeschränkt, da sie noch nicht geimpft ist. Dabei zeigt sie auf ihren Arm und hofft auf eine baldige Impfung gegen „Conora". Sie berichtet auch von ihrer Tochter, die für sie sehr wichtig ist; ja – es ist eine Herzenssache. Damit ich das verstehe, führt sie ihre Hand zum Herzen und klopft ein paarmal mit der Handfläche verstärkt auf ihr Herz. Ulrike spricht von einer heimeligen Atmosphäre, wenn ihre Tochter wöchentlich zu Besuch kommt.

Als ich sie auf das Thema Angst anspreche, antwortet sie mir in gebrochener Sprache, dass sie keine Angst hätte, da sie willensstark sei und es wichtig sei, dass sie stark bleibt. Ihr Leben sei auch nicht bitter, denn schließlich kann sie sich ausdrücken und zeigt mit ihrem gesunden Arm auf die Mitte ihres Körpers; eine Hälfte funktioniert, die andere jedoch nicht. Trotz langem Krankenhausaufenthalt hat sie das Schicksal hinter sich gelassen und beweist Lebensmut.

Plötzlich schreibt sie mit ihren Fingern eine Zahl auf ihren Oberschenkel. Ich frage, ob es eine 61 bedeuten soll. „Ja", sagt sie lachend und zeigt mit dem Daumen nach oben. Sie breitet ihre Arme aus und will mir zeigen, dass sie sich in ihrer Welt wohlfühlt. Noch einmal betont sie, dass sie Lebensmut hat und ihre Tochter ihr dabei hilft. Sie schaut mich an und sagt: „Herzenssache, ja, vom Herzen muss es kommen." Ich kann ihr folgen … Ob sie einen Wunsch hat, frage ich sie. „Nein", antwortet sie, sie sei mit ihrem Leben zufrieden. Sie meint, man müsse bei sich schauen und das Beste daraus machen. Das Leben ist zwar anders, aber trotzdem lebenswert.

Ich bedanke mich bei ihr für das nette Gespräch und verlasse den heimeligen Ort, ihr so nett eingerichtetes Zimmer, welches sie liebt. Ich schaue noch einmal zurück und winke ihr zu und denke dabei: Man sieht nur mit dem Herzen gut, das Wesentliche ist für die Augen unsichtbar.

Interview geführt/Text verfasst: Levke Erichsen (Mitarbeiterin der Marie-Christian-Heime & Unterstützerin des Bewohnerbeirats)

FABI SCHÖLER, NÜRNBERG
Ich.

Allnächtlich,
wenn die Welt versunken
in schwarzen Schatten,
wenn untergegangen
die Häuser und Bäume,
die Hütten und Flüsse,
wenn Menschen süß
in ihren Träumen schlummern,
getröstet tief
und unverstört,
und wenn ich liege,
sehnend,
suchend, ach!,
durchkämpfend all
die abgrundstillen,
die bitterleeren,
schweren Stunden, –
schleichen sich
die dunklen Geister
der Erinnerung
in meine schlaflose Seele
und flüstern:

Fabian ...
Fabian ...

Du bist in der *Hölle ...*

Ich im Gedicht

Folgende Verse schrieb das psychisch schwer kranke, aber kreative Mädchen seinem unverständigen Therapeuten, welcher es mit allerlei ermüdenden Fragen über dessen Leben, dessen Vergangenheit, dessen Beziehungen und Gefühle etc. zu quälen pflegte.

Jedes Gedicht
Bin ich.
Suchest du mich,
Brauchst nicht

Durch Tausendes schweifen.
Tu nur einfach dies:
Um zu begreifen,
Lies.

FABI SCHÖLER, NÜRNBERG
Man hat so viel zu leiden ...

Man hat so viel zu leiden
An dieser schönen Welt,
Dass einem allen Freuden
Zum Trotz sie nicht gefällt.

Die sie erhaben-herrlich!
Wie wird sie uns beschwerlich!
Wie wird sie uns zur Last und Qual
Und endlich – hasst man sie einmal.

Corona – „Ich kann's nicht mehr hören!!!"

Diese Worte und ein paar nicht wirklich begeisterte Gesichter waren die erste Reaktion auf die Bekanntgabe des Themas. Und dann ging es auch schon los.

Schlagworte wie Hamsterkäufe, Toilettenpapiernotstand, Nudel- und Hefeengpässe, Vereinsamung, Homeschooling, Kontaktsperre, drohende Verschuldung durch Internetkäufe, schwindende Wirtschaft, Arbeitslosigkeit, im Sommer kein Schwimmen oder das miteinander Spielen für die Kinder, Kurzarbeit, drohende Psychosen, Geldnot und noch viele weitere fielen. Begriffe, die Angst und Verunsicherung, Sorgen, aber auch Wut auslösen.

So auch bei David, Nicole und Simone.

Sie konnten sich noch gut erinnern, als im letzten Jahr die Werkstatt geschlossen wurde und wie sie sich dabei gefühlt haben. Keiner wusste, wie lange dies andauern würde. Doch alle hatten die Hoffnung, dass es bald weiterging. Ein paar Tage frei, dagegen hatten sie nichts. Es würde bestimmt nicht lange dauern.

Das tat es aber doch ...

Es wurden viele Wochen. Und nicht für jeden war diese Zeit einfach.

Simone war völlig ausgelastet und manchmal auch überlastet mit ihrem jüngsten Kind. Sie musste jetzt schließlich Lehrer und Freunde ersetzen. Sie selbst aber hatte außer ihrem Mann niemanden, mit dem sie sich mal direkt austauschen konnte. Ihre Mitelternfreunde fehlten ihr sehr.

Das zerrte schon gehörig an den Nerven.

Nicole litt aus der Ferne mit ihrer Tochter. Sie konnten sich nicht sehen. Eine ganze Zeit lang hieß es schließlich, möglichst nur Kontakt innerhalb des eigenen Haushalts zu haben. David fand es extrem belastend, seine Freundin nicht treffen zu können. Und auch sein bester Freund fehlte ihm. Jeder hatte Menschen, die nicht mehr wie gewohnt da waren. Das war eine heftige und ungewohnte Situation.

Sicher, man konnte die modernen Medien nutzen. Aber dennoch sind sich alle einig, dass ein direktes Miteinander nicht durch skypen, telefonieren oder Videokonferenzen zu ersetzen ist.

Und irgendwie musste die viele freie Zeit gefüllt werden.

Nicole erzählte, dass sie und ihr Partner in dieser Zeit noch näher zusammengerückt sind. Und dass sie ihre alten Hobbys, Kochen und Backen, wiederbelebt hat.

David hat sich viel in der Natur aufgehalten und nur deshalb sei ihm nicht die Decke auf den Kopf gefallen.

Simone hatte genug mit ihrem Kind zu tun und wird diese Zeit nie wieder vergessen, sagt sie.

Doch dann endlich, nach vielen Tagen zu Hause, kam die Nachricht aus der Werkstatt, dass diese schrittweise wieder geöffnet wird. Die Freude darüber, als Erste mit dabei zu sein, so schildern sie einstimmig, sei riesig gewesen.

Doch in das Gefühl der Freude mischte sich bei allen auch ein unruhiges Grummeln im Bauch.

Was würde sie erwarten?

In der Werkstatt hatte sich mittlerweile einiges verändert. Am Eingang und auch am Ausgang stehen jetzt Spender mit Handdesinfektion. Diese sind im ganzen Haus zu finden.

Es gibt nur noch einen Eingang und einen Ausgang.

Überall im Haus sind Wege mit Schildern gekennzeichnet.

Sitzplätze wurden abgesperrt oder gleich ganz weggeräumt. Das Bistro ist geschlossen. Die Pausenzeiten haben sich geändert. Nur eine bestimmte Personenzahl darf jetzt im Speisesaal gemeinsam das Essen einnehmen; an weit auseinandergezogenen Tischen und an gekennzeichneten Plätzen, versteht sich. Die Arbeitsplätze in den Montagegruppen sind alle mit Plexiglasscheiben voneinander getrennt.

Abstand   Hygiene   Masken

An jeder Ecke wird man darauf hingewiesen.

So viele Veränderungen ..., das klingt schon recht belastend und einschränkend für den Arbeitsalltag in der Werkstatt. Und genau das war ist es auch!

Aber mit viel Disziplin haben wir es bis heute gemeinsam geschafft, dass unsere Werkstatt nicht zu einem „Hot-Spot" wurde!

Und, so sagen alle drei: „Es ist gut, dass wir wieder hier sind. So haben wir die Gelegenheit, Freunde, Freundinnen und Kollegen und Kolleginnen zu treffen. Wir können uns wieder direkt sehen und miteinander reden und lachen."

„Und auch wenn immer noch Abstand gehalten werden muss, so ist dies viel besser, als alleine zu Hause zu sein", findet David, dessen Freundin und bester Freund auch hier in der Werkstatt arbeiten.

Simone und Nicole genießen es, wieder mit ihrer Küchencrew zusammen zu sein. Hier wird endlich wieder diskutiert und gelacht ... nach Corona-Bedingungen, versteht sich!

Und die beiden können sich über ihr neues Hobby, das Diamant Painting, austauschen und sich gegenseitig mit Tipps und Tricks zur Seite stehen.

Mein Tag ist wieder viel strukturierter, meint Simone.

Nicole hingegen genießt ihre kleinen Späße, die sie gerne mit den Beschäftigten aus den anderen Gruppen macht. Sie lacht einfach gerne und ist froh, dies wieder mit anderen tun zu können.

Simone, Nicole und David ... so unterschiedlich sie und ihre Leben auch sind, so denken und empfinden sie doch in vielen Dingen gleich.

Sie alle schätzen es, dass sie hier in der Werkstatt mit Masken, Handdesinfektionsmitteln und Pflegecremes versorgt werden.

Auch das Testangebot nehmen sie gerne an.

In den nächsten Tagen ist es so weit, und die zweite Impfung wird hier im Haus durchgeführt. Das finden sie besonders gut, da sie sich nicht selbst um einen Impftermin kümmern müssen.

So wie David, Nicole und Simone haben so viele andere auch ihre Erfahrungen in der von Corona geprägten Zeit machen müssen.

Es gibt nicht nur Negatives zu berichten, sagen sie.

So könnten die Abstandsregeln beim Einkaufen ruhig bestehen bleiben, finden sie.

Auch ihre Hobbys wollen sie auf jeden Fall weitermachen.

Und natürlich freuen sie sich auf den Tag, an dem eine möglichst große Normalität zurückkehrt.

Alle drei hatten und haben die Hoffnung nie aufgegeben, dass dies so sein wird.

Und mit ihnen warten wir alle und freuen uns auf den Tag, an dem wir wieder ein freies Miteinander genießen können!

BÄRBEL SCHRÖDER, BERLIN
Hoffnung trotz Corona

Corona hat uns fest im Griff,
wir sind alle Passagiere auf einem sinkenden Schiff.
Wie wird es mit der Welt weitergehen?
Wird unsere Welt wohl weiter bestehen?
Die Zukunft ist ungewiss, die Angst ist groß,
die Fragen lassen uns nicht los.

Doch es gibt auch hoffnungsvolle Zeichen,
da müssen die Trauergeister weichen.
Mit dem Regenbogen tut Gott der ganzen Schöpfung kund:
Er hält mit der Erde seinen Bund.
Was für ein hoffnungsvolles Zeichen
für die Armen und die Reichen!
Mögen viele Menschen es verstehen
und gesegnet den Lebensweg gehen.

Wird das Reisen bald wieder möglich sein?
Können wir uns auf den nächsten Urlaub freu'n?
Wir alle brauchen Hoffnung und Zuversicht,
deshalb schreibe ich jetzt dieses Gedicht.
Eine Beobachtung habe ich gemacht
und dabei Folgendes gedacht:
Unterschiedliche Vögel zwitschern,
gurrren und singen so schön,
da kann einem das Herz aufgeh'n.

Menschen bekommen wieder Lebenslust
Und so sinkt der Coronafrust.
Im Frühling werden wir beschenkt
mit Sonne, Wärme und Licht,
das gibt mir wieder Zuversicht.

STEFANIE SCHRUHL, HAMBURG
Erste Schritte

Ich bin total kaputt. Trotz aufgelöstem Milchstau tuckert das Mama-Vehikel auch zwei Tage nach der Krankenhausentlassung schneckenmäßig langsam auf der rechten Spur. Einer Kollegin habe ich zugesagt, dass sie mir ruhig Arbeit nach Hause schicken kann, da mein Baby auch mal schläft, doch die Wahrheit ist: Ich halte es kaum länger als eine Stunde am Computer aus. In meinem Kopf schwirren Schmetterlinge herum und ich sehe Sterne. Mein Mann misst meinen Blutdruck, der heute mit 179 zu 135 alle bisherigen Rekorde schlägt. Hebamme Claudi, die uns jetzt jeden Tag besucht, telefoniert mit der Wochenbettstation, um mal zu checken, ob ich schon wieder krankenhausreif bin. Doch ich bin wohl noch im gelben Bereich. Die Sprechstundenhilfe meiner Hausarztpraxis sagt, ich soll erst mal in Ruhe einen Kaffee trinken und zur Kontrolle kommen, wenn es mir etwas besser geht.

Gern würde ich mein Baby mit zum Hausarzt nehmen; will nicht einfach abhauen und es mutterlos bei Papa zu Hause lassen. Aber Ehemann und Hebamme zweifeln meine Verkehrstauglichkeit an. Sie finden es zu heikel, wenn ich mit einem Neugeborenen im Tragesack losziehe. Zum zweiten Mal fühle ich mich, als ich allein zum Arzt wanken muss, notgedrungen von meinem Baby entbunden, wie nach dem Kaiserschnitt vor einer Woche.

Auf der Bank, allein in einem Patientenzimmer, warte ich die Wirkung der mir verabreichten Pille zum Blutdrucksenken ab. Was jetzt wohl mit mir passiert? Plötzlich quellen Tränen aus meinen Augen. Gar nichts darf passieren, befehle ich meinem Körper. Ich kann nicht ins Krankenhaus. Ich habe doch ein

Baby zu Hause, das mich braucht. Deprimiert berichte ich meinem Liebsten am Telefon, dass ich noch beim Arzt festsitze und auf die Wirkung der Pille warte. Claudis sonniges Hebammengemüt lässt mich wissen, dass meine Tochter gerade auf ihrem Arm chillt, während mein Mann in Ruhe frühstückt und daher kein Zeitdruck bestehe. Als meine Ärztin kommt, um mich mit weiteren Blutdruck- und Eisentabletten nach Hause zu schicken, kämpfe ich mich aus meinem Babyblues, bringe aber nur ein verhixtes Danke heraus. Sofort wird mir leichter ums Herz, denn ich darf zurück zu Mann und Maus.

Kurz hinter unserer Bushaltestelle höre ich den Blindenstock meines Liebsten näher kommen und gebe zum Gegencheck unser Pfeifsignal. Hallooo, trällert mein Mann und steuert mit vorfreudigen Schritten auf mich zu. Guck mal, wen ich da mitgebracht habe. Ich strecke meine Hand aus und gucke. Ei, hallo, kleine Maus, seufze ich verzückt. Obwohl ich erst mal nur ein Füßchen gefunden habe. Papa trägt sein Lüttchen zum ersten Mal im Tragetuch. Er hat mit Claudi das Umbinden und Ablegen geübt, während ich beim Arzt festsaß. Unten ragen zwei Beinchen in Strumpfhosen aus dem Stoff. Aber wo ist der Kopf? Papa führt meine Hand über seinen inzwischen sehr dick gewordenen Bauch und über die Mitte des Tragekreuzes zu einer Stofflücke auf seiner Brust. Meine Finger ertasten Lüttchens hervorlugende Stupsnase. Mein Liebster strahlt im Flüsterton: Sie schläft. Ist nicht mal beim Verpacken ins Tuch wach geworden. Ich will meine Tochter jetzt nicht wecken, muss aber mal kurz ihr warmes Bäckchen neben der Nasenspitze streicheln. Papa genießt es, sein Baby im Tragetuch ganz nah bei sich zu haben.

Glücklich treten wir unseren kurzen Heimweg an; noch nicht ahnend, dass wir von nun an täglich in unserer Wohnsiedlung beobachtet werden. Ein blindes Elternpaar mit einem rothaarigen Baby im Tuch oder Tragesack. Tatsächlich ist mir der Tragesack lieber, da ich ihn schneller an- und ablegen kann. Auch wenn ich in den ersten Wochen ständig befürchte, Lüttchen bekäme nicht genug Luft, wenn sie am Busen einschläft. Dafür genieße ich es, beim Tragen jederzeit ihren Kopf küssen oder daran schnuppern zu können. Wer braucht da noch einen Kinderwagen? Für uns als blinde Eltern käme der sowieso nicht infrage, denn der Langstock muss vor uns hertasten, muss Stufen und Hindernisse erkennen, damit wir rechtzeitig reagieren können. Da kann man keinen Wagen schieben, und um ihn hinterher zu ziehen, muss man mit seinem Gefährt schon sehr wendig sein. Auch sind wir so nicht auf die Barrierefreiheit öffentlicher Verkehrsmittel und Gebäude angewiesen. Mit unserem Baby vor Bauch und Brust können wir problemlos Treppen bewältigen, auch wenn unsere Kondition wohl noch ein Stück mit Lüttchen mitwachsen muss. Mein Rücken schreit jeden Abend nach seinem Heizkissen, das dann die gröbsten Verspannungen des Tages lindert.

Mit dem Tragesack unterwegs, erkläre ich meiner Tochter leise die Welt. Erzähle ihr, wohin und wo lang wir jetzt gehen müssen, dass da gerade ein lautes, stinkendes Motorrad an uns vorbeigefahren ist, dass Papa heute Abend zur Bandprobe fährt und dass zu Hause ein schönes Milchfläschchen auf sie wartet. Doch der mütterliche Stolz, wenn man endlich seinen zuckersüßen Nachwuchs für jeden sichtbar durch die Stadt tragen kann, ist erst mal getrübt. Und diese trübe Wolke heißt mütterliche Sorge. Die Jahre, da ich mich nur um meine eigene Sicherheit im Straßenverkehr kümmern musste, sind vorbei. Vor dem Überqueren jeder Ampel bete ich jetzt, dass uns kein Auto erfasst. Ich bete, dass ich auch Radfahrer rechtzeitig bemerke, bete, dass uns bei starkem Hamburger Wind kein herabfallender Ast erschlägt. Dinge, die ich nicht kontrollieren kann. Ist es angesichts all dieser Gefahren nicht total leichtsinnig, mit einem hilflosen Baby vor der Brust als fast blinde Mutter allein das Haus zu verlassen? Solche Gedanken, die gelegentlich auch von Fremden geäußert werden, helfen nicht. Denn wir müssen es.

Schweißgebadet und ein bisschen stolz erreiche ich mein erstes Reiseziel mit Kind – die Beratungsstelle Frühe Hilfen. Claudi hatte die Idee. Es wäre doch schön, wenn wir sporadisch als blinde Eltern durch sehendes Feedback begleitet werden könnten. Da ich sowieso noch Zweifel an meinen mütterlichen Talenten habe, die täglich durch meine Stillprobleme verstärkt werden, finde ich die Idee gut. Wäre bestimmt nicht verkehrt, sich bei einer Beratungsstelle ein gelegentliches Upgrade für das Mama-Vehikel zu besorgen. Da sitze ich nun also bei Frühe Hilfen mit Lüttchen im Tragesack in einen Korbsessel gepfropft, während ich mich fühle, als ob meine Körpertemperatur jeden Augenblick die Vierzig-Grad-Marke knackt. Am liebsten würde ich meine Tochter ablegen; will sie aber nicht stören. Denn sie ist gerade so friedlich. Mit angehaltenem Atem öffne ich dann doch die Klickverschlüsse an Rücken und Nacken, während mir Schweißperlen übers Gesicht rinnen. Nur noch die Arme aus den Gurten ziehen, ohne dass mein Kind runterfällt. Geschafft. Gern würde ich Lüttchen jetzt noch aus ihrem Neugeborenen-Nest schnüren, um sie auf meinem Schoß liegend in ihrem rosa-lila Ringelstrampler mit den Herzchentaschen perfekt wie ein Baby-Model bei seinem ersten Casting zu präsentieren. Aber was ist, wenn die Maus dann doch unleidlich zu piepen anfängt? Wenn der erste Eindruck, den ich in der Beratungsstelle mache, gleich der einer überforderten blinden

Mutter ist, die ihr Kind nicht beruhigen kann? Das mit dem Stillen klappt ja bei uns leider nicht so gut, und auf Kommando schon mal gar nicht. Also lasse ich mein Küken im Nest auf meinem Schoß und bemühe mich, nicht mehr so laut zu schnaufen wie eine alte Frau, die gerade einen Berg erklommen hat.

Die Sozialpädagogin, mit der wir verabredet sind, tritt ein, bleibt vor unserem Stuhl stehen und lässt erst mal ein kurzes erstauntes Wow hören. Sind es wieder die roten Haare meiner Tochter oder ist es die Tatsache, dass sie sich völlig entspannt und damit meiner Meinung nach von ihrer zweitschönsten Seite zeigt? Denn fröhliches Strampeln und mit den Armen wie ein Vögelchen flattern steht bei mir auf Platz eins für Lüttchens beste Stimmung. Die Sozialpädagogin fragt mich, ob ich als Mama stolz bin. Ich nicke, hauche mein Ja-Wort und kriege schon wieder feuchte Augen. Wie oft habe ich über meine Mutter geschmunzelt, wenn sie bei jeder kleinsten Rührung einen Kloß im Hals bekam und ihre Stimme ganz brüchig wurde. Und jetzt bin ich selbst so eine Volle-Kanne-Mama, die immer gleich überschwappt, wenn etwas sie bewegt.

Erst mal plaudern wir ein bisschen über den zurückliegenden Invitro-, Schwangerschafts- und Geburtskram. Dann fragt mich die Beraterin, was sie für mich tun kann. Irgendwie reagiert mein Stilldemenz-geplagtes Hirn auf diese doch so typische erste Frage total unvorbereitet. Verdammt, was will ich hier und heute eigentlich? Ein wenig planlos stöbere ich in meiner Schublade voller Selbstzweifel und krame alle hervor, die mit einer Sehbehinderung und der gleichzeitigen Mutterrolle zu tun haben könnten. So ... jetzt Gedanken bündeln und als Hauptsorge auf den Tisch legen. „Ich will bei meiner Tochter nichts versäumen, nur weil ich schlecht sehe, was sie gerade tut. Sie soll sich genauso gut entwickeln können wie ein Kind von sehenden Eltern." Dann platzt mein geschnürtes Bündel plötzlich auf, und all meine Bedenken purzeln ungefiltert heraus: „Was ist, wenn mein Kind nicht lernt, wie man selbstständig isst, puzzelt, bastelt oder Fahrrad fährt?" Die Beraterin vervollständigt: „Oder was ist, wenn es in die Schule kommt, und noch nicht mal richtig schreiben und lesen kann?" Ich verstehe, was sie damit meint, und gelöst lachen wir über meinen Anflug von Hysterie. Also wühle ich jetzt erst mal meine Bedenken das Säuglingsalter betreffend hervor. „Ich will die Signale meiner Tochter erkennen, sie verstehen lernen, solange sie noch nicht mit mir sprechen kann, und ich würde so gern mal Blickkontakt mit ihr haben." Wenn uns also ab und zu mal jemand bei unserer Interaktion beobachten könnte, bekäme ich vielleicht heraus, ob meine Tochter mich gerade anschaut und mir zuhört.

Die Sozialpädagogin versteht mich jetzt und bietet mir an, mich und mein Baby einmal wöchentlich zu beobachten und mir ihr Feedback zu geben, so lange, wie ich das brauche, um sicherer zu werden. Ich bin erleichtert und sehr dankbar für dieses herrliche unbürokratische Angebot. Ist doch toll, dass jetzt jemand ein Auge auf uns hat. Mami will ja nix vermasseln, erzähle ich meiner Tochter auf dem Heimweg, und küsse ihr baumwollbemütztes, süß nach Calendula duftendes Köpfchen. Aber ich bin nicht sicher, ob ihr Schweigen ein abwartendes Zuhören bedeutet oder doch nur ein selbstvergessenes Vor-sich-hin-Dösen angesichts des auf- und abwippenden Tragesacks.

Im Kinderzimmer angekommen, will ich gleich mal die Sache mit dem Blickkontakt ausprobieren und bette Lüttchen auf den Wickeltisch unter die helle Lampe, die ich mir extra zu Beobachtungszwecken habe anbringen lassen. Denn wenn ich noch Details in einem Gesicht erkennen kann, dann nur bei sehr heller Beleuchtung. Dicht beuge ich mich über das halb nackte strampelnde Wesen und suche dessen Kulleraugen. Zu fixieren fällt mir schwer, da mein linkes Auge immer zur Seite wegrollt. Wäre schön, wenn jetzt wenigstens mein Baby nicht den Kopf drehen würde. Ich beginne in zärtlichem Singsang: „Jetzt zeig doch Mami mal, was für schöne Augen du hast. Wo sind die Äugelein?" Lüttchen hält ganz still. Sie scheint Interesse an dem Suchspiel zu haben. Dann huscht etwas Dunkles, Glänzendes in mein enges Blickfeld. Aah, freue ich mich. Kulleraugen gefunden, Kontakt hergestellt. Ob sie jetzt dunkelgrau oder dunkelblau sind, kann ich nicht sagen, und auch Freunde und Familie sind sich darüber uneinig. Glücklich nehme ich meinen Singsang wieder auf. Jetzt noch leiser, als ob wir eine geheime Entdeckung miteinander teilten. Da sind sie ja. So hübsche Augen hat mein Baby, und wie schön die funkeln, ei fein. Lüttchen beginnt wonnig zu glucksen, ihre klebrigen zarten Hände wollen mich schnappen und umfangen mich mit babycremigem Duft. Oxytocin flutet meine Hirnschranken, strömt in Brust und Bauch, macht mir feuchte Augen und ich muss Bäckchen küssen. Ich spüre, wie ich süchtig werde nach dieser unvergleichbar weichen Haut, die man einfach streicheln muss. Und obwohl meine Augen die beiden anderen schon wieder verloren haben und bereits erneut danach suchen, habe ich Kontakt mit meiner Tochter; bin ihr ganz nah. So nah, wie es eben geht, ohne sie noch bei mir im Bauch zu tragen. Wir kuscheln und füllen unsere Tanks mit Liebe. Ich vergesse, dass mein Arm eingeschlafen ist, dass ich eigentlich dringend aufs Klo wollte, und dass eine volle Häufchenwindel noch neben mir liegt, die ich vielleicht zuvor hätte schließen sollen.

Kein Tag wie jeder andere

„Was ist das denn? Ach, mein Radiowecker, könnte Lady Gaga sein. Hoffentlich kein schlechtes Omen für diesen Tag." Nun kommen Lokalnachrichten: Wieder 40 Personen in privater Wohnung kräftig gefeiert, bis die Polizei kam. – „Jetzt aber raus aus dem Bett, Ursel ist auch schon auf. Wieder verdammt dunkel heute." Kurz gewaschen und Zähne geputzt. „Guten Morgen." „Hallo." Ich fasse nach dem Küchenstuhl, gieße den fertigen Tee in die Tasse und merke am Gewicht und dem Geräusch, dass sie voll ist. Mein Frühstücksbrot riecht gut, halb Wurst, halb Käse. Zunächst höre ich klassische Musik und dann einen aktuellen Spiegelartikel vom Smartphon mit Sprachausgabe. Nun genug getrödelt, bald kommt der Besuch. „Soll ich das Wohnzimmer saugen?" Ursel: „Nein, das geht bei mir schneller und ohne Kratzer an der Kommode. Hast du denn schon die Treppe geputzt?" „Ja, gestern Abend. Wenn du jetzt den Kuchen bäckst, gehe ich zum Supermarkt." Einkaufen ist für mich zwar etwas stressig, aber man kann es auch mit Humor nehmen.

Da ich keinen Augenarzt gefunden habe, der mich für führerscheintauglich hält, besitze ich aus Überzeugung ein vorbildliches ökologisches Bewusstsein und gehe meistens zu Fuß. Ich suche wieder einmal zwei Einkaufstaschen und meinen weißen Langstock und los geht's.

Im nächsten Selbstbedienungsladen weiß ich „leidlich" Bescheid. Die Gänge zwischen den überladenen Regalen sind oft so eng, dass ich mir vorkomme wie ein Kamel, das durch ein Nadelöhr in den Konsumhimmel gelangen will. Die Geschäftsinhaber tun wirklich etwas für die Fitness ihrer Kundschaft. Abgestellte Paletten und leere Kartons muss man sportlich im Slalom nehmen und bieten ein gutes Stolpertraining. Von einem Behinderten erwartet man ja, dass er nicht unnötig aneckt, und um nicht anderen Kunden teures Fersengeld geben zu müssen, ziehe ich meinen Einkaufswagen brav hinter mir her. Außerdem möchte ich niemandem die Kauffreude trüben.

„Nehmen wir zwei Tafeln Schokolade mit den ganzen Mandeln? Nein, drei, oder besser vier, wenn ich einmal einen Riegel essen will, haben die Kinder oder der Besuch immer alles aufgegessen!"

So erfahre ich beiläufig, was ich Leckeres probieren sollte. Wir brauchen heute zwar nur noch Brot, Aufschnitt, Käse, Eis und Wein, aber ich lasse mich gerne vom allgemeinen Kaufrausch anstecken: Alles ist ja hier viel billiger, sodass auch ich nach „Gaumenlust" mehr einkaufen kann, als wir brauchen.

Im ersten Gang, letztes Regal rechts, fühle ich nach der Verpackung und finde gleich unser gutes Vollkornbrot. Um die Ecke links ist schon der Rotwein für die Lockerungsübungen der Seele nach der Arbeit. Ich orientiere mich an der Flaschenform und frage einen Mitalkoholiker ersten Grades hinter mir: „Ist das Beaujolais?" „Genau, kostet 4,98 €." Treffer, der Abend ist gerettet.

Dann erkundige ich mich wegen der Enkelkinder bei einer warmen Frauenstimme neben mir nach einer Packung Eishörnchen Erdbeere. „Die suche ich auch, soll ich Ihnen eine mitbringen?" Ich bedanke mich so charmant ich kann. Von der netten Verkäuferin, die, wie sie mir sagte, in Izmir geboren ist, lasse ich mir ein Kilogramm Äpfel abwiegen. Ich erkundige mich bei ihr: „Welche Sonderangebote haben Sie heute?"

„Gurken, für nur 58 Cent. Ich suche Ihnen eine schöne große aus."

An der Fleisch- und Käsetheke habe ich meine Wünsche beim dritten Anlauf entschlossen an die Frau gebracht, schließlich kann auch ich nicht warten bis der Laden schließt.

Fast hätte ich es vergessen, meine Lieblingsdose für den letzten Hunger vor dem Schlafengehen, Thunfisch in Gemüse. Die fünfte Dosengruppe rechts, die kleine, flache Konserve muss der Thunfisch sein. An den Bohnen und dem Pichelsteiner Eintopf kann ich auch nicht achtlos vorbeigehen.

Mein Einkaufswagen ist inzwischen halb voll. Ob ich mit 30 Euro hinkomme? Die Preise kenne ich im Groben. Überschlägig gerechnet müsste das Geld ausreichen. Außerdem wird man wegen eines armen Blinden nicht gleich die Polizei rufen, man ist schließlich einschlägig bekannt.

Ich zahle, das Wechselgeld müsste stimmen. Dann lade ich meine Taschen voll. Meine Frau wird sicher klagen, ich hätte zu viele Dosen gekauft, aber wenn Papa sonntags kocht, will ich nicht drei Stunden in der Küche stehen. Und als idealer Partner habe ich jedenfalls meinen guten Willen bewiesen.

Ich trete den Heimweg an. Die Arme werden lang und länger und das Pendeln mit dem Stock wächst sich zur Plage aus. Endlich habe ich es geschafft.

Abgekämpft sinke ich in der Küche auf einen Stuhl. Zur Stärkung und Selbstbelohnung esse ich jetzt erst einmal meinen Thunfisch in Gemüse. Reine Biokost: Keine Hormone, ohne Antibiotika, kein Fleisch aus tierquälerischer Haltung. Die 100 g Fischportion wird doch auch nicht gleich die ganze Art bedrohen. Und ich kann als Leichtgewicht die paar Schwermetalle darin sicher gut gebrauchen. Ich öffne die Dose. Wie das duftet! Wie das duftet? Wie riecht das eigentlich?

„Was isst du denn da?", will Ursel wissen.

„Möchtest du probieren?"

„Das ist ja Katzenfutter!"

Man sieht, dass man auch von seiner Lieblingsspeise vorher Freund oder Feind probieren lassen sollte.

„So ein Mist! – Dann bringe ich die Dose nachher Peter, dem Mäuseschreck unserer Nachbarn, dem wird mein Thunfisch in Gemüse Spezial sicher herrlich schmecken und ich mache mich noch beliebt."

Jetzt geht's aber ans Hühnchen-Curry. Erst einmal die Hände waschen. Dann schäle ich zwei Zwiebeln und schneide sie und ein Stück Sellerie klein. Dann suche ich die Gewürzgläser zusammen, die mit Punktschrift versehen sind und verschiedene Formen haben. „Hast du die Champignons geputzt?"

Ursel: „Ja, das Fleisch ist auch schon gewaschen und gewürfelt."

Den Schmortopf stelle ich vorne rechts auf den Herd, gieße drei Sekunden Öl aus der Flasche in den Topf und fühle mit dem Finger am Boden nach, noch etwas mehr. Am Herd bewege ich den Drehschalter vier Knacks nach links auf Stärke sechs. Als der Topf heiß wird, brate ich das Fleisch an, salze und streue drei Teelöffel Curry und eine Prise Majoran darüber. Mit dem Messer rühre ich um und fühle, wie weit es ist. Jetzt riecht's brenzlig, das ist genug.

Das Fleisch schabe ich auf einen Teller, gieße noch etwas Öl nach und brate nun Zwiebeln, Sellerie und die Champignons an. Salz und etwas Zitronensaft hinzugefügt. Nun Deckel da-

rauf, auf Stärke drei drehen und den Timer vom Smartphon auf
15 Minuten stellen.
Das ist geschafft! Ich mache eine kleine Pause und setze mich
zur Entspannung hin. Dann helfe ich noch etwas beim Klein-
schneiden der Zutaten für den Salat.
Ursel stellt die Nudeln und den Brokkoli auf.
Das Handy dudelt schon. Ich füge die Hühnchenwürfel hinzu,
drei Esslöffel Erdnussbutter, Sojasauce und eine halbe Tasse
Wasser. Alles wird gut umgerührt und der Deckel wieder auf-
gelegt. Den Timer auf zehn Minuten stellen und alles köcheln
lassen.
In der Zwischenzeit öffne ich auf dem elektronischen Mäuse-
klavier die App für's Fernsehen, suche für abends nach einem
schönen Hörfilm und stelle fest, dass per E-Mail eine Einladung zum Betriebsausflug gekommen ist.
Als der Timer sich meldet, stelle ich das Essen auf Warmhalten.
Da klingelt es auch schon an der Tür. Wir setzen uns die Masken auf und Ursel öffnet.
„Hallo, wer ist denn da?"
Unsere Tochter Julia, Schwiegersohn Thomas und die Enkelkinder Hannah, sechs, und Tina, vier Jahre kommen herein. Bei
der Begrüßung bleiben wir alle etwas betreten auf Abstand. An
zwei getrennten Tischen nehmen wir im Wohnzimmer Platz,
wo die Fenster auf Kippe stehen. Wir unterhalten uns über die
Ereignisse der letzten Woche und die lieben Verwandten. Zum
Essen nehmen wir endlich die blöden Masken ab.
Es schmeckt allen gut. Danach fragt Hannah: „Gibt es auch ei-
nen Nachtisch?"
Ursel: „Haben wir ganz vergessen, oder sollen wir im Gefrier-
fach nachsehen?"
Hannah: „Da gibt es bestimmt ein Eis für uns!"

Alle schlecken genüsslich.

Thomas: „Jetzt müssen wir aber einmal kräftig querlüften gegen die Viren."

Julia: „Wir wollten doch gleich spazieren gehen."

Tina: „Wo gehen wir denn hin?"

„In den Wald, zum Bach", schlage ich vor.

Wir ziehen uns an, ich nehme Schlüssel und Stock, hake mich bei Ursel ein und los geht's.

Hannah: „Die Bäume hier blühen aber schön."

Ich erkläre ihr: „Das sind Linden, und riech mal, das duftet ganz toll. Wenn ihr stehen bleibt, könnt ihr auch oben in den Wipfeln einen großen Bienenschwarm brausen hören."

Im Wald sammeln die Kleinen Zapfen und spielen Verstecken.

Julia fragt: „Vögel sind doch dein Hobby. Welche kann man denn jetzt hören?"

Ich deute etwas nach rechts oben. „Da müsste etwa in vier bis fünf Metern Höhe eine Singdrossel sitzen, die wiederholt ihre verschiedenen klangvollen Rufe meistens drei- oder viermal."

Julia: „Wie sieht sie denn aus?"

„Ein oliv-bräunlicher Vogel, am Bauch gepunktet in Amselgröße."

Julia: „Jetzt sehe ich sie."

„Hörst du auch diese hellen kräftigen Triller? Das ist ein kleiner Zaunkönig und weiter hinten ein Rotkehlchen mit zartem, perlendem Gesang, aber wahrscheinlich hinter Laub versteckt. Bei den lieblichen Tönen sollte man nicht glauben, dass sie sehr kämpferisch ihr Revier gegen Konkurrenten verteidigen."

Julia: „Gibt es hier auch Nachtigallen?"

„Ja, im Gebüsch am Waldrand habe ich schon eine gehört. Nun Ende Juni singen sie fast nur noch ganz früh morgens. Am Tag müssen sie ihre Jungen versorgen, da bleibt wahrscheinlich wenig Zeit zum Jubeln."

Wir kommen zum Bach. Tina und Hannah suchen Steinchen und werfen sie ins Wasser.

Ursel: „Da vorne ist ein großer Baum über den Bach gekippt." Thomas hält die Kleinen fest, während sie über den dicken Stamm klettern. Auf dem Rückweg fragt Tina: „Opa, kannst du mich tragen?"

„Aber nur ein kleines Stück."

Hannah will nun gerne auf Papas Rücken.

Bei uns angekommen, gibt es Kaffee, Kuchen und Saft, doch das Wichtigste ist natürlich die Sahne. Dann gehen wir noch etwas in den Garten. Abwechselnd reiten die Mädchen auf dem Hüpfball über den Rasen.

Hannah: „Da sitzen ja ein rötlicher und ein bunter Schmetterling auf dem Strauch."

Ich fühle die Blätter und die ersten Blütenrispen an. „Das könnten ein Fuchs und ein Pfauenauge sein, die mögen die süßen Blüten vom Sommerflieder sehr."

Hannah: „Opa, bist du schon immer blind?"

„Als Kind nicht. Da bin ich wie ihr überall herumgesaust, und jetzt kann ich noch sehen, wenn etwas ganz hell oder ganz dunkel ist ... Ich weiß aber noch, dass diese vielen Blüten an diesem Strauch hier schön lila aussehen, bei anderen sind sie manchmal auch rosa oder weiß."

Da es etwas kühl wird, gehen wir wieder ins Wohnzimmer. Ursel holt für die Kleinen zwei Puzzles und Spielzeug, mit dem sie sich etwas beschäftigen. Plötzlich drückt mir Tina ein Kinderbuch in die Hand: „Kannst du mir etwas vorlesen?"

„Das geht leider nicht."

Hannah: „Du kannst uns aber noch eine Geschichte von früher erzählen."

Ich überlege: „Als ich so im ersten Schuljahr war, habe ich gerne mit meinen Brüdern nicht weit von unserem Haus auf einer Wiese und am Bach gespielt. Da gab es schöne Sumpfdotterblumen, Wiesenschaumkraut, Hahnenfuß und sogar Wildorchideen. Unsere Mutter hat sich gefreut, wenn wir ihr manchmal davon einen kleinen Strauß mitbrachten. Eines Tages kamen wir auf die Idee, im Bach eine Staumauer zu bauen. Wir haben Steine und dicke Grasfladen vom Ufer losgerissen und mit viel Erde ins Wasser geworfen, bis ein schöner Damm entstanden war. Die Lücken haben wir mit Schlamm gut zugeschmiert. Das Wasser staute sich langsam. Dann mussten wir aber nach Hause, weil es Abendbrot gab. Am nächsten Tag gingen wir wieder zum Bach. Der Damm hatte gehalten und das Wasser war schön gestiegen und lief seitlich über.

Plötzlich kam ein Mann. ‚Ihr Lausebengel, wollt ihr mir die Wiese kaputt machen? Das kommt sofort wieder weg, los!'"

Hannah: „Warum war das denn so schlimm?"

„Ich denke, wenn die Wiese zu nass ist, kann man da vielleicht kein Heu machen. Wir haben dann in der Mitte vom Damm einige Grasballen und Steine weggenommen. Erst floss wenig Wasser, dann immer mehr, und schließlich hat die Strömung von unserer schönen Staumauer immer mehr mitgerissen. Das war zwar traurig, doch toll zu sehen, wie der Bach da wieder durchgesaust ist."

Tina klettert mir auf den Schoß: „Erzähl uns noch eine Geschichte."

Ich zögere, setze mir dann aber doch die Maske wieder auf und kitzele sie etwas: „Ob mir noch etwas einfällt? Hm. – Meine beiden älteren Brüder hatten zwei Hamster. Die waren in einem

Käfig mit viel Sägemehl untergebracht. Am Tag versteckten sie sich meistens in einer zurechtgebastelten Zigarrenkiste. Sie hatten natürlich einen Napf mit Wasser und einen mit Körnern und Stückchen von Gemüse. Die haben sich immer die Backen ganz dick vollgefressen. Weil es im Käfig ziemlich eng war, ließen meine Brüder die Hamster manchmal in unserem Wohn- und Esszimmer laufen. An einem Tag, an dem mir langweilig war, holte ich den dickeren aus dem Käfig. Plötzlich war er weg. Ich suchte unterm Schrank, in allen Ecken, unter der Bank und fand ihn nirgends. Meine Brüder suchten später mit und schimpften, doch er blieb verschwunden. Am nächsten Tag rief meine Mutter: ‚Kinder, kommt mal. Was ist denn das?' Sie zeigte in der Abstellkammer auf einen rötlichen feuchten Fleck am Boden. ‚Kann das Hamsterpipi sein?' Meine Brüder mein- ten: ‚Bestimmt, die haben gestern etwas Rote Beete bekom- men.'

Nun wurde die Abstellkammer genau durchsucht. Und tat- sächlich, in einem alten Karton mit ein paar Lappen fanden wir den Hamster. Er hatte ein kleines Stoffstück schon ziemlich zernagt und sich eine Art Nest gebaut. Alle waren froh, dass er wieder da war, und er kam natürlich gleich wieder in den Käfig.

Ein paar Tage später stellten wir fest, dass der Dicke vier Junge bekommen hatte.

Als die Jungen größer wurden, war der Käfig viel zu eng. Erst wollten wir, dass unsere Eltern einen zweiten Käfig besorgen, doch die meinten, es sei zu wenig Platz. Dann haben meine Brüder gehört, dass man in der Zoohandlung für einen kleinen Hamster eine Mark bekommt. Mit Mark hat man früher be- zahlt, so wie heute mit dem Euro. Da haben sie die Jungen für vier Mark verkauft. Wie viel hat dann jeder von beiden bekom- men?"

Hannah fasst an ihre Finger. „Zwei Mark natürlich."

„Du bist aber schlau!"

Julia: „Jetzt müssen wir aber wieder nach Hause fahren."

Tina: „Opa, kommst du mit?"

„Heute nicht, aber wir besuchen dich bald, spätestens zu deinem Geburtstag."

Nachdem alle Sachen gepackt sind, gehen wir mit zum Auto und winken bei der Abfahrt.

„Ursel, es ist noch so schön mild. Hast du Lust auf eine kleine Tandemtour?"

Ursel: „Nein, Julia hat zwar die Spülmaschine schon eingeräumt, aber ich will noch etwas aufräumen."

„Soll ich mithelfen?"

Ursel: „Du kannst mit mir den Ausziehtisch zusammenschieben."

Danach nehme ich Schlüssel und Stock und mache noch einen kleinen Spaziergang um den Block. Ein Nachbar grüßt mich, bleibt etwas auf Distanz und wir unterhalten uns kurz über das Wetter und das Impfen gegen Corona. Sein Hund tappt ganz nah zu mir, und ich kraule ihn im Nacken.

Nachbar: „Willst du dir nicht doch einen Führhund anschaffen?"

„Wenn ich alleinstehend wäre, würde ich es sicher tun. In schwieriger oder unbekannter Umgebung hilft er enorm. So ein Tier macht einen auf Treppen aufmerksam, findet auch Eingänge zu Geschäften."

Nachbar: „Am schnellsten natürlich zum Metzger."

„Wahrscheinlich, aber man hat auch einige Arbeit. Vor allem müsste ich dann morgens auch bei Kälte und Regen so früh Gassi gehen."

Als ich weitergehen will, warnt er mich noch vor einem Mülleimer, der in etwa 20 Metern Entfernung auf dem Bürgersteig steht. Beim Laufen halte ich mich an den inneren Wegrand, spüre die Abendsonne im Gesicht. Der Wind kommt heute anscheinend aus Südost.

Links flötet aus den Sträuchern eine Mönchsgrasmücke kräftige Töne und gegenüber ist das kleine heisere Lied eines Hausrotschwänzchens von einem Dach zu hören. Der leichte Duft einer blühenden Ligusterhecke steigt mir in die Nase.

Auf dem Rückweg an der Kreuzung vor unserem Haus bleibe ich abrupt stehen, weil fast geräuschlos ein Elektroauto vorbeirollt, leider ohne jeden akustischen Ortungston.

Zu Hause lege ich mich etwas aufs Sofa. Dann bereitet Ursel das Abendessen vor. Ich gehe in die Küche.

Ursel: „Was von mittags noch übrig war, habe ich auf einem Teller schon in die Mikrowelle getan."

Ich stelle das Gerät auf drei Minuten, eine Einstellung, die von uns mit einem Klebepunkt markiert wurde. Wir teilen uns den Rest. Dann mache ich mir noch ein Käsebrot und trinke einen Kräutertee dazu.

Ursel: „Weißt du, was es heute Abend im Fernsehen gibt?"

„Laut meiner TV-App ein Tatort als Hörfilm."

Nach der Tagesschau werden dann tatsächlich bei dem Krimi in den Sprechpausen Zusatzerklärungen gegeben, sodass ich der Handlung wunderbar folgen kann.

Anschließend unterhalten wir uns noch über den Besuch und knabbern ein paar Erdnüsse.

Da klingelt das Telefon. Ursel geht an den Apparat. „Dein Bruder Klaus. – Bei uns ist auch alles in Ordnung. – Das ist ja toll! – Hast du die Ferienwohnung in Avignon schon gebucht? – Und in Hyères auch? Super! – Wann genau? – Ab 2. September, jeweils eine Woche. – Wunderbar. – Was wird es nun kosten? – Damit haben wir etwa gerechnet. – Vielen, vielen Dank! Schönen Abend und herzliche Grüße an Angelika."

Begeistert springe ich auf und lege einen Arm um Ursels Schulter. Unser gemeinsamer Urlaub in der Provence mit meinem Bruder und unserer Schwägerin ist perfekt! Mit einem Glas Rotwein stoßen wir auf diese freudige Nachricht an. Ich erzähle Ursel, dass ich schon das Hörbuch „Jacobus" ausgeliehen habe, ein historischer Roman, der zur Zeit der Päpste in Avignon spielt und auch die Auseinandersetzungen mit dem reichen Templerorden schildert. Für morgen nehme ich mir vor, bei Wikipedia nachzulesen, was es außer dem Papstpalast und Bauwerken aus der Römerzeit für Sehenswürdigkeiten in der Gegend gibt. Auch Hyères soll eine bemerkenswerte mittelalterliche Altstadt haben und in der Nähe wunderbare Strände und Naturschutzgebiete.

Allmählich werden wir müde. Wir gehen ins Bad und machen uns nachtklar.

Als ich im Bett liege, muss ich daran denken, dass wir bald durch prachtvolle Paläste und Kirchen gehen, die mir Ursel genau beschreiben wird und wo ich vielleicht auch manches anfühlen kann. Bevor ich einschlafe, stelle ich mir vor, wie wir Hand in Hand über heißen Sand ins spritzende Wasser laufen und ich mit ruhigen Schwimmzügen durch die angenehmen Fluten des Mittelmeers gleiten werde.

SEBASTIAN SCHULTE, DELBRÜCK
Das Schweigen der Schmerzen

Du leidest seit Jahren einen stillen Krieg. Dieser Krieg ist auch hausgemacht durch die Leute in Deinem Haus. Und doch bist Du in Deiner Schwäche stark, schießt gerne mal aus Verzweiflung Pfeile ab, die nur zu gut klarmachen, wie sehr Du leidest. Die Verwirrtheit, der geistige Abbau, der Dich umgibt, er lässt Dich nicht kalt, Du schreist, schreist nach Zerstreuung, schreist nach Sicherheit und danach, keine Geheimnisse haben zu müssen. Niemand kann sehen, was Du durchmachst, aber glaube mir, ich leide mit. Möchte manchmal eher Du sein als ich, wobei ich auch sehe, dass Du mir die Struktur gibst, die Du an mir manchmal vermisst. Es ist ein Wirken von Dir.

Du möchtest auch, dass ich ein anderer bin, an Ideen mangelt es nicht, es mangelt an den Gedanken, das Für und Wider, zumal manche meiner Vorhaben viel Streit hervorgebracht haben. Und die Zeiten, die strukturarm, wenn nicht sogar strukturlos waren, sie sind Kerben. Narben, die nicht verheilen.
Aber Du hast noch klare Sicht. Eine Sicht, die Dir das Leben nicht einfacher, aber aushaltbarer macht. Gerne möchte ich mehr helfen, sehe aber, dass das Vertrauen trotz aller Bekenntnis nicht das ist, was man als gesichert betrachten kann.
Und doch ist der Wille da, der besser ist als der, der jetzt mit Dir lebt. Wir machen das Beste daraus, was wir tun können. Wir versuchen es.
Du gehst den Weg, der dafür gut ist, Dein Leiden zu mindern. Du bist 60, aber Du hast eine Energie, die die Ausstrahlung einer Jugendlichen hat. Glaube mir, ich brauche Dich und ich möchte Deine Lehren auch annehmen.

Mir kommen immer wieder Deine Verzweiflungsakte in den Sinn, die verzweifelten Schimpfworte, die mich bis heute verfolgen.

Dann sind da noch meine Untaten, die zum Unfrieden in der Familie geführt haben.

Meine Ausraster gegenüber meiner Schwester, die Phase, in der mich die Patentante meines Neffen enttäuscht hatte, bezüglich des Umgangs gegenüber mir. Ein wahres Wort hätte genügt, und es wäre nicht so weit gekommen. Ein Wort, das vielleicht nur durch die Blume fiel, von ihr.

Das alles tut mir leid. Ich liebe Dich, ich liebe Dich so, dass ich Dir helfen möchte, so gut es geht.

Du bist meine beste Freundin, Mama.

Sechs Punkte für Justitia

Andreas Reimann lehnt sich in seinem Stuhl zurück. Er nimmt seine Brille ab, legt sie vor sich auf den Tisch und reibt sich mit Daumen und Zeigefinger die Nasenwurzel. Seit fünfunddreißig Minuten sitzen sie nun schon hier in dem kleinen Gerichtssaal. Soeben hat der Vorsitzende Richter, ein kleiner, älterer, nicht unsympathischer Mann, sich bei ihm bedankt und das Wort an seine Mandantin gerichtet. Diese, die ganze Zeit schon aufmerksam bei der Sache, räuspert sich, setzt sich kerzengerade hin und überprüft noch einmal ihre Unterlagen, die ordentlich vor ihr liegen.

Seine Mandantin. Er mustert sie kurz von der Seite. Vor einem knappen Jahr war sie eines Tages in seiner Kanzlei erschienen. Sie hatte telefonisch den Termin mit seiner Sekretärin abgesprochen; er kannte sie nicht.

Nach seinem „Herein" öffnete sich die Tür und er sah ihr freundlich entgegen. „Einen kleinen Moment bitte noch, aber nehmen Sie doch schon einmal Platz!" Er schrieb schnell noch eine Notiz in die vorherige Akte, legte den Ordner beiseite und wandte sich ihr zu. Sie hatte die Tür hinter sich geschlossen, stand aber immer noch abwartend da. Ein leises Lächeln umspielte ihre Lippen. Sie war einige Jahre älter als er, das sah er sofort. Sie trug schmal geschnittene Jeans und einen sportlichen Blazer. Bei ihrer schlanken Figur konnte sie sich das durchaus erlauben. Doch er stutzte leicht, als sein Blick auf den weißen Stock fiel, den sie senkrecht vor sich hielt.

Er schmunzelt leicht in sich hinein, als er nun an diesen Moment zurückdenkt. Bewundernd schaut er zu, wie sie neben ihm mit den Fingern über ihre Papiere wandert. Sie sucht die

Antwort auf eine Frage des Richters, denkt er. Inzwischen hat er sich daran gewöhnt, dass seine Mandantin nicht mit üblichen Notizen umgeht, sondern sich alle wichtigen Details in Punktschrift notiert. Er muss zugeben, dass er sich vor ihrem Auftauchen noch nie mit dem Thema beschäftigt hatte. Wieder schweifen seine Gedanken ab.

„Frau Schuster? Antje Schuster?" Er stand auf, kam um seinen Schreibtisch herum und schüttelte ihr zur Begrüßung die Hand. „Bitte setzen Sie sich doch!" Er half ihr zum nächsten Stuhl und setzte sich ihr gegenüber wieder auf seinen Platz. „Herr Reimann, Sie müssen mir helfen. Eine Bekannte hat Sie mir als guten Scheidungsanwalt empfohlen." Sie erzählte ihm damals ihre ganze Geschichte. Auch da hatte sie schon Blätter mit Punktschrift dabei. Fasziniert schaute er zu, wie sie immer wieder mit ihren Fingern darüber hinwegglitt und fast mühelos alles Wichtige darlegen konnte, trotz ihrer offensichtlichen Aufregung. Hinterher war er innerlich ganz aufgewühlt. Unzählige Male hatte er solche Geschichten schon gehört, aber hier lagen die Dinge doch etwas anders. Frau Schuster hatte schon immer Probleme mit ihren Augen gehabt. Als die Sehbeeinträchtigung schlimmer wurde, musste sie ihren geliebten Beruf aufgeben und war nun, inzwischen fast völlig erblindet, ihrem Ehemann nur noch ein Klotz am Bein. Obwohl sie die Firma gemeinsam aufgebaut hatten, wollte er seine Frau nicht mehr haben. Ja, er versuchte sogar, sie mit unlauteren Mitteln aus seinem Leben zu vertreiben.

Wieder sieht er im Jetzt und Hier zu ihr hinüber.

Sie scheint etwas zu suchen in ihren Aufzeichnungen. Ihre Wangen sind leicht gerötet. Sie weiß, dass der heutige Termin wichtig für sie ist. Zu lange gehen die Streitereien schon hin und her.

Andreas Reimann schaut unauffällig zu ihrem Noch-Ehemann hinüber. Der sitzt mit verschränkten Armen lässig weit nach hinten gelehnt da. Dieser arrogante Mensch versucht selbst jetzt noch so zu tun, als sei er die Wahrhaftigkeit in Person und seine Frau ein kleines Dummchen! Nun, wir werden sehen.

Antje Schuster erzählte ihm damals, wie schwer es zunehmend für sie wurde, ihre alltäglichen Aufgaben zu meistern. „Ich musste ja alles so erledigen wie andere auch, nur dass ich halt sehen musste, wie ich zurechtkomme." Bei diesem ersten Termin in seiner Kanzlei blieb es natürlich nicht. Er bewunderte mit der Zeit ihren Mut und ihre Zielstrebigkeit. Und immer wieder ihre Punktschriftaufzeichnungen. Dieses System aus sechs Punkten, das war für ihn schon visuell ein Rätsel. Aber wie sie damit umging, wie ihre Finger darüberglitten, tastend, an manchen Stellen verharrend, immer wieder mal eine Zeile wiederholend, als ob sie noch einmal darüber nachdenken müsste.

Er vertrat sie gern vor Gericht. Sie war eine intelligente Frau.

Er schreckt aus seinen Gedanken auf und räuspert sich leicht. Frau Schuster neben ihm legt fast unmerklich mit dem Kopf schüttelnd ihre Unterlagen beiseite.

Andreas Reimann schaut zu Herrn Schuster hinüber. Hat er was verpasst? Die lässige Arroganz ist verschwunden, mit aufgerissenen Augen schaut er gerade aufgerichtet zum Richter. Dieser sieht ihn mit seinen klugen grauen Augen über den Rand seiner Lesebrille hinweg an. „Tja, Herr Schuster, hier stimmt ganz offensichtlich mit Ihren Angaben, die Sie uns gegenüber gemacht haben, etwas nicht. Ihre Frau hat sich wesentlich besser vorbereitet als Sie. Nun müssen wir die Sachlage noch einmal gründlich prüfen. Die Sitzung wird vertagt! Auf Wiedersehen!"

Reimann schaut zu seiner Mandantin. Dieses leichte Lächeln, das er nun schon an ihr kennt, umspielt ihre Mundwinkel. Gemeinsam verlassen sie den Gerichtssaal. Mit hochrotem, zornigem Gesicht eilt Herr Schuster an ihnen vorbei zum Fahrstuhl. Antje Schuster holt tief Luft. „Was meinen Sie, mein lieber Herr Reimann, jetzt einen Kaffee?"

Er überlegt kurz und nickt. „Gern!"

Später, als sie sich in dem kleinen Café an der Ecke gegenübersitzen, fällt ihm auf, dass sie inzwischen so gelöst ist, wie er sie noch nie erlebt hat. Die Erleichterung lässt ihr ganzes Gesicht strahlen. Er beugt sich leicht zu ihr und meint: „Das ist doch eben sehr gut für Sie gelaufen! Dank Ihrer guten Vorbereitung mit Ihren Punktschriftbögen! Ich bewundere Sie ja, wie Sie das hinkriegen, da sind viele sehende Leute nicht mal halb so gründlich wie Sie!"

„Ja, nicht wahr?" Sie lacht nun fast. „Besonders, wenn man bedenkt, dass auf diesen Blättern mit dieser wirklich und tatsächlich hilfreichen Punktschrift der gesamte Fahrplan der U- und S-Bahnen der Stadt Berlin steht! – Ich habe heute früh in der Eile leider den falschen Stapel erwischt! Aber zum Glück waren Sie ja bei mir! Danke!"

Nun ist es an ihm, ganz tief Luft zu holen.

Er lehnt sich zurück, lässt die Luft langsam zwischen gespitzten Lippen wieder hinaus und muss nun auch schmunzeln.

Habt ihr mich verstanden?

Hallo! Mein Name ist Valentin und ich bin 24 Jahre alt. Seit rund sechs Jahren bin ich Amateurschauspieler. Ja, genau, ich bin Schauspieler und als solcher stehe ich heute hier und spiele einen Monolog. Einen Monolog, den ich selbst geschrieben habe. Jetzt meine Frage: Habt ihr mich verstanden? Habt ihr mich verstanden?! Ich glaube nicht, daher meine Frage: Warum fragt ihr nicht nach? Ist es, weil ihr mich nicht verletzen wollt, oder denkt ihr etwa, ich wäre nicht nur körperlich, sondern auch geistig eingeschränkt? Mit diesem Vorurteil bin ich täglich konfrontiert, und wisst ihr was? Ich habe genug davon! Ich will nicht mehr als „dumm" wahrgenommen werden. Ich möchte, dass mir Menschen mit einem mir gebührenden Respekt gegenübertreten, egal, ob sie mich kennen oder nicht. Und dieser Respekt äußert sich nicht darin, höflich zu nicken, auch wenn ihr mich nicht verstanden habt. Ich kann euch nicht versprechen, dass ihr beim zweiten oder dritten Mal versteht, was ich euch sagen möchte, aber man findet immer eine Möglichkeit zu kommunizieren. Und wenn es ist, dass jemand meine „Sprache" übersetzt.

Wenn ihr aber nicht nachfragt, gebt ihr mir das Gefühl, Angst davor haben zu müssen, mit euch in Kontakt zu treten. Angst haben zu müssen, den Mund aufzumachen. Angst davor, nicht verstanden werden zu können. Diese Angst lähmt mich. Es ist, wie wenn sich mein ganzer Körper anspannt und alles auf einmal steif wie ein Brett wird. Mein Hals schnürt sich zu und ich habe das Gefühl, ich bekäme keine Luft mehr. Dieser Umstand hat mich mittlerweile dazu gebracht, dass ich mich nicht mehr traue, vor fremden Menschen zu sprechen, weil die Reaktion immer dieselbe ist: Betretenes Schweigen oder zustimmendes Nicken, obwohl ihr kein Wort verstanden habt. Aber als Schauspieler will ich genau das tun: Vor fremden Menschen sprechen, vor einem Publikum. Der einzige Weg, den ich bisher gefunden habe, um mich beziehungsweise meinen Kopf auszutricksen, ist Alkohol. Doch das ist keine Lösung. Ein permanenter Alkoholpegel ist KEINE Lösung. Trotzdem gibt mir Alkohol Freiheit, die Freiheit, mich unmissverständlich auszudrücken. Ich selbst arbeite beinahe jeden Tag an meiner Stimme, um als gesellschaftlich vollwertiges Individuum toleriert beziehungsweise akzeptiert zu werden. Doch immer mehr stelle ich mir die Frage, ist das meine Aufgabe? Sollte sich mein Umfeld nicht einfach die Zeit nehmen und mir richtig zuhören? Und jede/r, der/die mir heute Abend erzählt, er/sie war so berührt von dem, was ich heute gesagt habe. Er/Sie wird in Zukunft besser zuhören. Ich glaube euch kein Wort. Schon wenn ihr heute Abend dieses Theater verlasst, werdet ihr in gewohntem Tempo durch die Welt gehen und Menschen wie mich in eure vorgefertigten Schubladen stecken. Kann ich es euch übel nehmen? Nein! Wir werden in eine Welt gedrängt, in der alles schnell und effizient sein muss. Tut es mir weh? Ja! Weil ich weder schnell noch effizient bin.

Und für all jene, die jetzt der Meinung sind, sie haben tolle Ratschläge für mich oder sie wissen genau, wie ich meine Stimme verstärken kann, ihr habt nichts verstanden! Ihr habt keine Ahnung, wie es ist, in meiner Haut zu stecken. Wie viel man trotz harter Arbeit nicht beeinflussen kann. Also bitte überlegt euch zweimal, ob ihr in der Position seid, mir Ratschläge zu geben. Ich traue mich zu sagen, niemand von euch würde es auch nur eine Woche aushalten, mein Leben zu leben, würde es aushalten, dass es euch ständig den Hals so zuschnürt wie mir. Ihr habt nämlich alle keine Ahnung, wie sehr soziale Isolation wehtut. Immer der Ausgeschlossene zu sein, nie nennenswert an einer Diskussion teilhaben zu können, obwohl ich genug zu sagen hätte. Wenn ich es nur sagen könnte. Es tut weh, nur von einer kleinen Personengruppe nicht ausgegrenzt zu werden. Es sind täglich zugeführte Verletzungen, die ich hinter meinem strahlenden Gemüt verstecke.

Mein Name ist Valentin und ich bin 24 Jahre alt. Ich habe eine Sprachbehinderung. Und ich bin Schauspieler.

ROSWITHA SCHÜTZ
Paulchen

Das ist die Geschichte vom kleinen Paulchen.
Eigentlich heißt er Emanuel Paul Lorzing. Er ist das dritte Kind
von Elfriede und Paulus Lorzing. Zusammen mit seinen zwei
Geschwistern, Eva und Bertram, lebt er in der Nähe von München in einem kleinen Dorf namens Piffenhofen.
Paulchen ist drei Jahre alt und vom Gemüt her ein aufgeweckter kleiner Bub, der den Kopf voller Flausen hat und jeden Tag
für Überraschungen sorgt.
Sein kleiner Hund Seppi ist Paulchens bester Freund. Er folgt
ihm auf Schritt und Tritt und zusammen erkunden sie die
Welt.
In Piffenhofen ist die Welt noch in Ordnung. Der Pfarrer in der
kleinen Gemeinde kennt alle seine Schäfchen beim Namen
und wacht über sie. Das Leben beginnt mit der Taufe bei ihm
und endet mit der letzten Ölung.
So versteht sich von selbst, dass auch unser kleines Paulchen
dem Pfarrer bekannt ist. Er hat es selbst vor zwei Jahren und
sechs Monaten in der Dorfkirche getauft, und schon damals
war ihm aufgefallen, dass der kleine Junge anders ist als die
meisten seiner Schäfchen.
Die Taufe sollte am ersten Sonntag des Monats August gegen
9.00 Uhr stattfinden.
Paulchens Mutter Elfriede war schon Tage vorher sehr aufgeregt, schließlich sollte ihr kleiner Engel, der als Nachzügler
nicht geplant, aber doch freudig willkommen geheißen wurde,
voller Stolz der Gemeinde vorgezeigt werden.
Dazu wurde das Taufkleid, in dem schon Vater Paulus und
seine Geschwister Eva und Bertram getauft wurden, nochmal

frisch gestärkt und aufgebügelt. Auch neue Schühchen wurden gehäkelt für das gute Kind. Die Mutter hatte gebacken und beim Herrgott um Sonnenschein für diesen Tag gebetet.

Als der Tag begann und noch keiner ahnen konnte, wie er seinen Lauf nehmen sollte, schien alles perfekt zu sein. Die Sonne schickte ihre ersten zarten Strahlen zur Erde, der Hahn krähte sein Kikeriki und Elfriede und Paulus standen auf, um ihre zwei Großen zu wecken und sich um dies und das zu kümmern. Gegen halb acht wollte Paulchens Mutter ihren kleinen Sohn wecken gehen, das erste Mal in seinem noch jungen Leben. Bis dahin konnte der Kleine immer so lange schlafen, wie er es wollte.

Elfriede ging also zu Paulchens Bett, strich ihm liebevoll über die Stirn und gab ihm einen sanften Kuss auf die Wange. Natürlich passierte erst mal nichts. Paulchen schlief tief und fest, sodass seine Mutter ihn noch ein paarmal streichelte in der Versicherung, dass Paul gleich seine kleinen Äuglein aufmachen und ihr sein Lächeln schenken würde. So wie sie es sonst von ihm gewohnt war. Nur eben mit dem Unterschied, dass ihn da keiner weckte, außer vielleicht die liebe Sonne.

Paulchen hörte irgendwann von fern die Stimme seiner Mutter, die sich immer lauter in sein Bewusstsein drängte und auch nicht wieder gehen wollte. Er spürte die Berührungen auf seiner Haut. Sonst empfand er sie als angenehm, doch jetzt wollte er weiterschlafen und die Hände der Mutter störten ihn dabei.

Sein kleiner Mund öffnete sich, und es kamen die ersten quäkenden Töne heraus. Damit war er sich sicher, würde er Erfolg haben und seine Mutter wieder gehen. Dem war aber nicht so, sodass klein Paulchen sich genötigt sah, seiner Stimme mehr Gehör zu verschaffen. Also schrie er etwas lauter. Als er merkte, dass auch dies nichts half und sich seine Mutter keinen Millimeter von seinem Bett wegbewegte, fing er noch lauter an zu schreien.

Das aber beunruhigte Elfriede so sehr, dass sie Paulchen beherzt aus seinem Bette nahm. Der Bub konnte nun nicht mehr an sich halten und schrie so laut er nur konnte. Wie konnte es die Mutter wagen, ihn aus seinem Bettchen zu holen? Es half ihm aber nichts. Es gab keinen Weg mehr zurück. Elfriede ging mit Paul ins Bad. Vielleicht hilft ein kalter Waschlappen im Gesicht, um ihren Bub wieder zur Besinnung zu bringen. Ein schlechter Gedanke. Paulchen spürte den nassen Lappen im Gesicht und schrie noch lauter als zuvor.

Inzwischen waren, von dem Geschrei aufgeschreckt, alle im Bad versammelt, Papa Paulus, Schwester Eva und Bruder Bertram. So kannten Sie ihren Paul doch gar nicht. Was war nur los. Jeder wollte ihn einmal nehmen und ihn beruhigen, doch keiner hatte eine Chance. Paulchen schrie immerfort.

Seine Mutter wurde inzwischen nervöser, da die Zeit schon ein großes Stück fortgeschritten war. Der Junge aber steckte immer noch in seinem Schlafanzug und nicht im schönen Taufkleid.

Pauls Vater hatte die Idee, dem Jungen erst mal was zu essen zu geben, schließlich würde das Geschrei Kraft kosten. Gesagt getan. Die ganze Familie Lorzing begab sich in die Küche und Paulchen wurde in sein Stühlchen gesetzt. Dort wedelte er mit den Ärmchen und strampelte mit den Beinchen. Elfriede bereitete indes seinen Lieblingsbrei zu, Banane-Grieß, normalerweise Garantie für einen zufriedenen Paul. Ob das auch heute so sein sollte, darauf wollte keiner in der Familie eine Wette abschließen. Paulus nahm den Löffel, rührte den Grießbrei, sprach ein Stoßgebet zum lieben Herrgott und steckte dem weinenden Kind den Löffel in den Mund. Elfriede, Eva, Bertram und Paulus hielten den Atem an! Und Paulchen, er genoss den süßen Brei und für eine Sekunde vergaß er seinen Kummer. Sogleich wurde der Löffel vom Vater wieder mit süßem Brei gefüllt. Das ging so weiter, bis das Schüsselchen leer und Paulchen voll war. Alle in der Familie waren selig, da Paul jetzt Ruhe gab und das Taufprogramm weitergehen konnte. Doch wie es im Leben so spielt, sollte man den Tag nie vor dem Abend loben. Paulchen hatte zwar brav den Brei gegessen, aber nicht vergessen, dass er unsanft geweckt wurde und zurück in sein Bettchen wollte. Also fing sein Geschrei wieder von vorne an. Alles Wiegen und Zureden von Mutter und Vater hatte keinen Sinn. Er schrie! Was sollten seine Eltern jetzt nur tun? Habt ihr vielleicht einen Rat?

Mutter Elfriede legte Paul wieder in sein Bettchen und es vergingen keine fünf Minuten, da schlief der Junge an seinem Daumen nuckelnd ein. Sie ging zurück in die Küche. Völlig erschöpft ließ sie sich neben ihren Mann auf die Ofenbank fallen. Das hatte Kraft gekostet. Jetzt erst mal durchschnaufen und wieder zur Besinnung kommen. Doch dafür sollte keine Zeit bleiben. Denn plötzlich klangen von fern die Kirchenglocken. Es waren die Glocken, die zu Paulchens Taufe läuteten. Wie erschrak sich Elfriede, als sie an die voll besetzte Kirche und den Pfarrer dachte. Alle warteten bloß auf sie. Sie schrie ihren Mann an, er solle so schnell es geht zur Kirche laufen und die Taufe absagen.

Paulus waren die Kirchenglocken auch nicht entgangen und er sprang wie vom Donner gerührt von der Ofenbank auf und rannte zur Dorfkirche. Es dauerte keine zehn Minuten, da stand er vor dem geweihten Gotteshaus. Wie ging ihm in dem Moment der Puls, sein Herz raste. Er öffnete die schwere Tür und trat ein. Im selben Moment fuhren die Köpfe der versammelten Menschen herum und starrten ihn an. Jetzt gab es kein Zurück mehr. Paulus schritt zum Pfarrer und erklärte ihm die Situation. Dieser wiederum teilte den Anwesenden mit, dass die Taufe heute nicht stattfinden würde und alle den Weg nach Hause antreten sollen.

Paulus huschte aus der Kirche und rannte zurück nach Haus. Als er daheim ankam, bemerkte er, dass er die ganze Zeit über seine Hauspantoffeln trug und mit diesen in der Kirche gewesen war. Er schämte sich jetzt noch mehr. Was sollten die Leute über die Familie Lorzing denken? Keine Taufe und keine Schuhe.

Die nächsten Tage verbrachte man zu Hause. Schließlich sollte etwas Gras über die Sache wachsen. Als es sich nicht mehr vermeiden ließ und sie ins Dorf mussten, versuchte man allen, die missliche Lage zu erklären. Jeder hatte gefragt oder auch ungefragt einen Rat, wie Paulchen doch getröstet werden könne, wenn er aus seinem Schlaf geholt würde.

Doch wie ging es mit Paulchen an diesem besagten Tauftag eigentlich weiter? Nachdem er ausgeschlafen hatte, war er der liebenswerte kleine Bub wie immer, und wären seine Eltern nicht dabei gewesen, hätten sie nicht geglaubt, dass dieser Albtraum wirklich vorgefallen war. Er ließ sich waschen und ankleiden. Danach spielte er friedlich mit seinem Lieblingsteddy.

Eines aber blieb. Paulchen war noch immer nicht getauft. Elfriede und Paulus beschlossen, die Taufe am ersten Sonntag im September nachzuholen. Diesmal aber zu einer für den Bub christlicheren Zeit um 14.00 Uhr nachmittags.

Die Tage und Wochen vergingen, und es brach der erste Sonntag im September an. Auch an diesem Tag lachte die Sonne, das Taufkleid und die Schühchen standen bereit, und die Sorgen, die sich die gesamte Familie Lorzing gemacht hatte, erwiesen sich als unbegründet. Paulchen strahlte mit der Sonne um die Wette, selbst das kalte Wasser des Taufbeckens konnte seine Stimmung nicht trüben. Es wurde ein rundherum schönes Fest.

Fast hatten alle das Desaster der verpassten Taufe vergessen, als Paulchens erster Tag im Kindergarten anstand. Jetzt musste er wieder von der Mutter geweckt werden – und das Drama wiederholte sich. Der Junge blieb an diesem Tag zu Hause und ging nicht in den Kindergarten. Auch nicht am nächsten und erst recht nicht am übernächsten Tag.

So konnte es nicht weitergehen! Es musste eine Lösung her. Und manchmal, wenn man glaubt, es gibt keine, geschehen kleine Wunder. Genauso eines ist hier passiert. Familie Lorzing hatte Besuch erhalten von Paulus' gutem Freund, dem Revierförster Erwin Zimmermann. Sie besprachen den morgigen Ausflug in den nahe gelegenen Wald, um gemeinsam die neuen Frischlinge zu begutachten. Er kam zusammen mit seinem Dackel Lotte. Während Paulus, Elfriede und der Förster in ihr reges Gespräch vertieft waren, bemerkte keiner, wie Lotte sich heimlich davonschlich.

Sie tapste im Haus umher und kam schließlich auch in Paulchens Zimmer. Dort lag der Bub selig schlummernd. Lotte ging hinüber zu seinem Bett und leckte ihm einmal quer über sein Gesicht. Paulchen wachte auf, erschreckte sich und fing laut an zu schreien. Da sein Zimmer aber unter dem Dach lag und die Eltern im Erdgeschoss saßen, hörte niemand sein Weinen. Lotte aber setzte sich vor Pauls Bett und schaute den Jungen neugierig an. Der weinte noch immer, merkte aber, dass keiner kam. Und wie die Minuten so vergingen, beruhigte sich Paulchen zusehends und Lotte beäugte noch immer den Bub. Schließlich wurde er mutiger, war er doch sonst auch ein Entdeckergeist. Er nahm also all seinen Mut zusammen und streckte seine Hand zu Lotte hin. Die fing an zu schnüffeln und kam näher an Pauls Bett. Irgendwie mochte er diesen fremden kleinen Hund. Lotte legte sich jetzt auf den Rücken und ließ sich von Paulchen streicheln.

Unterdessen war das Verschwinden seiner Hündin auch dem Förster aufgefallen. Zusammen mit Lorzings begab er sich im Haus auf die Suche nach Lotte.

Unterm Dach angekommen, trafen sie schließlich auf die Hündin, die gemeinsam mit Paulchen und seinem Ball spielte. Die Familie traute ihren Augen kaum. Ihr kleiner Sohn glücklich mit diesem fremden Hund, und das zu einer Zeit, die alle für unmöglich gehalten hatten. Es war 7.30 Uhr am Morgen. Lotte und Paulchen spielten noch eine ganze Weile, und als es an der Zeit war, dass Förster Zimmermann sich verabschieden wollte, kamen bei Paulchen Tränen der Trauer und nicht der Wut.

Natürlich hat Erwin Zimmermann seine Lotte wieder mitgenommen. Aber bei Eva Lorzing kam der Gedanke auf, dass so ein tierischer Freund vielleicht der Retter in ihrer Not sein könnte. Beim anschließend abgehaltenen Familienrat wurde einstimmig beschlossen, einen kleinen Pudel in die Familie aufzunehmen. Nach vier Wochen war es so weit, Seppi zog ein. Alle waren verliebt in diesen kleinen Kerl.

Als Nächstes ging es darum herauszufinden, ob Paulchen von Seppi ohne großes Geschrei geweckt werden könne. Dieses Abenteuer wollte man nicht an einem beliebigen Tag wagen, sondern am hochheiligen Sonntag, der normalerweise dem Ausschlafen vorbehalten war. Doch diesmal stellte Paulus den Wecker auf 7.00 Uhr. Alle standen auf und gingen mit Seppi in

Paulchens Zimmer. Dort legte sich der Pudel vor sein Bett. Es passierte erst mal nichts. Seppi legte seinen Kopf quer und beobachtete das schlafende Kind. Plötzlich aber, nachdem er sich ein paar Minuten den Bub angeschaut hatte, stand er auf, ging zu Pauls Kopf und schleckte einmal quer über dessen Gesicht. Der öffnete verdutzt die Augen und fing an zu lachen. Ja, ihr glaubt es kaum, er fing doch tatsächlich an zu lachen. Und als Paulchen so lachte, konnten auch die restlichen Lorzings nur noch mitlachen.

Bis heute ist es so, dass Paul lieber ausschlafen möchte, wenn er aber schon geweckt werden muss, dann nur von seinem allerbesten Freund Seppi.

PS: Erstens kommt es im Leben manchmal anders als gedacht. Auf einige Situationen ist man nicht vorbereitet und kann sie nicht ändern, man muss einfach das Beste daraus machen!!!
Zweitens, ein tierischer Freund ist eine tolle Hilfe, um im Alltag auch in schwierigen Zeiten seinen Optimismus und die Freude zu behalten.

ROLF SCHWANZ, ROSTOCK
Als ich noch ein Fisch war

Oft sitze ich auf einer Bank auf der Ostseepromenade meiner Heimatstadt und schaue aufs Meer. Dieser Ausblick verschafft mir innere Ruhe und ich kann über schlechte und gute Dinge entspannt nachdenken. Meist lösen sich meine Probleme dann von selbst. Ich beobachte viele Menschen und denke, jeder hat bestimmt eine eigene Geschichte zu erzählen.

Einmal steuerte ein Mann mittleren Alters auf mich zu. Er sah erschöpft aus und fragte, ob er sich setzen dürfe. Natürlich, kein Problem, sagte ich. Da bemerkte ich seine Behinderung, denn er zog das linke Bein etwas nach. Er atmete tief durch und schaute lächelnd auf die Ostsee.

Ich begann ein Gespräch und sagte: „Die Weite bis zum Horizont ist doch immer wieder beruhigend und die Sonne dazu gibt ein warmes Gefühl."

Der Mann antwortete mit einem Augenzwinkern: „Ich komme aus dem Meer und bin dort geboren."

Ich war erstaunt und sah ihn fragend an.

„Nun, ich war ein Fisch, und eine junge hübsche Frau angelte mich. Sie verwandelte mich in einen Menschen." Ich musste schmunzeln, da sprach er weiter: „Bei der Umwandlung gab es leider Probleme und ich kam mit einer halbseitigen Spastik auf die Erde. Leider hat auch mein Gehirn manchmal Gewitter, ich meine epileptische Anfälle." Er lachte und erzählte, wie seine Familie sich immer über seine Geschichte amüsierte. Jetzt lachten wir gemeinsam. Später fragte ich vorsichtig: „Na, das

Leben ist doch bestimmt nicht immer einfach für Sie gewesen, oder?"

Der Mann wirkte nachdenklich und meinte: „ Es gab Süßes und Bitteres." Und so begann er, aus seinem Leben zu erzählen.

„Nach der Wende '89 konnten wir Sport in der MediFa* machen, laufen und Fußball spielen. Da kamen wir auf die Idee, einen Verein zu gründen, den BAF. Die drei Buchstaben heißen: Behinderten Alternative Freizeit.

Thomas, Robert, Burkhard, Sabine, ein DRK-Fahrer namens Olaf und ich haben 1991 den BAF in einem Keller in der Rosa-Luxemburg-Straße gegründet. Wir zogen im JAZ-Café** als Untermieter ein. Das Büro war klein und so setzten wir uns auch manchmal ins Café.

An einem Mittwoch kam ich wieder einmal in das Café. Dort saß ein junges hübsches Mädel, schwarz gekleidet, mit roten Haaren. Ich fragte, ob ich mich dazusetzen könne, sie sagte, sehr gerne.

Wir trafen uns öfter mittwochs und haben über vieles geredet. Sie hieß Anja, machte eine Lehre als Bürofachkraft und wohnte in Bad Doberan. Ich erzählte auch von mir. Einmal im Jahr fuhr ich mit dem Fahrrad zu ihr. Aber ich wusste, dass ich keine Chance bei ihr hatte. Trotzdem war es eine Freude, denn allein mit dem Fahrrad nach Bad Doberan zu fahren und dort am weißen Pavillon draußen zu sitzen bei Kaffee und Kuchen, das ist eine Reise wert.

Im Sommer 1992 haben Thomas und Sven dann das BAF-Theater gegründet und ich war dabei!

Die ersten vier Jahre machten wir Straßentheater. Das war toll! Wir spielten in Rostock, auch mal in Graal Müritz oder Bad

Doberan. Darauf freute ich mich am meisten, in einer anderen Stadt aufzutreten!

1993 fuhren wir nach Finnland. Das war natürlich der Höhepunkt, im Ausland spielen!

Wir fuhren mit unserem Busfahrer Kai nach Finnland. Die Überfahrt von Warnemünde nach Trelleborg genossen wir. Dann kam Land in Sicht. Von Trelleborg ging es quer durch Schweden, bis wir auf der EUROPA-Straße plötzlich stehen blieben. Der Keilriemen von unserem Bus, einem DDR-Ikarus, war kaputt. Kai machte schließlich eine Damenstrumpfhose über den Keilriemen und es ging weiter bis Stockholm. Dann mit der Fähre nach Turku. Turku ist eine Stadt am Finnischen Meerbusen. Untergebracht waren wir in einem Hotel am Wasser. Es hieß Formel 1. Die Aussicht war toll. Wir hatten sehr nette Gastgeber. Es waren Jugendliche mit leichten Behinderungen. Sie haben uns ihre Stadt gezeigt, die viele Sehenswürdigkeiten hat. Unser Theaterstück kam gut an. Es gab viel Applaus. Zum Schluss bekamen wir ein Plüschtier zur Erinnerung geschenkt.

So viele Jahre spiele ich nun schon Theater. Wir sind bis heute „Die Verzauberten". Vor ein paar Jahren hatten wir einen Auftritt in Stralsund, leider kamen keine Gäste. Nur die Leute, die uns eingeladen hatten, schauten zu. Wir fuhren traurig wieder nach Hause, das war bitter.

In Frankreich waren wir auch. Wir fuhren mit dem Auto. Unser Fahrer hat im Kreisverkehr die falsche Richtung gewählt. Als wir endlich an dem großen Haus ankamen, wo wir übernachten sollten, war es schon zu. Davor standen ein paar Kühe und daneben stand ein Schild. An diesem Tag war es recht mild.

Ein Mädchen aus unserer Gruppe, die Sylvie, spielt schon lange mit mir Theater. Sie ist sehr klug. Manchmal habe ich mir Hoffnung auf sie gemacht, aber leider wollte sie nicht mit mir gehen. Wie schade!

Die ersten 10 Jahre war Thomas unser Leiter. Es machte großen Spaß mit ihm, denn er organisierte viel für uns BAFIS. Als Thomas 2001 auswanderte, waren wir sehr traurig. Viele verließen unseren BAF, unser Theater wandelte sich, aber ich blieb dabei.

Mitte der 90er-Jahre schrieb ich einen Krimi, „Banküberfall in New York". Das wollte ich schon immer machen. Meine Freundin Katschi unterstützte mich. Katschi war eine Studentin. Sie leitete damals die Theatergruppe. Mit ihr traf ich mich immer sonntags. Sie war schon öfter in den USA gewesen. Von ihren Erzählungen erfuhr ich eine Menge über die Stadt mit den vielen Wolkenkratzern. Leider konnte ich nie dorthin fliegen, weil ich oft Anfälle bekomme, das ist bitter.

Doch die Freude, viel mit Katschi zu unternehmen, half mir darüber hinweg. Leider wollte sie mich nur als besten Bekannten haben. Es kam so, dass ich viele Paare zusammen sah und ich wurde immer älter und hatte keine Freundin. Das fand ich nicht gut.

Irgendwann gab ich die Hoffnung auf. Ich schrieb es in mein Tagebuch, während mir Tränen übers Gesicht liefen.

Als ich dann 2001 in eine neue Werkstattgruppe kam, war da ein junges Mädchen, das mir sofort gefiel. Sie war hübsch, klug und lustig. Nach einer Weile hatte ich den Mut, sie anzusprechen. Wir verabredeten uns öfter zum Kaffeetrinken und kamen uns näher. Schließlich verliebte sie sich doch in mich und ich war auf Wolke 7.

Unsere Liebe hält nun schon 18 Jahre und wir freuen uns immer noch aufeinander."

* MediFa = Medizinische Fakultät der Universität
** JAZ = Jugend Alternativ Zentrum

MARLENE SCHWARZ, NÜRNBERG
Bittersüße Wirklichkeitserfahrung

Auf den Literaturwettbewerb „Bittersüße Wirklichkeit" bin ich gestoßen, als ich in der Suchmaschine meines Vertrauens die Stichworte „Schreibwettbewerbe 2021" eingegeben habe. Ehrlich gesagt, habe ich lange überlegt, ob ich teilnehmen soll; meine Geschichte erzählen soll. Der Begriff „Behinderung" ist für mich mit einem Stigma verbunden, mit Schubladendenken – und ich lasse mich nun mal nicht gerne in Schubladen stecken. Das Wort „Stigma" selbst kommt aus dem Griechischen und bedeutet „Wunde" – und genau als solche habe ich meine Behinderung lange Zeit empfunden.

Der Begriff „behindert sein" birgt für mich unzählige negative Assoziationen und ist – leider – im allgemeinen Sprachgebrauch, zumindest bei jüngeren Menschen, zu einem geflügelten Wort geworden, zum Standardvokabular. Etwas wird als behindert bezeichnet, wenn man es abwerten möchte, wenn etwas als schlecht oder minderwertig empfunden wird oder man schlicht und ergreifend auf etwas keine Lust hat, zum Beispiel darauf, auf elterliche Anordnung um 22 Uhr zu Hause zu sein. Ein Mensch wird als behindert betitelt, wenn man diesem nicht besonders viel Intelligenz zutraut oder die Person einfach nur unsympathisch findet. Auch ich habe mich bis zum jungen Erwachsenenalter selbst dabei erwischt, wie ich diese Phrase regelmäßig verwendet habe; wohl auch, um mich selbst zu schützen, dazuzugehören, nicht aufzufallen. So wie ein homosexueller Freund von mir Dinge, die er nicht ausstehen kann, als „schwul" bezeichnet. Und vielleicht hat er ja recht beziehungsweise ist er durchaus im Recht. Wenn man selbst schwul (oder behindert) ist, darf man schließlich mit diesen Wörtern um sich werfen. Oder? Ich habe auch deshalb überlegt, ob ich überhaupt an diesem Wettbewerb teilnehmen möchte, weil ich nicht die Geschichte eines Opfers erzählen will. Ich will nicht die Geschichte eines Menschen erzählen, der „auf die Tränendrüse drückt", einer Person, die Mitleid will. Das möchte ich ganz bestimmt nicht.

Genauso wenig möchte ich Bewunderung für das, was ich im Leben erreicht habe, weil ich eben nicht, entgegen der landläufigen Prophezeiung, die Schule ohne Abschluss verlassen habe, sondern Mittlere Reife vorweisen kann. Ich möchte keinen Applaus dafür, dass ich zwei staatlich anerkannte Berufsausbildungen habe und perfektes Englisch spreche. Ich möchte keinen Preis dafür gewinnen, dass ich nicht dem Klischee des dummen Behinderten entspreche. Dennoch habe mich entschlossen, an diesem Wettbewerb teilzunehmen in der Hoffnung, die Sicht auf Menschen mit Einschränkungen ein wenig zu beeinflussen, vielleicht den ein oder anderen Leser zum Nachdenken anzuregen. Am meisten würde ich mich darüber freuen, wenn man Menschen, die von der Norm abweichen, gar nicht mehr den Stempel „behindert" aufdrückte, wenn wir dieses Wort aus unserem Vokabular verbannten, so wie Napoleon einst auf St. Helena verbannt wurde, nämlich an einen Ort, dem man aus eigener Kraft nicht entfliehen kann; einem Ort, dem man nicht mehr entkommt. Genauso darf das Wort „behindert" nicht mehr aus der Verbannung gelangen, wenn es einmal dort angekommen ist. Ich würde mir wünschen, dass wir uns einfach nur als Menschen betrachteten, egal, woher wir kommen, welchen Körper wir unser Eigen nennen – aber das ist natürlich eine Utopie.

Das Kategorisieren von Menschen fängt ja schon von Amts wegen beim Schwerbehindertenausweis an. Ich selbst habe auch einen, für den ich mich jahrelang zutiefst geschämt habe, den ich versteckt habe und niemandem zeigen wollte. Viele Jahre lang habe ich nicht einmal eine Wertmarke beantragt, um die öffentlichen Verkehrsmittel gegen Zahlung eines geringen Jahresentgelts benutzen zu können, da es mir bei einer Kontrolle peinlich gewesen wäre, den Ausweis vorzuzeigen. Was sollten die Mitreisenden über mich denken, allen voran andere Jugendliche, die wie ich die Öffis nutzten, mir gegenübersaßen in bedrohlicher Hör- und Sichtweite? In meiner Fantasie hörte ich ständig andere über mich lästern und lachen. Und nicht nur dort – schon als Grundschulkind warfen mir Menschen, die ich nicht einmal kannte, Beleidigungen auf der Straße hinterher, die meine empfindliche Kinderseele trafen wie Steine einen zum Tode Verurteilten. Manchmal wurde ich sogar mit mehr als Worten beworfen – ich erinnere mich an einen Tag, an dem mir unbekannte Jugendliche Schneebälle hinterherschmissen. Das Label „behindert" habe ich immer abgelehnt – warum eigentlich? Vermutlich, weil ich die Reaktionen meiner Mitmenschen fürchtete, deren Spot und Boshaftigkeit (ich habe Ihnen gerade einige Alltagssituationen geschildert), Ausgrenzung, aber auch die Unterstellung von Vorteilsnahme. Es gab Menschen in meinem Bekanntenkreis (und ich verwende hier bewusst die Vergangenheitsform), die mir allen Ernstes meinen Schwerbehindertenausweis neideten, weil er bedeutet, dass ich nahezu kostenlos den öffentlichen Nahverkehr in ganz Deutschland nutzen kann und einen Nachlass für den Eintritt in vielen Kultureinrichtungen bekomme. Weil er bedeutet, dass ich fünf Tage Sonderurlaub im Jahr bekomme, einfach so, weil ich behindert bin (dass ich quasi unkündbar bin, versteht sich von selbst und ist eine Binsenweisheit, deshalb sei es hier nur kurz im Nebensatz erwähnt. Ebenso wie die Tatsache, dass Schwerbehindertenausweisinhaber jedes Jahr eine saftige Steuerrückerstattung bekommen. Da lohnt es sich doch wirklich, behindert zu sein, finden Sie nicht?). Heute bereue ich, dass ich diesen Menschen, meinen ehemaligen Freunden, nicht die Wahrheit ins Gesicht gespuckt habe: Dass ich meinen Schwerbehindertenausweis und alle damit verbundenen „Privilegien" gerne gegen einen nicht benachteiligten, „voll funktionalen" Körper eintauschen würde, schon allein deshalb, weil mir dann all die Demütigungen und Hänseleien erspart geblieben wären, denen ich nicht nur in meiner Kindheit ausgesetzt war, sondern fast mein ganzes Leben lang.

Ich kann mich an eine Situation erinnern, die ich mit Anfang 20 erlebte. Ein wildfremder Mann mittleren Alters rief mir auf der Straße folgenden Satz hinterher: „Bei dir klappt es wohl mit dem Laufen ned so sehr!" Statt den Typen zur Rede zu stellen, ignorierte ich ihn, schämte mich und hoffte, dass die Situation niemand mitbekommen hatte. Aber ich war auch zutiefst verärgert und gekränkt darüber, dass sich ein Mitmensch so etwas erlaubte.

Erst mit Anfang 30 habe ich gelernt, mich einfach als Person zu sehen – nicht als Behinderte. In meiner dreijährigen Zeit im EU-Ausland wurde ich merkwürdigerweise kein einziges Mal auf meine Gehweise angesprochen – ich frage mich bis heute, wo die Ursache liegt, worin der kulturelle Unterschied zwischen Irland, Frankreich und Deutschland besteht.

Ich weiß nicht genau, warum ich die Zeit bis zur 4. Klasse in einer sogenannten Fördereinrichtung für Kinder mit geistiger und körperlicher Behinderung verbracht habe. Es gibt niemanden mehr, den ich fragen könnte. Meine Großeltern und mein

Vater sind vor Jahren verstorben, zum Rest der Familie habe ich keinen Kontakt mehr. Soweit mir bekannt ist, habe ich keine geistigen Einschränkungen, sondern „nur" eine Gehbehinderung. Von der 1. bis zur 3. Klasse besuchte ich eine sogenannte Sonderschule. Ich erinnere mich noch gut an meine ehemaligen Klassenkameraden: An meine Freundin Simone, die nur eine Hand bewegen konnte, die andere war stark verformt, „verkrüppelt", wie der Volksmund sagen würde, die Verformung erinnert mich heute an die Missbildungen, die Kinder davontrugen, deren Mütter in den 1960er-Jahren während der Schwangerschaft mit Contergan behandelt wurden. Ich erinnere mich ebenso an meinen Kumpel Oliver, der im Rollstuhl saß und Windeln trug, und natürlich an Dirk, meinen blonden Schwarm mit dem Prinz-Eisenherz-Haarschnitt, der so typisch ist für die Kinder der 80er- und 90er-Jahre. Erst jetzt, wenn ich an ihn denke, fällt mir auf, dass ich gar nicht weiß, weshalb Dirk die Förderschule besuchte. Soweit ich mich entsinnen kann, hatte er keine körperliche Einschränkung, zumindest keine offensichtliche. Vermutlich hatte er den Schuleignungstest nicht bestanden. Ich habe gelesen, dass ein Kind, um diesen Test zu bestehen, unter anderem die Fähigkeit haben muss, auf einem Bein zu hüpfen – wer diese wertvolle körperliche Fähigkeit nicht besitzt, der ist scheinbar nicht würdig, eine deutsche Grundschule zu besuchen. Zudem wird wohl noch die Kontaktfreudigkeit eines Kindes geprüft sowie dessen Fähigkeit, mit Niederschlägen umzugehen – wer schüchtern ist oder im stolzen Alter von fünf Jahren noch nicht die nötige Resilienz aufgebaut hat, um mit der Härte des Lebens fertig zu werden, ist für die Leistungsgesellschaft nicht zumutbar und muss ausgesondert werden.

Ich kann mir gut vorstellen, dass ich damals als 5-Jährige das Gegenteil von dem war, was von einem Kind kurz vor der Einschulung erwartet wurde. Mein geliebter Großvater verstarb etwas mehr als zwei Monate vor meinem 6. Geburtstag. Ich muss mich damals stark von den anderen Kindern im Kindergarten zurückgezogen haben und vor der Welt im Allgemeinen, weil ich nicht verstand, warum mein Opa nicht mehr da war. Wie soll man einem 5-jährigen Kind den Tod erklären? Ich erinnere mich daran, dass ich meine Großmutter oft gefragt habe, ob Opa nochmal wiederkommt. Ich saß am Küchenfenster, so wie er es immer getan hatte, und stellte mir vor, dass er eines Tages unten auf dem großen Parkplatz vor unserem Haus vorbeilaufen würde, in der einen Hand einen Stoffbeutel mit frischem Zwiebelbrot vom Bäcker, das ich so mochte; mit der anderen Hand winkte er mir freundlich lächelnd zu, so wie er es immer getan hatte.

Man beschloss, mich nach dem Ende der 3. Klasse auf eine „normale" Grundschule zu schicken – obwohl ich noch immer nicht auf einem Bein stehen konnte. Ich vermute, dass meine Lehrer einen Schulwechsel empfohlen hatten oder meine Familie mir einfach die Möglichkeit geben wollte, zumindest einen Hauptschulabschluss zu machen – die Förderschule, die ich besuchte, bot keinerlei Abschluss. Und so kam ich als 9-Jährige in den Genuss, mit „normalen" Kindern, also Kindern ohne körperliche oder geistige Einschränkungen, die Schulbank zu drücken – ‚normal' bedeutete für mich ab jenem Tag, dass nichts mehr normal war, sondern ständige Hänseleien und Ausgrenzungen: Täglich quälte ich mich mit Bauchschmerzen den etwa 15-minütigen Schulweg entlang und überlegte mir oft, ob ich nicht einfach wieder nach Hause gehen sollte. Die Bauchschmerzen waren ja real vorhanden. Doch was hätte das gebracht? Ich hätte schwerlich jeden Tag wegen Krankheit zu Hause bleiben können. Ich war im wahrsten Sinne die Dumme, weil ich weder Seilspringen konnte noch das Spiel „Himmel und Hölle" beherrschte. Es handelt sich hierbei um ein Hüpfspiel, bei dem die Teilnehmer von der Erde in den Himmel kommen müssen, ohne dabei in der Hölle zu landen. Vom Himmel sah ich in all den Jahren, bis ich im Alter von 17 Jahren endlich die Realschule verließ, nur wenig, dafür umso mehr Hölle. Statt in den Schulpausen wie früher mit Freunden zu spielen, verbrachte ich diese nun allein und starrte traurig den anderen Kindern hinterher, die fröhlich spielten – ich verachtete und bewunderte sie zugleich. Bereits in jenen jungen Jahren fing ich an, einen Selbsthass zu entwickeln, der mich über Jahrzehnte begleitete und später zu Depressionen und Essstörungen führte – erst zu Fresssucht und später zu Bulimie. Ich war schon immer ein pummeliges Kind gewesen, dank Omas guter Hausmauskost und uneingeschränktem Zugang zu Süßigkeiten, nun aber nahm ich in der Zeit bis zu meinem 11. Geburtstag so viel zu, dass es für mich keine Kinderkleidung mehr zu kaufen gab, sondern meine Großmutter Klamotten für Erwachsene kaufen musste. Die Jeans wurden von einer befreundeten Schneiderin gekürzt, da sie für meine 1,50 m viel zu lang waren oder, eher gesagt, ich viel zu kurz für Erwachsenengröße.

Mir ist bewusst, lieber Leser, dass es um das Thema Behinderung geht und nicht um das Thema Adipositas – doch sind beide Themen in meinem Fall untrennbar miteinander verbunden. Zu meiner bittersüßen Wirklichkeitserfahrung gehören neben der Auseinandersetzung mit dem Thema Behinderung auch das Thema Übergewicht und die Essstörung, die ich entwickelt habe, die ich als Folge sozialer Ausgrenzung und

Ablehnung sehe. Ich bin ein Einzelkind; durch den Schulwechsel von der Sonderschule zur „Normalschule" verlor ich von einem Tag auf den anderen mein soziales Umfeld; denn die anderen Kinder im Dorf kannte ich nicht, da ich bis dato nicht auf deren Schule ging. Von dem Tag an, als ich die 4. Klasse der Grundschule betrat, benutzte ich die Nahrungsaufnahme dazu, meine innere Leere zu füllen; meinen seelischen Schmerz zu betäuben, indem ich aß, bis mir der Bauch wehtat und ich durch den physischen Schmerz von meinem psychischen Leiden für eine Weile abgelenkt war.

Ich könnte noch stundenlang oder besser gesagt seitenlang von all den negativen Erfahrungen erzählen, die ich in meinem Leben gemacht habe, doch damit will ich Sie gar nicht langweilen – vermutlich sollte ich irgendwann einen Roman darüber schreiben. Ich will nun den Teil „süß" aus dem Thema „Bittersüße Wirklichkeitserfahrung" aufgreifen.

Die schönste Kindheitserinnerung, die ich habe, ist die an die Ferien mit meiner Großmutter in einem Feriendorf im Allgäu. Ich sollte wohl eher „Bildungs- und Erholungsstätte" sagen, da so der offizielle Begriff für jenen Ort lautet. Ich erinnere mich an das weiß getünchte Haus mit den grünen Fensterläden und den hübschen roten Geranien im Blumenkasten, als sei ich gestern zum letzten Mal dort gewesen und nicht vor mehr als 25 Jahren. Von unserer Bleibe aus, einem einfachen Zimmer mit unlackierten Holzmöbeln und Kruzifixen über den Betten, konnte man am Horizont die Berge erahnen. Ich erinnere mich daran, Schloss Neuschwanstein gesehen zu haben, zumindest von außen. Doch mich beeindruckte damals weder das Schloss noch das dazugehörige Alpenpanorama; ich genoss die Spaziergänge durch den Wald, die Lieder am Lagerfeuer, die Pellkartoffeln, die Gemeinschaft. Ich werde noch heute sentimental, wenn ich im Radio „Über den Wolken" höre oder ich beim Zappen zufällig an einem Gottesdienst hängen bleibe und aus einem Kindermund „Laudato si" erklingt.

An jenem Ort wurde mir die Möglichkeit gegeben, endlich wieder Kind zu sein, hier gab es Menschen wie mich – was natürlich Menschen bedeutete, die aus der Norm fielen, Menschen, die nicht „normal" waren wie die Kinder in der Grundschule, von denen ich täglich gepiesackt wurde. Ich erinnere mich an einen Jungen, der an Progerie litt und weder sprechen noch gehen konnte, aber auch erneut an Menschen, deren Einschränkung nicht ersichtlich war, bestenfalls ihr Anderssein. Ich erinnere mich an Caroline, ein Mädchen aus Pakistan, mit dem ich mich anfreundete und das weder körperliche noch geistige Besonderheiten zu haben schien, es gab kein Manko an ihr – es sei denn, man wollte eine dunklere Hautfarbe als Defizit sehen. Soweit ich mich erinnere, war sie von einer deutschen (also weißen) Familie adoptiert worden. Ich vermute heute, dass sie, wie ich, Diskriminierung schon im Kindheitsalter ausgesetzt war und deshalb mit ihren beiden Brüdern, ihrer Tante und der Großmutter den Erholungsort besuchte.

„Und die Moral von der Geschicht'...", möchten Sie jetzt vielleicht fragen. Ich habe mich mittlerweile nach einem mehr als 20 Jahre andauernden Kampf aus der Last befreit, die mir auferlegt wurde, als mir von meiner Umwelt der Stempel „behindert" aufgedrückt wurde. Extrem dabei geholfen haben mir neben einer Gesprächstherapie der Fortzug aus meiner Heimatstadt sowie ein berufsbedingter, mehrjähriger Auslandsaufenthalt, den ich am Anfang des Textes bereits erwähnt habe. Erst in Irland habe ich mich zum ersten Mal, seit ich erwachsen geworden bin, wirklich als Mensch gefühlt, einfach als Mensch – nicht als Mensch mit Behinderung. Es mag zum

Teil daran gelegen haben, dass die Iren extrem höfliche Menschen sind, die von jeher für ihre Gastfreundschaft berühmt sind. Es mag aber auch daran gelegen haben, dass ich dort keine „Privilegien" genoss wie verbilligtes Bahnfahren – ich war dort einfach ein Mensch wie jeder andere auch. Ich möchte Ihnen nicht unbedingt eine Auswanderung ans Herz legen, auch möchte ich den Sinn eines Schwerbehindertenausweises nicht infrage stellen – schließlich zwingt mich niemand, diesen zu nutzen; ich könnte ihn ungenutzt in der Schublade verstauben lassen, wie ich es früher getan habe. Ich möchte lediglich verdeutlichen, dass es für den sozialen Umgang miteinander förderlich sein kann, Menschen nicht ständig auf ihre vermeintlichen Defizite anzusprechen und so zu ihrer Ausgrenzung beizutragen. Ich möchte Ihnen aber auch etwas mit auf den Weg geben, selbst wenn Sie vielleicht keine körperlichen oder seelischen Limitationen haben, was ich vor nicht allzu langer Zeit irgendwo im Internet auf einem Social-Media-Kanal gelesen habe, weil ich zur Erkenntnis gelangt bin, dass unser eigenes Verhalten bzw. die Einstellung, die wir zu uns selbst haben, dazu beitragen, wie wir von anderen behandelt werden. Die Worte stammen von Eleanor Roosevelt, der ehemaligen First Lady der USA. „No one can make you feel inferior without your consent" – auf Deutsch etwa: „Niemand kann dich dazu bringen, dich minderwertig zu fühlen, wenn du es nicht zulässt." Ich finde diesen Gedanken sehr ermutigend.

RONNY SCHWARZ, VECHTA
„Eine andere Zeit"

Als ich zu Hause sitzen musste, war es sehr aufregend und angespannt; die Leere in der Stadt, das war bitter.
Meine Therapien liefen weiter, auch zu Hause. Das hat mir Halt gegeben, die Zeit des 1. Lockdowns gemeistert zu haben, das war ein süßer Moment.
Es war sehr komisch für uns, dass wir nicht wussten, wie es weiterging. Ungewöhnliche Erfahrungen, uns wurden Sachen diktiert, es waren keine Reisen mehr möglich und die Freizeit wurde eingeschränkt, das war sehr bitter für uns.
Der gemeinsame Zusammenhalt gab uns viel Kraft, wir gewannen viel Zeit, hielten den Kontakt zu Freunden, mit Video und WhatsApp unterhielten wir uns.
Die Geburt meines Neffen war sehr schön, da viele gemeinsame Treffen mit der Familie möglich waren, das war ein süßer Moment.
Ich habe mehr Sport gemacht und konnte meinen Gesangsunterricht beginnen, auch zu Hause üben, auch das waren süße Momente.
Arbeit bekam wieder eine positive Bedeutung. Und auch der Anruf meiner Mutter, nach einem Jahr hat sie sich wieder bei mir gemeldet, das war ein süßer Moment.
Das alles war meine bittersüße Wirklichkeit.

CHRISTIANE SCHWARZE, HOMBERG (OHM)
Der Tag, an dem sich die Tür hinter mir schloss

Der Tag, an dem sich die Tür hinter mir schloss.
Nach einem weißen Jahr, in dem ich mir Freiheit ausmalte.
Den Kopf drehen. Einen Suppenlöffel halten. Allein aufsetzen.
– Und davon träumte, wieder laufen zu können. Einen Schritt
nach dem anderen. Langsam zwar, aber mit der Auswahl der
eigenen Richtung.

Der Tag, an dem sich die Tür hinter mir schloss.
Nach einem lauten Jahr, in dem ich mir Ruhe ausmalte.
Ohne Anordnungen von Orthopäden, die warnten „sonst ..." –
Ich wagte, Widersprüche zu benennen. Lernte, sinnvoll von
unsinnig zu unterscheiden. Insbesondere dem Wort „alterna-
tivlos" zu misstrauen.

Der Tag, an dem sich die Tür hinter mir schloss.
Vor mir ein neues Jahr, in dem ich mir Fröhlichkeit ausmalte.
Ich drehte den Kopf und sah Verbote. Statt Ruhe empfing mich
eine chaotische Politiker-Kakophonie der Widersprüche.
Wechselnde Verordnungen, alles überall anders. – Sinnvoll
oder unsinnig? Alternativlos?

MICHELLE SCHYMKOWITZ, KAMEN
Behinderung.

Ein so kleines, unscheinbares Wort, doch einiges steckt dahinter. Dabei ist jede Behinderung auf ihre Art und Weise einzigartig. Doch, wer sagt eigentlich, ob man eine Behinderung hat? Ist etwas eine Behinderung, nur weil andere es als solche sehen? Es gibt unzählige Arten von Krankheiten. Manche erkennt man nicht auf Anhieb, andere wiederum haben nicht die Chance, sie zu verbergen. Ich meine, wie soll ein Rollstuhlfahrer sein Handicap verstecken? Aber was ist mit denjenigen, deren Behinderung auf den ersten Blick nicht ersichtlich ist? Sie gehören ebenso zu den „Menschen mit Behinderung", auch wenn sie es schaffen, den größten Teil davon zu verbergen. Wenngleich sich ihre Behinderung im Verhältnis zu anderen in Grenzen hält, haben sie Sorgen und Ängste, die nicht jeder verstehen kann. Heute bin ich 22 Jahre alt. Jung, wie die meisten wohl sagen würden. Doch manchmal fühle ich mich alt. Ich sehe, wie die meisten diesen Satz nun belächeln, verrückt, so etwas von einer jungen Frau zu hören. Meine kleine Geschichte mag vielleicht nicht so spannend sein, doch es war teils eine anstrengende Zeit.

Ich kann mich noch gut daran erinnern, wie fröhlich ich mit meiner Quietschente in der Badewanne saß und Mama mir den Rücken wusch. Dort ist ihr zum ersten Mal aufgefallen, dass sich ein kleiner „Buckel", rechts neben meiner Wirbelsäule, abzeichnete. Zu Beginn kaum sichtbar, doch er war da. Ein Orthopäde stellte die erste Diagnose, meine Eltern vertrauten dem behandelnden Arzt. Wenn ich heute darüber nachdenke, macht es mich einfach nur wütend. Mit acht Jahren wurde bei mir eine Skoliose festgestellt. Einige mögen das Krankheitsbild womöglich kennen, denn so selten ist es gar nicht, meist nur unentdeckt. Eine Verkrümmung der Wirbelsäule, die sich später, in meinem Fall, zu einer S-Kurve entwickelt hat. Besonders Frauen sind davon betroffen. Der Arzt verschrieb mir Massagen als Behandlung. Doch man muss kein Medizinstudium absolviert haben, um zu verstehen, dass Massagen nicht viel gegen eine krumme Wirbelsäule ausrichten können. Unsicher suchten wir einen Spezialisten auf, jemanden, der sich auf dem Gebiet Skoliose bestens auskannte. Von da an ging das ganze Hin und Her los, beginnend mit zweimal die Woche Physiotherapie, um eine Verschlechterung zu vermeiden. Ihr könnt euch vorstellen, dass man als junges Mädchen nicht gerade begeistert davon ist. Viel lieber wollte ich die Zeit mit meinen Freundinnen verbringen und einfach Kind sein, ohne diese lästigen Übungen, die ich auch noch zu Hause ausüben sollte.

Jährlich musste ich zu dem Spezialisten zur Kontrolle. Leider wurde die Verkrümmung zunehmend schlimmer, der Buckel immer größer. Mit fast 10 Jahren bekam ich mein erstes Korsett verordnet. Und nein, es handelte sich dabei nicht um eine Korsage aus dem achtzehnten Jahrhundert, die den Frauen von damals eine schmale Taille zauberte. Es war ein maßgefertigtes Gestell aus Kunststoff. Klobig, dick und unförmig. Ich hätte heulen können, als ich dieses Monster zum ersten Mal sah. Ich war noch nie besonders eitel gewesen, aber dieses Ding war ein wahr gewordener Albtraum. Mein linker Arm wurde von dem Gestell leicht angehoben, sodass meine Wirbelsäule in die richtige Richtung gebogen wurde. Selbst mit einem großen Pullover drüber sah ich aus wie „Der Glöckner von Notre Dame". Egal, wie sehr ich versuchte, diesen Makel zu vertuschen, ich hatte keine Chance. Dann kam die Einschulung in die weiterführende Schule, manche Mitschüler hatten Mitleid, manche machten Sprüche über mein Aussehen. Kinder können nun einmal grausam sein, doch ich glaube, mit meiner Schule hatte ich noch Glück. Nicht nur das Aussehen des Korsetts war fürchterlich, es schmerzte auch. Es drückte und quetschte und durfte nur für den Sport oder zum Duschen ausgezogen werden. Und natürlich musste ich weiterhin zur Physiotherapie.

Doch auch beim nächsten Arztbesuch hatte sich meine Wirbelsäule weiter verschlimmert. Trotz aller Behandlung, die Studien zufolge sehr wirksam sein sollten. Man schickte mich vier Wochen zur Kur, in welcher ich jeden Tag meine Übungen machte und hart trainierte. Zum ersten Mal traf ich auf Gleichgesinnte, andere Mädchen, die dasselbe Problem hatten wie ich. Es tat unglaublich gut, sich mit ihnen austauschen zu können, denn niemand konnte nachempfinden, wie ich mich fühlte. Ich sah ältere Frauen, deren Krankheit bereits fortgeschritten war, und hoffte, so würde ich nicht enden müssen. Der Anblick hatte mir Angst gemacht. Schief und krumm mühten sie sich die Treppen hinauf und noch heute sehe ich ihre schmerzverzerrten Gesichter vor Augen. Jeder Schritt war für sie eine Qual. Ich beruhigte mich, dass ich noch jung war, und wenn ich den Anweisungen des Arztes folgen würde, würde schon alles gut werden.

Mit elf Jahren besuchte ich noch einmal die Kur, da sie beim letzten Mal wenigstens halbwegs gute Erfolge erzielt hatte. Das Problem an der Sache war: Dort konnte ich täglich um die sechs Stunden meine Übungen tätigen, doch zu Hause war das undenkbar. Ich hatte Schule, Freunde und Hobbys, die ich nicht vernachlässigen konnte und wollte. Eigentlich sollte man meinen, dass ich mich im Laufe der Jahre daran gewöhnt haben sollte. Aber gerade das Korsett machte mir in der Pubertät ordentlich zu schaffen, daher trug ich es irgendwann nur noch zu Hause. Versteht mich nicht falsch, ich wusste, dass ich es eigentlich immer tragen sollte. Doch in den letzten Jahren hatte sich mein Rücken unaufhaltsam verschlechtert. Meine Motivation, dieses Ungetüm zu tragen, war einfach so gut wie weg, denn augenscheinlich brachte es nichts.

Irgendwann beschlossen meine Eltern, sich eine weitere Meinung einzuholen, und wir fuhren in eine Klinik, die bereits viele Skoliosen operiert hatten. Der Arzt war kompetent. Doch er beugte sich zu mir vor mit dem leeren Blick eines abgestumpften Chirurgen und sagte: „Egal, was du tun wirst, es wird dir nichts nützen. Der Tag könnte 50 Stunden haben, deine Skoliose ist stärker als jede Behandlungsmethode, die es zur heutigen Zeit gibt."

Verstört schaute ich ihn an. „Eines Tages werden wir uns hier wiedersehen." Das von einem Chirurgen zu hören, der als letzten Ausweg die Skoliosen operierte, hatte mich völlig verstört. Sofort hatte ich das Bild der älteren Frauen im Kopf und ich bekam allmählich Panik.

Auf dem Nachhauseweg weinte ich. Meine Mama war sehr sauer und zum ersten Mal mit meinen mittlerweile zwölf Jahren habe ich erkannt, was meine Eltern alles mit mir durchmachen mussten. Seit Jahren fuhren sie mit mir von Arzt zu Arzt, begleiteten mich bei jeder Korsettanpassung, fuhren mit mir zur Kur und litten stillschweigend mit. Ich begriff, dass auch meine Eltern viel Stress hatten und sich oft um mich sorgten.

Schlechtes Gewissen machte sich in mir breit, auch wenn ich wusste, dass ich mir das alles nicht ausgesucht hatte. Eine Skoliose ist oft angeboren und von den Genen abhängig. Es kann über Generationen hinweg vererbt werden, ohne dass ein Familienmitglied es hat. Jedenfalls war ich die Erste in der Familie. Ich Glückliche.

Vielleicht fragt ihr euch, wo genau behindert mich diese Krankheit eigentlich? Ist eine krumme Wirbelsäule, abgesehen vom Äußerlichen, überhaupt einschränkend? Erst in den kommenden Jahren nahm ich die Einschränkungen zunehmend wahr. Ich war nie sonderlich sportlich gewesen, aber durch die Verkrümmung wurde einiges erschwert. Zu langes Laufen, Sitzen, Stehen – und schon schmerzte der Rücken. Schweres oder Falsches heben tat weh. Besonders gemerkt habe ich es, als meine Mama mich eines Nachmittags bat, die Spülmaschine auszuräumen, und ich ächzend die Teller ausräumte. Mein Papa hat gelacht: „Versuchst du dich etwa zu drücken?" Ich war sauer, wirklich sauer. Wieder ein Moment, in dem ich nicht ernst genommen wurde. Nie habe ich viel genörgelt und meist das Problem mit mir selbst ausgemacht. Denn was brachte es mir, mich zu beschweren und rumzujammern? Nichts. Aber solche Sprüche musste ich mir oft genug im Sportunterricht anhören. Zu Hause konnte ich so etwas wirklich nicht gebrauchen, auch wenn es nur ein blöder Scherz gewesen war.

Mittlerweile war meine Skoliose so weit ausgeprägt, dass man, ohne von meiner Krankheit zu wissen, genau sah, dass etwas nicht mit mir stimmte. Gerade in der Pubertät gingen die Vergleiche mit meinen Mitschülerinnen los, und ehrlich, ich war absolut neidisch auf ihre geraden, makellosen Rücken. Meine Freundinnen waren immer sehr lieb und sagten mir selbst beim Shoppen, dass mein Rücken nicht so schlimm sei. Aber ich wusste es besser. Sie waren einfach nett und hätten nie ein schlechtes Wort darüber verloren. Schwimmen war ein Graus für mich. Im Bikini ließ sich meine Skoliose nun wirklich nicht mehr verbergen, und ich war es leid, immer dieselben Sprüche zu hören. Fragen wie „Warst du schon einmal beim Arzt damit?", waren die absolute Krönung. Nein, ich habe das alles natürlich mein Leben lang ignoriert. Was für ein Blödsinn! Wie oft mussten Mama und ich uns besserwisserische Tipps von den Müttern meiner Freunde anhören, was ich dagegen tun könnte und ob ich dieses oder jenes schon versucht hätte. Dass wir bereits seit Jahren mit dem Thema vertraut waren, schien sie nicht sonderlich zu interessieren. Vielleicht waren die Ratschläge gut gemeint, ich hingegen fand sie einfach nur nervig. Mein absolutes Highlight war eine Bekannte, die mit sehr ernster und bedenklicher Stimme betonte: „Kind, willst du nichts dagegen unternehmen? Das sieht später im Hochzeitskleid nicht sehr schön aus!" Was sollte man auf solche Aussagen bloß antworten? Nichts. Manchmal war es klüger, einfach zu schweigen. Wenn mich jemand fragte, ob ich denn später Kinder haben wolle und ich dies bejahte, kamen noch dümmere Aussagen: „Ist das nicht vererbbar? Möchtest du das deinen Kindern wirklich antun?" Betroffen hatte ich gegrübelt, doch die Zweifel schnell beiseitegeschoben. Mein Leben war doch nicht weniger lebenswert, nur weil ich einen schiefen Rücken hatte!

Doch dann, dann gab es die eine Person, die mich von Grund auf verstand.

Mit meinen zarten vierzehn Jahren war ich zum ersten Mal verliebt. In einen Jungen, etwas älter als ich. Wir gingen zur gleichen Schule und kannten uns noch aus Kindertagen, auch wenn wir uns lange nicht mehr gesehen hatten. Immer öfter trafen wir uns, beinahe täglich. Bis über beide Ohren war ich verliebt.

Nach meinem fünfzehnten Geburtstag jedoch gingen die Sorgen los. Was wäre, wenn er meinen Rücken abstoßend fände? Ja, er wusste von meiner Skoliose, denn man sah sie, trotz Klamotten. Was ist, wenn er schwimmen gehen wollte oder mich zum ersten Mal ohne Kleidung sah? Zum Glück war meine Sorge völlig unbegründet. Ich weiß noch ganz genau, wie er über meinen Rücken strich und sagte, ich wäre für ihn das wunderschönste Mädchen der Welt genau so, wie ich bin. Dieser Junge trug zu einem großen Teil dazu bei, dass ich endlich begann mich zu akzeptieren. Seine Unterstützung war Balsam für meine Seele.

Etwas später entdeckte ich schließlich ein sportliches Hobby, das meinem Rücken guttat, statt ihm Schmerzen zu bereiten. Standardtanz wurde zu einer meiner Leidenschaften. Ich liebte das Gefühl, im Takt der Musik umherzuwirbeln und alles um mich herum zu vergessen. Kein Tanzpartner hat je meine teils schiefe Körperhaltung gestört. Manche Tanzfiguren gelangen mir eben nicht so gut wie anderen, aber das war in Ordnung.

Bis kurz vor meinem achtzehnten Lebensjahr lebte ich mein Leben ganz normal weiter: Abends trug ich das Korsett, ging regelmäßig zur Physiotherapie und war sportlich weiterhin tätig. Doch im Jahr 2016 war der alljährliche Orthopäden-Besuch mehr als ernüchternd. Meine Skoliose hatte sich drastisch verschlimmert, sodass man sich überlegen musste, wie es weitergehen sollte. Eigentlich war ich aus der Pubertät heraus und ausgewachsen, die Skoliose sollte sich somit nicht viel mehr verschlimmern können. Doch in meinem Fall war es so ausgeprägt, dass sie sich trotz aller Mühe unaufhaltsam verschlechterte. Der Chirurg von damals kam mir in den Sinn. Traurig musste ich feststellen, dass er recht behielt: Eine Operation war unvermeidlich für meinen Krankheitsverlauf, wenn ich nicht wie die älteren Frauen aus der Kur enden wollte. In diesem Moment habe ich mich gefragt, wofür das Ganze, wenn ich nun doch aufgeschnitten werden musste.

Lange habe ich mit meiner Familie und meinem Partner gesprochen, was ich nun tun sollte. Doch wir wussten, dass die Operation die einzige sichere Lösung sein würde, um meine ungewisse Zukunft halbwegs zu sichern. Ohne eine Operation würde sich meine Wirbelsäule immer mehr verkrümmen, bis die Verkrümmung sich auf meine Organe auswirken würde. Das Lungenvolumen würde zurückgehen und längere Strecken zu Fuß würden kaum noch möglich sein. Im Endeffekt konnte man einfach nicht mit Gewissheit sagen, was alles passieren konnte. Ich befand mich gerade in einer Ausbildung, als ich mich entschied, die komplizierte Operation über mich ergehen zu lassen. Sechs Wochen verbrachte ich, geprägt von Schmerzen und Traurigkeit, im Krankenhaus und musste insgesamt dreimal operiert werden. Nicht alle Operationen verliefen reibungslos.

Es war eine schwere Zeit, die auch meine Familie belastete. Mama ist mir in den sechs Wochen kaum von der Seite gewichen. Mit Stangen und Schrauben wurde meine Wirbelsäule begradigt, daraus resultierte, dass ich nie wieder meinen Rücken biegen können würde. Nun musste ich jede Bewegung aus der Hüfte heraus machen. Schon immer war ich für eine Frau groß gewachsen, doch da meine Wirbelsäule jetzt in die Länge gestreckt wurde, war ich sagenumwobene acht Zentimeter „gewachsen". Seltsam, aber ich musste mich tatsächlich erst einmal an die neue Höhe gewöhnen und meinen Gleichgewichtssinn anpassen. Es war verrückt. Auch hier waren Familie und Freunde einfach eine immense Stütze. Meine Eltern nahmen alles ohne zu murren hin und manchmal frage ich mich, wie ich ihnen all das je werde danken können.

Man könnte meinen, ich wäre nun wider „gesund", denn meine Verkrümmung wurde ja geheilt. Ja, ich war geheilt, die drohende Gefahr wurde abgewandt. Aber glaubt nicht, dass ein Leben mit Metall im Rücken so einfach ist. Es ist alles empfindlicher, und ich trage eine lange Narbe, die teilweise noch immer taub ist. Um etwas aufzuheben, muss ich mich hinhocken, und wenn ich falle, muss ich Angst haben, dass den Stangen in meinem Rücken etwas passiert. Jederzeit könnte sich eine Schraube lockern (haha) und ich würde nochmal operiert werden müssen. Mein Partner nennt mich mittlerweile schon liebevoll Cyborg oder Terminator. Manche Dinge muss man wohl mit Humor nehmen.

Die Schmerzen sind besser als vorher, auch wenn es Tage gibt, an denen ich die Operation noch deutlich merke und ich mich wie meine Oma bewege.

Aber wenn ich ehrlich bin: Mir geht es gut. Die Narben sind ein Teil meines Lebens geworden und ich kann mit den Blicken anderer umgehen. Ich gehe schwimmen, trage rückenfreie Oberteile und wenn jemand fragt, zeige ich ihm meine Narben. Trotz mancher Einschränkungen genieße ich mein Leben in vollen Zügen und denke an all die Menschen, die eine weitaus schlimmere Behinderung durch ihr Leben begleitet.

KATJA SEEBALD, LAUF AN DER PEGNITZ
unfreiheit

ich finde corona doof
ich kann nicht zu meiner familie
nicht feiern und spass haben
ich kann nicht zu oma ins altenheim
und nicht zu oma nach reichenschwand
zu hause ist es langweilig jeder tag gleich
nur in die förderstätte kann ich gerade
zum glück wieder gehen
da war auch lange zu das war doof
da war ich mit mama allein zu hause
ich freue mich auf die zeit nach corona
wenn ich wieder alles machen kann

ZENO SEIDEL, NEUSÄSS
Corona

Zurzeit war alles superstill
und alle waren krank.
Einhundert Masken, so war es,
fand man in einem Schrank.

Der Husten, der war richtig groß,
so war es meine Pflicht.
In jeder Klinik hing ein Schild,
darauf stand „Maskenpflicht".

Ich existierte nicht als Mensch
und ich war unsichtbar.
Sie nannten mich „Corona"
und meine Devise war:

Wer keine Maske hat,
ist Opfer und dann tot.
Ich schlich mich in sein Hab und Blut
zum nächsten Morgenrot.

Weiß nicht, warum ich giftig war,
ich weiß nicht mal, wer ich bin.
Ich war der Schrecken im ganzen Land,
bekannt und richtig schlimm.

Versehentlich rutschte ich aus
und flog in ein geimpftes Haus.
„Servus, ich bin Corona,
ich komme persönlich her,
um dich zu infizieren.
Das schmerzt dich sicher sehr."

Der Mann nahm einen Spaten
und schlug mich in die Flucht.
Da blieb mir nichts mehr übrig
als aufhören mit der Sucht.

Jetzt sitze ich zu Haus bei mir
mit einem kleinen Glaserl Bier
und denke mir: Sei doch harmlos
und nicht mehr immer groß.

SUSANNE SIEMS, LEIPZIG
Geliebte Schwester – ein Briefwechsel

Meine liebe Sonja,
Deine letzte Mail hinterließ bei mir viele sorgenvolle Gedanken. Du sagtest, es säße ein großer schwarzer Hund vor Deiner Wohnungstür. Jedes Mal, wenn Du die Tür öffnest und hinausgehen willst, knurrt er Dich an und scheucht Dich in die Wohnung zurück. Du fühlst Dich eingesperrt.
Liebe Sonja, tritt hinaus. Du bist nicht wirklich eingesperrt, der große schwarze Hund, es ist Deine eigene Angst, Deine Depression. Du hast mir vor Jahren erzählt, dass Du sie so siehst wie ein großes schwarzes Tier. Jetzt benutzt dieses Tier die Pandemiesituation, um Dich quasi an die Kette zu legen. Dabei sollte es doch umgekehrt sein, Du musst den Hund an der Leine haben. Ich kenne Dich, geliebte Sonja. Du fürchtest das Tier vor Deiner Tür, aber eigentlich magst Du es auch, weil es Dir ein Argument verschafft, nicht aus dem Haus zu gehen.
Hast Du nun endlich mal das Langstocktraining in Angriff genommen? Du weißt doch noch, was ich Dir davon erzählt habe? Wie befreiend es für mich ist.
Mir geht es so weit ganz gut. Ich arbeite nur zu viel. Online scheinen die Möglichkeiten, bei interessanten Themen mitzureden, schier unendlich. Und ich sehe bei Videokonferenzen endlich auch mal denjenigen, der da gerade spricht. Ich lerne ganz neu, mit Mimik umzugehen.
Heute ist der erste laue Sommerabend, sitze auf dem Balkon und versuche den anstrengenden Tag loszulassen. Der Flieder duftet noch und die Petunien schon.
Gib auf Dich acht – das sagt Dein Zwilling Susanne.

Meine liebe Susanne,

danke für Deine Mail, die mir wohl Mut machen sollte. Woher nimmst Du nur immer diesen Optimismus, dieses immer halb volle Glas? Als mein Zwilling hast Du die gleiche Augenkrankheit, die es vielleicht irgendwann mal ganz dunkel macht. Videokonferenzen? Ich habe mich da einmal gesehen, fand mich so hässlich, jedenfalls das, was ich noch sah, ich habe mir geschworen, nie wieder! Und wer das alles überwacht?! Langstocktraining? Da läuft doch jetzt in Pandemiezeiten sowieso nichts. Und außerdem: Ich bin nicht blind! Was sollen die Leute denken? Ich sitze in der Straßenbahn mit weißem Stock und zücke mein Handy?!

Das Tier sitzt immer noch da. Und es kommt auch keiner vorbei, der es wegscheucht. Geschweige denn, dass mal jemand anruft und fragt, wie's mir geht.

Gestern war ich übrigens mit Kathrin im Impfzentrum. Da bin ich sehr wütend geworden. Wir hatten eine Unterschrift bei den ganzen Papieren vergessen. Der junge Mann, der die Zettel entgegennahm, fragte Kathrin, ob sie mein gesetzlicher Betreuer wäre. Ich schimpfte, er würde wohl nicht wissen, dass man nicht gleich blöd ist, nur weil man nicht gucken kann. Kathrin stand daneben und war ganz kleinlaut. Ich habe ihr dann auch ein paar Takte erzählt, wieso sie da nicht widerspricht. Nicht mal entschuldigt hat sich der Mann, uns einfach weitergeschickt. Als Behinderter ist man echt in den Augen der anderen nichts wert.

Jetzt sitze ich hier und kann mich auf nichts konzentrieren. Zu nichts habe ich Lust.

Ach Susanne, mir geht's nicht gut.

Liebe Grüße und eine sehnsuchtsvolle Umarmung

Deine Sonja

Meine liebe Sonja,
also weißt Du, was war denn das für eine Mail!? Erst einmal umarme ich Dich virtuell ganz fest. Ich streichle Dich und will Dir sagen: Niemand hat dich vergessen. Wir telefonieren jeden Tag. Was heißt, keiner fragt nach Dir? Kathrin hat Dich ins Impfzentrum begleitet. Ich finde nicht gut, wie Du sie behandelt hast. So wie ich sie kenne, tritt sie immer für Dich ein. Wenn Du zornig bist, ist es manchmal besser, den Mund zu halten. Das sage ich als Deine Schwester! Was ist das dort überhaupt für eine Geschichte gewesen? Klar, ich lass mir auch von niemandem sagen, dass ich einen gesetzlichen Betreuer brauch, nur weil ich ein Formular nicht ausfüllen kann. Mir ist das neulich auf der Sparkasse passiert. Ich hab's mit Humor versucht. Und ein bisschen mit auf den Putz hauen. Hab einfach gesagt: „Wissen Sie, ich bin Diplombibliothekarin. Ich gehe aber auch nicht davon aus, dass Sie einen gerichtlichen Vormund brauchen, weil Sie vielleicht Thomas Mann nicht verstehen oder gar nicht wissen, wer das ist." Der hat mich so verdutzt angesehen, dann gelacht und sich entschuldigt. Damit wars beendet. Verlang nicht zu viel von den Menschen, jeder hat seine eigenen Probleme in seiner Welt. Klar, für uns ist es manchmal komplizierter als für gesunde Menschen. Aber eigentlich sind diese Vergleiche immer ziemlich bescheuert. Jeder hat irgendwo etwas, das ihn nervt, bekümmert, hadern lässt.
Auch das mit dem Langstocktraining ist anders. Meine Trainerin zum Beispiel hat jetzt in Pandemiezeiten genauso viel zu tun wie sonst. Für mich ist der Langstock eine Befreiung. Was die Leute denken, ist mir egal. Ich habe Angst, wenn ich an der Zentralhaltestelle von Gleis 1 auf Gleis 4 muss. Ohne weißen Stock bekommt niemand mit, dass ich nicht schnell reagieren

kann. Und manchmal ergeben sich sehr nette Gespräche. Auch muss ich nicht laufend peinliche Irrtümer erklären. Wollte ich doch neulich am Fleischstand ein Fischbrötchen kaufen. Sah irgendwie nach Bismarckhering aus, war aber ... ich weiß nicht was, Weißwurst vielleicht. Ich zeigte dann nur auf meinen Stock und schon war die Sache klar.

Eigentlich wollte ich heute gar nicht schreiben. Ich verstehe ja Deine Schwermut, Deine Verzweiflung so manches Mal. Bin ja schließlich Dein Zwilling.

Und: Auf Arbeit ist dieses berühmte Glas für mich auch gerade eher halb leer. Als ich heute Morgen auf Arbeit kam, funktionierte meine Technik nicht. Und keiner fühlt sich da wirklich zuständig. Die Informatiker schieben es auf den Screenreader, die Leute von der Screenreader-Firma sagen, unsere Bürotechnik sei veraltet. Was nützen mir all die Begründungen, es bleibt die Tatsache – ich kann nicht arbeiten. Meine Chefin übergab nun die Aufgabe, die ich hatte und die mir Spaß machte, einer Kollegin, die ohne Zusatzsoftware arbeiten kann ... Ich habe den ganzen Tag geheult.

Nun ist es Abend. Ich wollte noch ein bisschen Klavier spielen. Keine Lust, wird sowieso nichts.

Du siehst, von wegen Optimismus!

Ich sehne unser nächstes Treffen herbei.

Deine Susanne

Meine liebe Susanne,

Nun mache ich mir Sorgen. Was ist mit meiner immer positiv denkenden Schwester passiert? Ich weiß genau, Du kennst Dich aus mit der Technik und Du findest, mit und ohne Hilfe, dafür eine Lösung. Schneller als viele der anderen Kollegen, für die der PC nur eine bessere Schreibmaschine ist. Aber, wenn

Du nicht aufhörst alles persönlich zu nehmen, wirst Du verbittern. Willst Du werden wie ich, meine liebe Susanne, auf die ich immer so stolz bin? Nee, das machst Du nicht! Ich brauche Dich doch als Kämpferin gegen mein großes schwarzes Tier!

Ich habe heute Nachricht von Stefan bekommen. Er bleibt in Norwegen, Hannah ist schwanger. Ich freue mich für die beiden und auch, dass ich Oma werde. Aber es ist so weit weg und ich kann doch nicht allein dahin. Was fange ich nur an mit der ganzen Zeit hier in meinem goldenen Gefängnis? Es ist leer in der Wohnung. Hätte nie gedacht, dass es sich so anfühlt, wenn das Kind auszieht. Und ob Hannah was mit einer blinden Schwiegermutter zu tun haben will?

Also, ich sitze gerade vorm Fernseher rum, schaue eine Talkshow nach der anderen. Und rege mich innerlich auf – irgendwann war mal ein Alibi-Behinderter als Gast bei Markus Lanz, aber sonst redet da niemand über uns. Wie es uns geht mit der Pandemie. Ich fürchte, für die Probleme behinderter Menschen hat niemand mehr Zeit.

Noch was Schönes zum Schluss – der Ziertabaksamen, den Du mir geschickt hast, ist aufgegangen – ich bin gespannt auf den Duft dieser Pflanze, von der Du mir so vorgeschwärmt hast.

Mit ganz viel Liebe – Deine Sonja

PS: Arbeite nicht so viel, Du musst Deine Kraft auf alles im Leben verteilen. Dein Lanni ist schließlich auch noch da.

Meine liebe Sonja,

lieben Dank für Deine Mail. Es ist so wunderbar, dass wir auf diesem Weg Gedanken und Gefühle austauschen können. Du bist mir so nah innerlich, auch wenn Du am anderen Ende der Republik wohnst.

Am Morgen fühle ich oft so einen Tatendrang in mir, so eine Lust, die Welt mit den Menschen um mich zu erobern, sie für mich einzunehmen. Spätestens mittags ist das Gefühl sehr gedämpft. Mir scheint, die Kraft ist immer viel zu zeitig aufgebraucht am Tag. Dann ist eigentlich alles, was mir begegnet, eher mit Anstrengung und Durchhaltewillen verbunden. Na ja, so schlimm ist es auch nicht.

Was Du geschrieben hast: Ich fange mal ziemlich weit hinten an – die Talkshows ... Wieso willst Du, dass jemand über uns redet? Ich will, dass man mit uns redet. Mein Lieblingsmotto, etwas abgedroschen, aber wahr, kennst Du ja: „Nichts über uns ohne uns!" Ich gebe Dir recht, auch wir verfolgen hier die Talkshows und Diskussionen. Über Menschen mit Behinderungen und vor allem mit ihnen wird da nur selten geredet. Ich sag mal so, viele haben jetzt mehr Sorgen als vorher, da ist noch weniger Raum für den Blick auf andere, die auch Probleme haben. Für mich ein Aufruf, sich selbst zu äußern. Wenn alle über ihre Probleme reden, müssen wir das auch tun. Laut und leise zugleich, mit Selbstbewusstsein und Empathie für den anderen. Ich habe schon lange überlegt, ob ich mal einen Brief oder eine E-Mail an Markus Lanz schicke, den ich als Journalist sehr schätze.

Gratuliere zu Deinem Superkind! Ich bewundere, wie er auf Menschen zugeht, seinen eigenen Weg geht, aber immer auch an Dich denkt. Das weißt Du auch. Manchmal bin ich richtig ein bisschen eifersüchtig, er meldet sich viel öfter bei Dir, als meine Kinder bei mir. Und Hannah, hat sie Dir nicht so oft gesagt, wie wohl sie sich bei Dir fühlt? Gerade zu Weihnachten? Mach bitte nicht mit dunklen Gedanken diese wunderbare Beziehung kaputt. Weißt Du, wir sind früher als Schwestern doch viel gewandert. Lass uns gemeinsam nach Norwegen fahren.

Zwei halb blinde Frauen – was für ein Abenteuer. Du kannst ja schon mal anfangen, Norwegisch zu lernen.
Mit Lanni habe ich gerade ein bisschen Stress. Er meint, es gäbe nur noch die Arbeit für mich, ich würde meine Grenzen nicht kennen. Leider hat er wohl recht. Aber wo liegt der Ausweg? Man muss doch etwas tun, um zu zeigen, wer wir sind. Er sagt: „Ja, aber auch Du kannst nicht die Welt retten." Diese Meinungsverschiedenheiten machen uns nicht kaputt, wir halten aneinander fest.
Mehr Musik und mehr Garten wünsche ich mir gerade. Und Dich zu umarmen.
Deine Susanne

Meine liebe Susanne,
gestern Abend stand Karina vor der Tür. Sie hielt den Hund, den großen schwarzen, dem ich immer noch keinen Namen gab, an der Leine. Er wedelte mit dem Schwanz. Karina sagte: „Komm, Sonja, lass uns spazieren gehen." Ich war überrumpelt und ging mit. Zwei Stunden durch den Wald – wunderbar! Auf dem Rückweg gingen wir beim Bahnhof vorbei. Ich habe eine Fahrkarte für nächsten Sonntag. Ich komme Dich für eine Woche besuchen! Ich freue mich sehr, meine liebe Schwester.
Eine Umarmung schickt Dir Deine Sonja

Geliebte Sonja,
Du weißt gar nicht, wie glücklich mich diese Mail gemacht hat. Ich bin so voll Vorfreude auf das Wiedersehen. Und ich bin stolz auf Dich, weil der Hund wenigstens ab und zu an der Leine ist.
Mit sehr liebevollen Gedanken
Deine Susanne

BARBARA SIEVERS, WENTORF
Nimmermehr

Vor dem Pavillon hüpft das Eichhörnchen eine Birke hoch und bleibt auf ihrem untersten Querast hocken. Es starrt mich durchs weit geöffnete Fenster an. Nistmaterial beult seine Schnauze, und der weiße Bauch sticht vom dunkelroten Winterfell ab. Sonnenschein täuscht blendendes Wetter vor, doch die Temperaturen liegen unter null. Ich lehne mich zurück in den Memory Foam meines elektrisch verstellbaren Transfusionsstuhls mit den schwenkbaren Armlehnen. Das Hörnchen zuckt mit dem Schwanz, dann hastet es den Ast entlang, springt hinüber auf eine andere Birke am Rand des Parkplatzes und verschwindet hinter den Büschen.

Auch meine Nachbarin zur Rechten hat das Tier bemerkt. Sie trägt frisch gewaschene Arbeitshosen mit dem Logo eines lübschen Landschaftsbauers. Stirn und Wangen über der FFP2 sind gebräunt, die kurzen Haare von der Sonne gebleicht. Gedankenverloren schaut sie dem Eichhörnchen hinterher. Dann vertieft sie sich wieder in eine der Broschüren vom Informationsständer im Wartebereich; es ist immer dasselbe Heftchen, das für die Angehörigen. Ihre Frau hat MS.

An der Garderobe hinter der angelehnten Glastür rüber zum Empfang kämpft eine Hagere in Echthaarperücke mit ihrem Wintermantel. Schon zweimal ist ihr der Kleiderbügel zu Boden gefallen, und sie entschuldigt sich halblaut in die Runde. Ich nehme meine Jacke nie mit hierher. Die Bügel sind groß und schwer und wie aus einem Katalog für die Vorstandsetage eines DAX-Unternehmens. Vielleicht ein Geschenk der honorigen Stiftung, die den Pavillon fördert.

Die Garderobe ist Teil einer Küchenzeile. Früher haben sie auf der weiß laminierten Arbeitsplatte auf Kosten der Uniklinik ein gesundes Frühstück ausgegeben, nun stehen da nur noch Fürst Bismarck still und medium. Oberhalb der Wasserflaschen ist die Wand zum Nachbarraum hin durchbrochen und verglast. Die Frauen drüben im Labor tragen knallrote Polohemden, weiße Arbeitshosen und Turnschuhe. Sie nehmen gerade eine Lieferung der Zentralapotheke aus der Kühlung und verteilen sie auf Thermokisten. Alarm schrillt. In die kleine Gruppe hinter der Scheibe kommt Bewegung. Eine meiner elektrischen Pumpen zieht keinen Saft aus der Steckdose und läuft auf nahezu leerem Akku. An meinem Galgen hängen Plastikbeutel und eine gewaltige Flasche isotonischer Natriumchloridlösung. Die beiden Pumpen bestimmen die Tropfgeschwindigkeit der Flüssigkeiten und befördern sie durch einen Schlauch in mein Titanimplantat. Von dort aus zirkulieren sie über Silikonanschlüsse in meinen Blutbahnen. Eine Mitarbeiterin kommt aus dem Labor und verstöpselt mein Pumpenkabel neu.

Ich klicke meine AirPods auf Geräuschunterdrückung, stelle den Timer auf ‚nach der aktuellen Folge' ein, fahre den Transfusionsstuhl hoch und schließe die Augen. Thema des neusten Podcasts sind Genmutationen. „Scheiße, wir lagen falsch", sagen sie zu Jenny Neuffer, „Sie haben das Angelina-Jolie-Gen". Brüste ab, Eierstöcke raus mit 30. Jenny Neuffer heißt nicht Jenny Neuffer. In der Podcast-Serie treten in loser Folge Menschenhändler und Mörder mit Klarnamen zum Interview an. Die Frau mit der Genmutation verschleiert als Einzige aus Scham ihre Identität. Ich döse vor mich hin, und nach [1:10:52] läuft die Folge aus. Meine Fläschchen haben noch für eine halbe Stunde Flüssigkeit.

Wie alle drei Wochen haben sie mir vorhin an der Rezeption neben den üblichen Probenröhrchen fürs Blut einen Becher rübergeschoben. Damit die Urinprobe für die Antikörper gut genug ausfällt, heißt es trinken: Kaffee am frühen Morgen, reichlich Fürst Bismarck und ein ordentlicher Schluck Kochsalzlösung sind inzwischen in mich hineingeplätschert. Auch ohne die Natriumchloridlösung bin ich laut meiner App WaterMinder schon bei 114 Prozent meines Tagesbedarfs, und es ist früh am Morgen. Ich bin eine Streberin, aber eine mit guten Nierenwerten.

Ich ziehe meine Eishandschuhe und die Eispantoffeln aus und lasse sie auf den Plastikhocker neben mir fallen. Meine Finger sind steif gefroren, die Fußsohlen ohne Gefühl. Ich fahre meinen Infusionsstuhl runter, stöpsele die Pumpen ab und greife sie an ihren Bügeln, vorsichtig, um nicht die Nadel aus meinem Port zu reißen. Auf Crocs schlurfe ich durch den Pavillon und fahre den Galgen in den engen Gang hinter dem Empfang. Die Doppelrollen am Galgenfuß sind nur zwei, drei Millimeter schmaler als die Türfüllung des WCs.

Mühsam drücke ich mich am Galgen vorbei zur Toilette und bleibe an einem Infusionsflaschenhalter mit meiner Mütze hängen. Nach dem Händewaschen ziehe ich die Beanie wieder sorgfältig über meine Glatze. Anschließend mache ich Fotos von den Etiketten der Beutel und Fläschchen. Zu Hause werde ich die Namen nachschlagen und in eine Liste eintragen zusammen mit Antiemetika, Antiinflammatorika, Histaminen, Cortisol und verschiedenen Zytostatika. Ich stecke mein Smartphone ein, steige wieder über den Fuß des Galgens und ziehe ihn rückwärts durch die Türöffnung in den Flur.

Von ganz hinten am Ende des Gangs, vor dem Zimmer der Ärztin, die den Pavillon kommissarisch leitet, winkt mir meine

Katzenfreundin zu. Eine FFP3 baumelt unterhalb ihrer Nase, und ihre sonst frisch ondulierten Locken hängen schlaff herunter. Vorsichtig fahre ich meinen Galgen zwischen den Stühlen zur Linken und dem Handlauf zur Rechten durch und bleibe vor ihr stehen.

„Darf heute nicht, Blutwerte zu schlecht", sagt sie zur Begrüßung.

Hier im engen Gang stehe ich nicht gut. Das Personal muss über den Fuß meines Galgens steigen, um in den Aufenthaltsraum und das hintere Labor zu gelangen. „Und wie gehts Ihrer Familie?"

„Mein Mann kann jetzt Miracóli", sagt sie und ihre braunen Augen leuchten auf.

„Hab ich als Kind mal gegessen. Fiese Mischung aus Tomatenmark, Gemüsebrühe und Sägespänen. Vergisst man nie."

„Er hat mir auch Hühnerflügel geholt und die in der Heißluftfritteuse gemacht." Zwischen ihren Augenbrauen entsteht eine senkrechte Falte.

„Die mochten Sie nicht?"

Sie schüttelt die Löckchen. „Mein Mann sagt, Dicke, sagt er, du musst doch essen. Aber ich kann nicht. Sie haben mir Astronautennahrung gegeben." Sie zieht ein Tetra Pak aus ihrer Umhängetasche und hält es mir hin: eine pastellfarbene Verpackung mit einem Markennamen in lateinischen Buchstaben.

„Der Hersteller klingt japanisch", sage ich. „Die Japaner haben ein Weltraumprogramm?"

„Nu", sagt sie. „Shake ist am Mittag, gelb Vanille. Zum Frühstück Saft aus dem Plastikschlauch, lecker mit Tabletten." Sie hält mir ihre Tasche hin, die bis oben voll ist mit Tütchen und Tetra Paks. „Bei Ihnen?"

„Wilhelminische Bündnispolitik, Kurvendiskussion, spanischer Komparativ – mir stehts bis obenhin."

„Kann Ihr Mann das nicht machen?"

„Dann muss ich noch jemanden motivieren, so viel Kraft habe ich nicht." Das Telefon brummt in meiner Hosentasche. „Ah, eben kam mein PCR-Ergebnis für die Endoskopie. Negativ." Ich halte ihr den Bildschirm hin.

„Die Enkeltöchter haben versucht, für mich einen Termin fürs Impfen zu machen, aber die sind immer so schnell weg." Sie blättert in ihren Unterlagen: Krankenkarte, Termine, Medikamentenplan, Überweisung, Einweisung ins Krankenhaus. „Ich wünschte, er dürfte beim Gespräch dabei sein."

Eine Frau mit Dreadlocks und ihr plattfüßiger Kollege laufen den Gang entlang und reißen die Tür zu Zimmer A.117 auf. „Wenn sie rennen, das macht mir Angst", flüstert meine Katzenfreundin mir zu. Die Sanis rollen eine Frau auf einer Liege aus dem Zimmer und den Gang hinunter zum Empfang.

„Sie sollten Campen gehen", sagt meine Katzenfreundin unvermittelt zu mir, „weil Sie nie mehr nach Florida können. Mein Schwiegersohn spielt Eurolotto und kauft Ihr Haus." Sie schaut den Sanis hinterher und dann auf meinen Galgen, von dem aus die Flüssigkeiten durch die Tropfkammer und die Schläuche unter meinem Sweatshirt versickern.

„Sauf, oh sauf die gütige Nepenthe", sage ich und lache leise hinter meiner KN95. Meine Freundin sieht mich verwirrt an. „Egal", sage ich, „ist von Edgar Allan Poe."

Die Tür zum Arztzimmer geht auf. Beim Aufstehen rutscht ihre Strickjacke hoch. Ein verknoteter Seidenschal hält ihre viel zu weite Jeans oben. Bevor sie hinter der Tür verschwindet, dreht sie sich um zu mir. „Man lernt nie aus", sagt meine Katzenfreundin und winkt mir ein letztes Mal zu.

GWENDOLIN SIMPER, HANNOVER
Sehr geehrtes Schicksal,

ich schreibe Ihnen diesen Brief, da ich sehr erbost bin. Am 28. Januar 2018 wurde mir mein bisheriges Leben gestohlen. Ich möchte es unverzüglich wieder zurückhaben. Mein jetziges Leben weist etliche Mängel auf, verglichen mit meinem alten Leben.

Der Fehler ist Ihnen, liebes Schicksal, bereits unterlaufen, als ich an diesem Tag gestürzt bin. Ich wusste gleich, dass etwas nicht in Ordnung war, aber ich wollte es zuerst nicht wahrhaben. Als ich dann jedoch die schiefe Stellung des Handgelenks sah, blieb mir nichts anderes mehr möglich. Die Fahrt ins Krankenhaus fühlte sich holprig wie auf einer Schotterpiste an, und bei jedem Stoß stach es in meinem Handgelenk trotz der Kühlpads. Die Notaufnahme war überlaufen, wie typisch für einen Sonntagnachmittag. Ich wurde allerdings bereits nach kurzer Zeit weiter gewunken. Nach dem Röntgen war klar, der Knochen war durch, eine distale Radiusfraktur. Jetzt musste zunächst der Arm wieder gerichtet werden, denn der Bruch war leicht verschoben. Dafür wurden die Finger am sogenannten Mädchenfänger aufgehängt und der angewinkelte Unterarm unter Röntgenkontrolle nach unten gezogen. So korrigiert, wurde der Arm eingegipst und ich für den nächsten Tag zur Kontrolle einbestellt.

Das wäre notfalls noch alles in Ordnung gewesen, wenn sie am nächsten Tag dann nicht entschieden hätten zu operieren. Die OP wurde ambulant in der Notaufnahme durchgeführt, und so durfte ich sieben Stunden im Wartebereich verbringen, bevor sie mir einen Draht in den Arm bohrten. Spätestens da haben sie versagt, liebes Schicksal. Danach begannen nämlich die großen Schmerzen. In der Hand entwickelte sich ein riesiges Hämatom, das über alle Finger reichte. Ich konnte meine Finger kaum mehr bewegen. Und die Unfallchirurgen befürchteten zwar schon nach zwei Wochen ein beginnendes CRPS als schmerzhafte Komplikation, schoben aber, nachdem Draht und Gips nach sechs Wochen entfernt worden waren und das gesamte Ausmaß sichtbar wurde, alles auf mangelnde Motivation meinerseits. Dabei hätten sie nur mal zuhören und sich die Hand anschauen müssen. Aus einer gewöhnlichen Gliedmaße war eine geschwollene, dunkel behaarte und berührungsempfindliche unbrauchbare Hand geworden. Dazu kamen die Schmerzen, die ich mir erst nicht eingestehen wollte, schließlich war ich hart im Nehmen. Was haben Sie sich bloß dabei gedacht, liebes Schicksal? Wie sollte ich mit dieser Hand jemals meine Doktorarbeit beenden?

Als ich nach drei Monaten endlich einen Termin bei einem Schmerztherapeuten ergattern konnte, schickte man mich sofort in multimodale stationäre Schmerztherapie. Dort wurde mir erst klar, was ich da habe, CRPS, das komplexe regionale Schmerzsyndrom.

Und mir wurde klar, dass Sie gehörig versagt hatten, auch bei der Behandlung durch die Unfallchirurgen, über die ich mich hier ausdrücklich beschweren will. Hätten sie nur einen Moment die Budapester Kriterien zur Diagnose angewendet, wäre sofort klar gewesen, dass es tatsächlich CRPS war. Und leider immer noch ist, liebes Schicksal. Ich leide bereits seit über vier Jahren an dieser Krankheit, und die Prognose ist nicht mehr sehr optimistisch. Ich habe wegen Ihres Versagens einen Schwerbehindertenstatus. Ich bin einhändig. Was haben Sie sich dabei gedacht?

Wissen Sie, wie schwierig es ist, einen BH einhändig anzuziehen? Oder eine Hose? Wissen Sie, wie schwer es ist, Schuhe zu binden oder die Tür aufzuschließen, während man etwas in der Hand hält? Wissen Sie, wie gemein es ist, dass ich all das nicht mehr kann wie früher? Dass ich mein Hobby kaum mehr ausführen kann und dass ich nicht mehr richtig arbeiten kann? Dass alle mich an meinem früheren Ich messen, ich eingeschlossen? Ich kann nur versagen. Ich habe nicht aufgegeben, nein, dafür bin ich nicht der Typ. Aber ich kämpfe jeden Tag darum, dass alles so wird wie früher. Und ich kämpfe vergeblich. Warum, liebes Schicksal? Ich darf nicht aufgeben, aber es wird nie belohnt. Und daher möchte ich mein altes Leben zurück. Geben Sie mir mein altes Leben wieder, das kann doch nicht so schwer sein. Ich verlange doch nicht viel, das können Sie mir doch gönnen. Ich habe es mehr als drei Jahre ausgehalten mit diesen Schmerzen, diesem Stechen und Brennen. Ich habe es ausgehalten und bin zu den Therapien gegangen, die zwar die Beweglichkeit verbessern, aber die Schmerzen eher noch verstärken. Ich habe die Welt von dieser Seite gesehen, ist es jetzt nicht genug, ist jetzt nicht jemand anderes dran? Ich soll mein Leben so leben, als wäre ich gesund, sagen die Ärzte. Wenn es wieder wird, dann habe ich nichts verpasst, und wenn es nicht wieder wird, dann habe ich das Beste draus gemacht. Das ist nett gemeint, aber fast schon höhnisch. Leben Sie mal Ihr Leben mit einer Hand, als hätten Sie zwei, mit ständigen Schmerzen, als wäre alles gut. Machen Sie das mal. Ich kann vieles nicht mehr. Ich kann nicht mehr körperlich arbeiten, die gesunde Hand ist überlastet. Ich kann nur am PC arbeiten und nicht Vollzeit. Okay, immerhin kann ich arbeiten, denken Sie. Aber ich verdiene viel weniger und habe viel weniger

Einsatzmöglichkeiten. Außerdem leide ich unter den permanenten Schmerzen und den Nebenwirkungen der starken Medikamente. Ich bin ständig müde, mir ist schwindelig. Das schränkt die Konzentrationsfähigkeit ein. Und das beeinflusst alles wiederum die Arbeit. Ich bin viel weniger leistungsfähig. Ich fühle mich nicht als vollwertiges Mitglied der Gesellschaft, und das ist Ihre Schuld. Ich möchte mein Leben wieder genießen können, ich möchte stolz auf mich sein. Und mich nicht daran freuen, dass ich Dinge schlechter kann als früher. Ich vergleiche mich mit früher, ich will es nicht akzeptieren. Ich sehe keine positiven Seiten der Behinderung.

Zum Ausgleich, denken Sie, liebes Schicksal, habe ich doch gewiss etwas Tolles gelernt. Nein, ich muss Sie enttäuschen, ich habe keine neuen Erkenntnisse und die Menschen nehmen auch immer noch keine Rücksicht, sondern nehmen dich aus soweit sie können. Und die eigene Familie belastet man nur mit seiner Behinderung. Deshalb, liebes Schicksal, deshalb möchte ich mein altes Leben wirklich unverzüglich zurückhaben. Menschen können liebenswert und genau richtig sein trotz Behinderung, aber das wären sie ohne Behinderung bestimmt auch. Es gibt keine süßen Seiten von Behinderung und etwas anderes zu behaupten, wäre Hohn.

Mit freundlichen Grüßen
Gwendolin Simper

ELLA SMOKE, WIEN, ÖSTERREICH

KLEIN

Ich bin klein. Und ich weiß, es wird niemals anders sein.
Das macht mir den Alltag schwer, nur manchmal ist er fair.

Man verletzt mich oft mit Absicht, das ist die Wirklichkeit,
an der mein Herz zerbricht.

Früher einst, da zog ich mich zurück.
Die Einsamkeit war lange mein Glück.
Jeder gemeine Spruch ärgerte mich.
Merkte nicht, wie Dunkelheit in mich schlich.

Ich grub mich ein, blieb allein. Wandelte auf dunklen Pfaden,
verschloss mein wahres Ich. Weinte oft bitterlich.

Eines Tages aber, da reichte es mir, ich bin zwar klein,
aber dennoch habe ich das Recht zu sein. Zu leben.
So riss ich alle Mauern ein, um nach dem Licht zu streben.

Ich wagte es hinaus in die Welt, wollte leben,
gab mehr als nur zu nehmen.

Dann, nach einigen Jahren, da begann ich zu verstehen,
es gibt doch Menschen, die mit dem Herzen sehen.

Sie reichten mir die Hand in voller Zuversicht und Freude.
Heute nenne ich sie meine Freunde.

Und wann immer mein Herz zerbricht, sie sind da für mich.
Sie sagen, ich habe Liebe und Freundlichkeit, das zählt,
das hat Gewicht!

Die, die mich verspotten, haben all das nicht.
Denn deren Herzen sind aus Stein.

Und immer mehr wird mir klar,
ich bin vielleicht klein,
aber ich bin nicht allein.

DELIA SPEISER, DORNACH
Bittersüße Wirklichkeit

Ich bin ein fast ganz normaler Teenager, fast eine normale Bürgerin und fast ein normaler Mensch. Doch nur fast, denn eine Sache gibt es, die mich in Ketten hält. Diese Zöliakie, die hält mich ein bisschen abgesperrt von allem. Ich bin kerngesund, ich gehe normal in die Schule und kann mich wohl nicht beklagen. Doch normal leben geht halt doch nicht.

„Ach, Zöliakie, ja klar, das kenne ich, das ist das mit Laktose" (falsch!), „Nimm doch einfach Tabletten" (die gibt es nicht) oder „Du musst doch nur auf Gluten verzichten" (Was heißt nur?!). Das sind alles Sprüche, die ich kaum noch ertrage. Es ist öde, immer dieselben Sätze zu hören. Bei jedem Essen dasselbe, ich wiederhole meine Sätze jedes Mal und beantworte Fragen um Fragen. Eigentlich ist es kein Essen, denn dazu komme ich gar nicht mehr. Und diese Blicke, die Blicke sind noch schlimmer. Ich würde gerne in die Welt schreien und erklären, was mit mir los ist, doch ich bleibe stumm.

Ach, ich weiß noch, vor zwei Jahren saß ich im Restaurant mit meiner Familie. Sie aßen ein Eis und tranken genüsslich ihre Cola. Und ich aß aus meiner roten Brotdose einen glutenfreien Keks, da sie im Restaurant kein glutenfreies Dessert hatten. Und da waren sie wieder, diese Blicke von den anderen Gästen. Sie starrten mich an, ich konnte sie alle denken hören. Sie denken doch alle immer das Gleiche: „Ach, wieder so ein Kind, das wohl nicht versteht, dass man hier das isst, was auf der Speisekarte steht." Doch die wissen gar nichts. Ach, ich würde doch gerne! Was würde ich dafür geben, einfach ohne Bedenken etwas bestellen zu können, doch ich kann es nicht. Fünf Minuten

am Stück wurde ich angestarrt. Diese verurteilenden Blicke brachten mich dazu, nicht mehr essen zu wollen.
Überall lauert Gefahr. Wer weiß, was als Nächstes auf mich wartet. Eine Staubwolke aus Mehl, deren Einatmen für mich gefährlich wird. Oder Kinder auf dem Pausenplatz, die es wieder einmal lustig finden, mich mit Darvidas zu bewerfen. Zudem wurde Mehl in meine Hefte gestreut und sie gingen auf mich los mit tobendem Gelächter. Auch Freunde und Lehrer verstanden mich manchmal nicht. In der Pause ließen mich ein paar Freunde nicht mehr mit ihnen zusammen essen, da sie den Geruch von Glutenfreiem (Maismehl) wohl nicht ertrugen. Also aß ich allein, bis ich mich weigerte, etwas zu essen. Ich hörte auf zu essen, denn ich wollte nicht anders sein. Das Einzige, was ich wollte war, ein normales Kind und mittlerweile ein normaler Teenager zu sein. Ich will das Leben leben, das alle leben. Ich will in die Stadt fahren, bis 22:00 Uhr draußen bleiben und spontan eine Pizza essen. Ich will in ein Restaurant gehen und bestellen, was mein Herz begehrt, und vor allem danach nach Hause gehen ohne Angst vor kommenden Schmerzen. Und auf keinen Fall will ich das Kind sein, das aus Angst immer Schmerztabletten mitnimmt.
Dazu kommt noch, dass ich selbst unter den Speziellen die Spezielle bin. Sogar unter den Leuten mit Zöliakie bin ich die Besondere mit der seltenen Art von Zöliakie: „Morbus Duhring". So ist nicht nur das Einatmen von stäubendem Mehl ein Problem für mich, sondern auch das Berühren von Glutenhaltigem. So wird zum Beispiel auch Kleister zum Basteln und allenfalls sogar Handseife zu einem Problem für mich.
Viele verstehen das nicht. Oft werde ich beschimpft oder „angegriffen", weil sie nicht verstehen, was es ist, oder nicht damit zurechtkommen. Zöliakie ist eigentlich nicht so schlimm, das

Schlimmste sind die Menschen drumherum. Die machen mich erst zu einer kranken Person!

Ich bin ein offener Mensch und spreche gerne über meine Zöliakie. Auch Fragen beantworte ich gern, doch manchmal wird es zu viel. Oft schauen mich kleine Kinder an und fragen ihre Eltern lautstark, was ich habe. Die Eltern flüstern beschämt zurück, dass sie es nicht wissen. Die Kinder sagen immer, sie wollen das auch essen, was ich esse, und sie fragen mich viele Dinge. Oft muss ich nur schmunzeln, ich beantworte diese Fragen gerne. Manchmal ist es schön, denn das ist meine Welt. Es zeigt mir, dass andere Interesse daran haben. Doch es gibt Aussagen von Menschen, die mich krank machen. Sie sprechen darüber, als wüssten sie alles, doch sie wissen es nicht! Sie fragen nicht nach, sondern stellen mein Wissen mit aggressivem Unterton infrage.

Ich sage es oft, doch wohl nicht oft genug: „Nein, es ist nicht heilbar." „Nein, es gibt keine Tabletten." „Ja, im schlimmsten Fall ist es lebensbedrohlich." Und „Nein, es hat nichts mit Laktose zu tun." „Es ist nicht ansteckend.", und „Nein, es ist nicht heilbar." Ich sage es immer und immer wieder, immer und immer wieder … Doch ich hoffe, das endet bald. Ich hoffe, die Welt kennt bald den Begriff „Zöliakie" und es wird mehr Möglichkeiten für uns Zöliakiebetroffene geben, auswärts zu essen und ein normales Leben zu führen.

Doch natürlich gibt es nicht nur negative Aspekte. Ich habe eine Weile gebraucht, bis ich damit umgehen konnte. Ich habe eine Weile gebraucht, bis ich aus dem Loch des Selbstmitleids rausgekommen bin. Etwas hat mir dabei geholfen, oder eher eine Person. Es waren nicht meine Freunde, der entscheidende Satz fiel von meiner Lehrerin aus der 3. Klasse. Sie sagte mir, dass sie es gut fände, dass ich Zöliakie habe, und sie froh darüber sei. Sie meinte, andere könnten damit nicht umgehen. Sie sagte mir, ich sei intelligent genug, um alles auswendig zu lernen, was Gift für mich ist und was nicht. Ich kann mit dem Mobbing umgehen und mein eigenes Leben beschützen. Sie sagte mir, ich rette damit das Leben von einer Person, die es nicht schaffen würde. Viele würden es nicht einen Tag aushalten. Sie meinte, indem ich das habe, wird ein anderes Kind davon verschont.

Mittlerweile habe ich auch Freunde, die mich manchmal wieder wie einen normalen Menschen fühlen lassen. Bei ihnen fühle ich mich nicht mehr so anders. Ich gehe zu ihnen nach Hause und es gibt glutenfreies Essen für mich. Es steht schon glutenfreies Brot, meine eigene Butter und Aufschnitt für mich bereit. Ich erinnere mich daran, wie sie an meinem letzten Geburtstag daran gedacht haben, glutenfreie Snacks für mich zu kaufen. Ich sagte kein Wort und doch funktionierte es. Sie taten es freiwillig – und das war schön. Und wichtig war, ich hatte keine Angst vor kommenden Schmerzen, ich konnte für einen Augenblick meine Last vergessen.

Ich gehe nicht durch die Welt als das kranke Kind, als das Kind mit Behinderung. Ich definiere mich nicht durch Zöliakie. Ich bin mehr als das Mädchen, das ein wenig eingeschränkt ist im Leben. Ich bin das Mädchen, das jemand anderem ein normales Leben geschenkt hat. Ich habe jemandem eine normale Kindheit ermöglicht und helfe anderen, mit ihrer Erkrankung umzugehen. Ich lerne daraus und kann anderen ein wenig helfen. Das Schicksal weiß schon, was es tut, und ich nehme es an und mache das Beste daraus.

DELIA SPEISER, DORNACH
Bittersüße Wirklichkeit

Langweilig wird mir nie.
Ja, bei meinem Leben mit Zöliakie.
Manchmal bin ich krank und das Laufen fällt mir schwer,
doch oft bin ich auch ganz gesund und hab' keine Schmerzen
mehr.

Gluten, der kleine Schuft,
raubt mir manchmal meine Luft.
Dann nehm' ich Schmerztabletten
und die, die müssen mich wieder retten.

Ein normaler Teenager bin ich zwar nicht,
doch so zu tun, ist meine Pflicht.
Krankenhaus ist nicht mein Zuhaus,
doch manchmal schaff ich's kaum aus meinem Haus.

Ich würde gern spontan was essen,
doch auch das kann ich vergessen,
Pizza bestellen würd' ich gern,
doch das geht nicht, da muss ich mich selbst belehr'n.

Es macht mir nichts aus, anders zu essen,
diesen Fakt kann ich vergessen.
Doch die Leute um mich rum
tun manchmal ganz schön dumm!

Ich will die gleichen Möglichkeiten wie andre haben
und nicht so viel Verantwortung tragen.
Denn, wäre die Zöliakie bekannter,
wäre die Welt schon toleranter.

Doch ich will jetzt nicht nur klagen,
sondern auch einen Nutzen vortragen,
jetzt kann ich hier auch mitschreiben
und der Welt mein Leben zeigen.

NICOLE STEFFENS, DORNBURG
Die Traumreise

Keiner hat mich gesehen.
Schnell rein.
Tür zu.
Ruhe. Endlich!

Ich atme ein, atme aus. Atme wieder ein und wieder aus. Denke beim Einatmen „ganz" und beim Ausatmen „ruhig", krame eine Notfalltablette aus der Hosentasche und kontrolliere, ob die Toilettentür wirklich abgeschlossen ist. Klappe den Klodeckel runter, setze mich darauf und lehne den Kopf gegen die Fliesen.

Einatmen „Ganz"
Ausatmen „Ruhig"
Ich schließe die Augen.

Nach einem langen Spaziergang durch den hellgrünen Frühlingswald, vorbei an weiß strahlenden Birken und mächtigen Eichen, begleitet vom Zwitschern junger Vögel, stehe ich in einem sonnigen, rundum verglasten Raum. Von hier sehe ich hinunter zur Altstadt, seitlich liegt der Fluss und im Hintergrund der Feldberg. Lächelnd gehe ich zur Leinwand. Ich male eine Frau mit Prada-Brille und weißem Badeanzug. Sie springt rückwärts in einen Pool mit türkisblauem Wasser.
Arschbombe Deluxe.
Gegen elf setze ich mich an den cremefarbenen Beistelltisch mit gedrechselten Beinen. Aus dem rosa Cocktailsessel sehe ich auf die geöffnete Holztruhe. Sie ist bis oben mit Büchern

gefüllt, alle ungelesen und als Geschenk verpackt. Bei einigen erkenne ich durch die Größe oder anhand des Etiketts der Buchhandlung, um welches Buch es sich handelt. Bei anderen bringt das Auspacken eine echte Überraschung. Ich entscheide mich für ein undefinierbares rotes Päckchen. Während ich lustlos blättere, geht mein Blick nach oben. Der Raum hat eine gläserne Decke. Fasziniert vom intensivblauen Himmel mit kleinen, weißen Wölkchen stehe ich auf, um mich auf den Boden zu legen.

Da passiert es.

Der Raum teilt sich. Zwischen der Parkettreihe, auf der ich sitze, und der, auf der ich meine Beine ausstrecken will, klafft ein Loch. Ich versuche meine Beine anzuwinkeln, aber es ist zu spät. Mit meinen Fersen habe ich den Raum zerteilt.

Ich starre 20 Meter in die Tiefe.

Mein Atem stockt.

Ich lasse mich vorsichtig nach hinten sinken. Mit angewinkelten Beinen flach auf dem Holzboden liegend merke ich, wie über meinem Kopf ein ebenso großer Spalt klafft.

Ich schwebe auf einer Holzplanke, die höchstens einen Meter breit ist und nur an den beiden Enden des Raums Halt hat. Ich drehe mich ganz langsam auf den Bauch und krabbele vorsichtig auf allen vieren Richtung Ausgang. Meine Hände sind so glitschig, dass ich mich kaum halten kann. Bis zur Tür sind es höchstens drei Meter. Also: rechten Arm nach vorne strecken, rechtes Knie hinterherziehen, linken Arm davorsetzen und das linke Bein nachziehen. Wiederholen.

Ich verharre.

Mein Atem stockt. Das Parkett scheint plötzlich nur noch ein dicker Stoff in Holzoptik zu sein.

Ich hänge durch.

Ich schaukle.

Ich habe Höhenangst und einen freien Blick nach unten. Mit Händen und Füssen klammere ich mich an den Stoff, schließe die Augen und öffne sie sofort wieder. Zentimeter für Zentimeter ziehe ich mich voran.

Irgendwann komme ich an.

Ich löse vorsichtig eine Hand, suche Halt im offenen Türrahmen, klammere mich erst mit der linken, dann mit der rechten Hand fest, hole Schwung, ziehe mich rein und falle auf den sicheren Fußboden.

Leise Geräusche irritieren mich.

Sie kommen aus mir. Ich atme laut, ich fiepse. Der Schweiß tropft von meiner Nase, läuft über mein Kinn, fließt den Hals hinunter. Mein T-Shirt klebt an mir. Meine linke Gesichtshälfte pocht, ein pulsierender Schmerz zieht die Schläfe hoch über das Auge bis zur Stirn. Ein lauter Pfeifton hält mich davon ab, einen klaren Gedanken zu fassen.

Mein Körper zuckt, Mundwinkel und Kinn sind feucht.

Ich öffne die Augen.

Im Vorraum wasche ich Gesicht und Hände, binde die Haare neu zusammen, richte Shirt und Hose.

Auf dem Gang begegnet mir mein Chef.

„Na, alles klar bei Ihnen?"

„Alles traumhaft", sage ich und lächle.

NICOLE STEFFENS, DORNBURG
Hemmsel und Gretel

Es war einmal ein junges Mädchen. Etwa fünfzehn Jahre alt, mittelblond, mittelgroß und mittelintelligent. Sie hatte die besten Voraussetzungen, um ein mittelprächtiges Leben zu führen. Doch sie litt unter starken Kopfschmerzen. Je älter das Kind wurde, umso häufiger kamen die Schmerzen. Im Laufe der Jahre besuchte sie Ärzte der unterschiedlichsten Fachrichtungen. Vom Hausarzt wurde sie zum Kinderarzt geschickt, von dort zum Frauenarzt. Der Zahnarzt entfernte mehrere Zähne. Der Hals-Nasen-Ohren-Arzt hatte keinen verdächtigen Befund, aber den Tipp, mehr Wasser zu trinken. Nichts half, es war wie verhext. Neurologen tauften die Hexe auf den Namen Migräne, gaben dem Kind Schmerzmittel und versuchten, Trost zu spenden mit Hinweisen wie „Mit dieser Krankheit kann man problemlos alt werden" und „Man sieht dir die Krankheit nicht an".

Die junge Frau lernte, dass Schmerzen, die man nicht sehen konnte, nicht allzu schlimm waren.

In den ersten Jahren begleitete die arbeitsscheue Hexe sie ausschließlich in der Freizeit. Irgendwann kam die Furie mit ins Büro. Mehrfach wöchentlich verschwand die Frau nun aus ihrem Büro auf die Toilette. Mehrmals monatlich wurde ihr so schwindelig, dass der Bildschirm vor ihren Augen verschwamm. Mit Akuttabletten, Prophylaxen und einem reizarmen Leben versuchte sie gegenzusteuern. Nichts half. Die penetrante Migräne wurde zum permanenten Schatten. Mit Concealer und Rouge, bunter Kleidung und aller Kraft versuchte die Leidende, für ihr Umfeld weiterhin die nette Kollegin, Freundin, Partnerin und Nachbarin zu bleiben.

Irgendwann wurde die Frau vierzig. Ihre äußeren Umstände waren so, wie jedes Mädchen es sich als Kind erträumt. Sie lebte in einem mittelgroßen Haus in einer mittelgroßen Stadt und verdiente mittelviel Geld. Im Laufe der Jahre hatte sie ihr Arbeitspensum immer wieder reduziert, ihren Lebensstil von reizarm auf reizlos heruntergefahren. Für einen Moment konnten diese Maßnahmen die Hexe besänftigen. Doch mit den Jahren wurde sie immer gieriger. Sie forderte mehr Raum. So hatte die Frau trotz aller Zugeständnisse fast täglich neue Attacken zu bewältigen. Häufig wachte sie davon früh morgens um fünf mit starken Schmerzen auf, konnte den ganzen Tag nur im dunklen Raum liegen und war schweißgebadet, wenn sie den Weg vom Bett bis ins Bad gegangen war. Alle Ärzte, Heilpraktiker, Therapeuten und Ernährungsberater hatten mehr Frust als Hilfe gebracht. Sie war unendlich müde und kraftlos. Mit einundvierzig fühlte sie sich wie einundneunzig.

Wenn die Frau an einer Party teilnahm, bereitete sie sich darauf tagelang vor. Im letzten Sommer war sie mit großer Vorfreude und bestens vorbereitet bei der Gartenparty der Nachbarn erschienen. Und musste nach einer Stunde wieder gehen. Unzählige Male hatte sie in den letzten Jahrzehnten gegen ihren persönlichen Dämon verloren. Mit Anfang vierzig sah sie keine Möglichkeit mehr, ihrem Leben eine Wendung zu geben. In der Nacht nach der Feier träumte die Verzweifelte von ihrer Gartenbank unter dem kleinen Apfelbaum. Gerade wollte sie Platz nehmen, da entdeckte sie auf der Sitzfläche in golden

funkelnder Schrift den Satz: „Was kostet mich WIRKLICH Kraft?"
Beim Aufwachen stand ihr diese Frage vor Augen. MIGRÄNE, war ihre erste Antwort. Als sie etwas tiefer in sich hineinhörte, merkte sie, dass sie mindestens genauso viel Energie benötigte, um gegen die Folgen der unsichtbaren Krankheit anzukämpfen. Ihr Leben lang wollte sie dazugehören, alles tun, was andere auch taten. Die Realität sah so aus, dass sie seit Jahren kein Konzert besucht hatte. Seit mindestens einem Jahrzehnt hatte sie keinen Alkohol getrunken, aber sofort den Geruch eines trockenen Rotweins in der Nase, wenn sie daran dachte. Immer sehnte sie sich nach den Dingen, die sie nicht haben konnte. Im Rückblick schien ihr Leben ein Kampf gegen das eigene Schicksal.

,Was für ein Unsinn', dachte die Frau plötzlich und änderte die Frage in: ,Was tut mir wirklich gut?' Sie fing an Tagebuch zu schreiben, entdeckte Sketchnotes und Aquarellmalen für sich. Ihre Leidenschaften für die Natur und für Bücher entfalteten sich neu. Im Laufe der folgenden Monate lernte sie on- und offline eine Menge dazu.

Nun war wieder Sommer. Sie saß auf ihrer Gartenbank und schrieb mit goldenem Stift auf einen kleinen Zettel: „Meine persönliche Hexe wird mich mein ganzes Leben lang begleiten. Ich habe gelernt, mit ihr auszukommen. Ich schenke ihr Beachtung, dann ist sie zufrieden und zieht sich manchmal sogar gut gelaunt zurück. Ich werde nie mehr so tun, als ob es mir gut ginge, wenn es mir schlecht geht. Weil bei mir einiges anders funktioniert als bei den meisten Menschen, bin ich wohl ein ganz besonderes Exemplar. Das ist toll."

Sie rollte den Zettel zusammen und schob ihn in einen kleinen Spalt unter der Bank.

Aus dem kleinen Mädchen war eine selbstwirksame Frau geworden. Mit großen Zielen, wachsendem Selbstbewusstsein und riesigen Ambitionen. Die Hexe blieb ein Hemmnis, aber Gretel hatte gewonnen!

Weiße Tauben

„Ich liebe Fußball! Die Bewegung in der Sonne. Von zehn auf hundert – erst tanze ich mit den Beinen auf der Stelle, um warm zu bleiben, dann kommt der Ball und ich stürme los. Fußball ist nie gleich. Strategien – Teamgeist – Tore schießen – unbeschreiblich. Am meisten liebe ich Fußball, weil ich mein Team liebe. Wir können uns aufeinander verlassen. Wir sind Freundinnen. Ihr wolltet ja, dass ich tanzen lerne, ich habe es nie gemocht, aber jetzt bin ich euch dankbar dafür, es bringt mir große Vorteile beim Fußball."

Ich sitze auf meinem Balkon. Vor mir ein großer Karton mit Briefen. Meine Mutter starb vor acht Jahren, mein Vater vor acht Wochen. Mein Tagesprojekt heute ist es, die Kiste durchzusehen und möglichst viel wegzuschmeißen. Hat das Mädchen, das vor 30 Jahren diesen begeisterten Brief schrieb, wirklich etwas mit meinem heutigen Ich gemeinsam? Ich habe damals nicht nur Fußball gespielt. Ich bin gejoggt, gewandert, Rad gefahren. Immer, wenn mir das Studium Zeit dazu ließ. Kurz muss ich an Angelika denken. Meine beste Freundin im Fußballteam. Angelika, die mit mir zwei Wochen den GR 20 durch Korsika wanderte. Angelika, mit der ich so viel gelacht habe, bis wir beide vor Lachen nur noch japsten. Angelika, die mich knallhart fallen ließ, als ich nicht mehr Fußball spielen konnte. Als der Schmerz kam. Die Bewegungseinschränkungen. Und die Wut. Warum? Warum ich? Und warum so früh? Doch damals ging es mir im Vergleich zu jetzt noch richtig gut. Ich musste zwar mein Studium abbrechen, denn als Lehrerin würde ich mit meiner Erkrankung nicht arbeiten können, doch Sparkasse ging. Zehn Jahre lang habe ich siegreich mit meinem Körper gekämpft. Auf der Arbeit wusste keiner, wie krank ich war. Ich war pünktlich. Ich war zuverlässig. Ich war leistungsstark. Darauf war ich stolz. Meine Schmerzen gingen niemanden etwas an. Ich nahm nicht nur mehr, sondern immer stärkere Tabletten. Ich wollte mich weiterhin bewegen. Fußball und Joggen gingen nicht mehr. Aber Radfahren und Schwimmen.

Mechanisch nehme ich einen Brief nach dem anderen in die Hand, sortiere sie in Stapeln. Soll ich meinem Bruder oder meiner Tante die alten Briefe, die sie an meine Eltern geschrieben haben, wirklich noch geben?

Was wird von mir übrig bleiben, wenn ich tot bin? Wird sich irgendjemand die Mühe machen, meine Kurznachrichten und meine E-Mails zu lesen und zu sortieren? Bestimmt nicht.

Denn ich habe keine Tochter. Ich habe nicht einmal einen Mann. Wer wird sich überhaupt um meine Beerdigung kümmern?

Ich habe Tobi geliebt – und Tobi mich. Die Turteltauben haben sie uns genannt. Immer, wenn Tauben auf dem Baum vor meinem Balkon landen, muss ich an ihn denken.

Aber meine Liebe hat nicht gereicht, ihm genügend Platz in meinem Leben zu geben. Ich war so damit beschäftigt, um meine Gesundheit zu kämpfen, dass für ihn nicht genug Zeit blieb. Genauso wenig wie für Joachim oder Jan. Seitdem bin ich allein. Ich habe zwei Freundinnen, mit denen ich seit einem Jahr nur noch telefoniert habe. Wir sind alle sehr vorsichtig in der Pandemie. Es macht mich wütend, so wütend zu sehen, wie dilettantisch die Bundesregierung beim Impfen vorgeht. Nicht genug Impfstoff bestellt. Dann nicht sofort angefangen und dann in der Priorisierung die Menschen mit Behinderung komplett vergessen. Mir wird ganz heiß vor Wut. An uns denkt mein Land nicht, wir sind unwichtig.

Obwohl ich mein Bestes gegeben habe. Ich hätte viel lieber etwas mit Kindern gemacht, aber ich musste Konten bearbeiten, bis ich kurz nach meinem zehnjährigen Firmenjubiläum zusammenbrach. Krankenhaus, Reha, Arbeitsversuch, Reha. Hatte ich es vorher geschafft, aufrecht durch die Gänge der Firma zu gehen, ohne dass man das kleinste Hinken sah, schlurfte ich danach mit dem Rollator zu meinem Büro. Die Schmerzen ließen sich immer weniger unterdrücken. Seitdem wurde ich dreimal operiert, physio- und psychotherapiert und später aus der Firma heraus in die Erwerbsminderung gedrängt. Seitdem frage ich mich, ob es richtig war, mir so viel zuzumuten.

Plötzlich beginnt es zu regnen. Meine Nachdenklichkeit wird zu einer Wut, die schmerzhaft in meinem Körper explodiert. Mir tut alles weh, mein Vater ist tot, dieses Jahr wird noch einsamer als das letzte, und ich werde es auf keinen Fall schaffen, diesen Pappkarton und die sortierten Briefstapel trocken in meine Wohnung zu schaffen. Warum muss es gerade jetzt regnen? Warum immer zum falschen Zeitpunkt? Warum kriege immer ich das ab? In dem Wutanfall wachsen meine Kräfte, ich wuchte den Karton hoch und kippe ihn über das Balkongeländer. Der Karton schlägt unten auf der Terrasse mit einem Knall auf, zahlreiche Briefe flattern hoch. Sie ähneln weißen Tauben. Ein Blatt segelt über den Rasen und stürzt vor dem Apfelbaum ab. Dort liegt es, wie eine tote Taube.

Ich schnappe den Stapel mit meinen Briefen, stehe vorsichtig auf, ziehe mich an den Armen in die Wohnung hinein, knalle die Balkontür zu und schreie vor Schmerz. Zehn Minuten später sitze ich heulend und zusammengesackt auf meinem hohen Stuhl. Das hätte nicht passieren dürfen. Ich hätte meine Fassung behalten müssen. Welcher normale Mensch flippt aus, nur weil es zu regnen beginnt! Mir ist kalt. Bevor ich anfange zu zittern, lege ich mich ins Bett. Schalte mein Wärmekissen an. Wo tut es am meisten weh? Hüfte. Ich packe das Wärmekissen unter meine Hüfte, ziehe die Bettdecke über meinen Kopf und möchte nie wieder aufstehen.

Meine Blase meldet sich, als es gerade schön kuschelig wird.

Auf dem Rückweg klingelt es an der Tür.

Es hat schon lange niemand mehr an meiner Tür geklingelt. Da steht die Nachbarin von unten links und hält mir meinen Karton entgegen. Ich weiß, dass sie eine Tochter hat, mehr nicht.

„Ich habe gesehen, dass Ihnen etwas vom Balkon gefallen ist. Es regnete, da habe ich die Papiere schnell eingesammelt. Tut mir leid, nass geworden ist trotzdem einiges."

Ich danke ihr.

„Ich wollte Sie sowieso einmal besuchen", fährt sie fort.

„Ich habe gesehen, dass Ihnen das Laufen schwerfällt. Da wollte ich meine Hilfe anbieten. Wenn Sie etwas einzukaufen haben oder so, können Sie sich gerne bei mir melden. Ich heiße Ruth."

Meine Sehnsucht siegt über meine Vorsicht. Ich schiebe meinen Rollator beiseite und bitte sie zum Tee in meine Küche – mit ganz viel Abstand. Es tut so gut, mit jemandem persönlich zu sprechen. Ruth ist alleinerziehend und hat es nicht leicht mit ihrer Tochter. Wir entdecken Gemeinsamkeiten, wir lachen sogar.

Nachdem Ruth gegangen ist, habe ich einen warmen, ruhigen Bauch. Die Sonne scheint. Ich mühe mich wieder auf den

Balkon. Dort breitet sich die Wärme aus meinem Bauch im ganzen Körper aus, und ich spüre keinen Schmerz mehr. Heute Abend gibt es einen schönen Film im Fernsehen. Meine Stimmung steigt.

Ruth will mir helfen. Ob sie das ernst gemeint hat? Und sie hat zu wenig Zeit für ihr Kind. Ich habe nie eigene Kinder bekommen. Ich habe es mir einmal sehr gewünscht. Vielleicht sollte ich Ruth anbieten, dass ich mich um ihre Tochter ein wenig kümmern könnte?

Ich genieße die letzten Sonnenstrahlen auf dem Balkon. Das wäre damals nicht möglich gewesen – an einem Werktag auf dem Balkon in der Sonne zu sitzen. Damals, als ich noch gearbeitet habe, da saß ich in einem Büro mit Fenstern zur Nordseite und habe aus meiner dunklen Höhle heraus die Menschen draußen in der Sonne beneidet.

Zwei Amseln streiten sich, eine Taube, die ich nicht sehen kann, gurrt. Ist das ein Zeichen? Zu etwas Kinderbetreuung wäre ich vielleicht noch fähig. Doch dann müsste ich geimpft sein. Ich werde mich morgen damit beschäftigen.

Jetzt halte ich mein Gesicht der Sonne entgegen und bin zufrieden.

Erinnerungen an meinen Lebensweg

Im November 2020 bin ich 84 Jahre alt geworden und habe schon viel erlebt. Mein Leben war nicht immer einfach. Ich erinnere mich als Kölner Kind noch an den Krieg, als eine Bombe einschlug und unser Haus zerstörte.

Wir saßen im Keller, der Eingang war verschüttet, und wir konnten uns dann durch ein Kellerfenster nach draußen retten. Es kamen Soldaten, und wir wurden auf Lastwagen geladen und kamen in ein Flüchtlingslager außerhalb der Stadt. Nur einen großen Raum gab es und hier schliefen wir alle auf Matratzen auf dem Boden. Es waren so viele Menschen in dieser Baracke. Die Soldaten gaben uns Essen, aber satt wurden wir nicht, ich hatte immer Hunger. Meine Mutti war sehr krank und schwach, sie konnte nicht aufstehen. Mein Vater und ich sind dann über Land gegangen und haben gebettelt, um Brot. Mal war man freundlich und mal haben sie uns die Tür vor der Nase zugeschlagen. Es waren ja so viele Leute aus dem Lager unterwegs und die bettelten auch.

Dann ist meine Mutti gestorben, und wir haben sie in Kirchhunden begraben.

1950 wurde ich plötzlich von einem Mann von der Fürsorge aus dem Lager abgeholt. Mit dem Zug brachte er mich nach Bad Oeynhausen in den Wittekindshof.

Als wir ankamen, habe ich ganz doll geweint, eine Schwester kam und nahm mich in den Arm, sie wollte mich trösten. Ich war allein, kannte keinen und mein Vater war weg. Ich hatte Heimweh und ich wusste gar nicht, warum ich hier sein musste.

Dann wohnte ich im Marienheim bei den kleinen Kindern. Hier habe ich den Schwestern bei den Kindern geholfen, mit ihnen gespielt. Das war schön, hier fand ich eine Freundin und meine Heimat, denn bis heute lebe ich im Marienheim.

Es wurde viel gesungen, damals mit den Schwestern. Einen Fernseher gab es nicht, und wenn wir abends in der Runde saßen und strickten oder stopften, wurde mit den Schwestern auch gesungen. „Für den gold'nen Sonnenschein, für die Luft so klar und rein" war ein Lied, das ich heute noch gern singe. So ist mein Leben immer weitergegangen, und ich bin alt geworden.

Mein Leben war nicht einfach und ich habe viel durchgemacht. Mit dem Krieg fing es an. Später wurde ich schwer krank, hatte Krebs. Am meisten fehlte mir eine Familie, und es störte mich, dass ich immer im Heim gelebt habe.

Doch es hat auch viel Schönes in meinem Leben gegeben. Ich habe eine Freundin, wir treffen uns, sitzen zusammen und erzählen, einfach schön.

Dann kam im letzten Jahr die Krankheit, Corona. Plötzlich musste ich im Haus bleiben, das Haus war abgeschlossen, keiner durfte rein. Zu Anfang war es schrecklich, ich hatte Angst, dass ich auch krank würde, immer saß ich allein in meinem Zimmer. Furchtbar war das, immer nur die Wände ansehen wie in einem Bunker, eingesperrt, allein.

Alle laufen mit Masken herum, ohne Gesicht, nur Augen. Keinen mehr anfassen! Keine Umarmung! Die Mitarbeiter waren so lieb, sie haben sich immer was ausgedacht, es gab Tüten mit Überraschungen und Bastelsachen. Wir haben Essen bestellt und liefern lassen.

Die Mitarbeiter haben für uns eingekauft, alle haben sich bemüht, etwas Schönes zu machen, um mich aufzuheitern.

Draußen habe ich ein Vogelhaus bekommen, dort füttere ich jetzt jeden Tag, und dann freue ich mich, wenn die Vögel kommen und ich sie beobachten kann.

Ich bekam einen eigenen DVD-Player in mein Zimmer, so was hatte ich noch nie.

Jetzt kann ich in meinem Zimmer gemütlich alte Filme ansehen, das genieße ich. So viele Menschen haben mir Filme geschenkt, Immenhof und so was. So lieb ist das.

Dann ging es los mit dem Impfen, zweimal bin ich geimpft. Jetzt bin ich wieder frei, ich war im Dorf zum Einkaufen und freue mich sehr. Ich habe einen eigenen Hausschlüssel bekommen – wie im Hotel mit Funk.

Endlich kann ich wieder meine Freundin Ingrid treffen, wie schön. Keiner aus unserem Haus ist krank geworden, wir haben es geschafft. Das Leben ist nicht immer leicht, aber es ist schön, wenn Menschen für einen da sind. Ich hoffe, jetzt wird alles wieder so wie vor Corona.

CARMEN STRACK, FRANKFURT AM MAIN
Lebensqualität zurückgewinnen
Ein Weißer Stock bringt Reise-Freiheit

Berlin, Sommer 2012: „Könntest du einige Lebensmittel besorgen, während wir unterwegs sind?", fragte meine Schwester. Wir waren zu viert hier und hatten für eine Woche eine Ferienwohnung gemietet. Die drei anderen planten einen Ausflug, der mir zu anstrengend gewesen wäre. Ich habe eine gravierende Sehbehinderung, kann nur mit stark vergrößernder Lupe überhaupt noch etwas lesen, habe kein perspektivisches Sehen mehr und kann Entfernungen nicht einschätzen. Das Einkaufen im Supermarkt um die Ecke traute ich mir jedoch allein zu, denn wir waren schon einige Male dort gewesen und ich hatte mir gemerkt, wo bestimmte Dinge zu finden waren.

Ich machte mich also mit zwei Stofftaschen, dem mit einem dicken Filzstift sehr groß geschriebenen Einkaufszettel und einer Geldbörse auf den Weg. Weil ich viel Zeit hatte, bis meine Mitreisenden zurückkommen würden, konnte ich alle paar Meter stehen bleiben und mich umsehen. Da standen hohe, alte Häuser mit wunderschönen Fassaden, bunt bepflanzten Balkonen, stuckverzierten Fensteröffnungen und kunstvoll geschnitzten Eingangstüren. Es war der gleiche Weg, den wir in den vergangenen Tagen schon oft gegangen waren, und ich stellte erstaunt fest, dass ich das alles vorher nicht bemerkt hatte, denn ich hatte mich auf den Boden vor mir zu konzentrieren, um nicht zu stolpern. Mit der Gruppe hatte ich keine Zeit gehabt, stehen zu bleiben, um mir meine Umgebung anzuschauen. In diesem Berliner Viertel wechselten die Bodenbeläge auf den Gehwegen sehr häufig ihre Beschaffenheit und Farbe, ohne dass da eine Stufe gewesen wäre. Aber ich konnte nicht erkennen, ob es ganz eben weiterging. Also musste ich vorsichtig sein und jederzeit mit Absätzen rechnen. Schließlich wollte ich mir den Urlaub nicht durch einen verstauchten Fuß oder gar einen schmerzhaften Sturz verderben. Wenn ich meine Umgebung wahrnehmen wollte, musste ich stehen bleiben, um mich gefahrlos umsehen zu können. Ich hatte auch schon bemerkt, dass ich unsere kleine Gruppe wohl doch aufhielt, weil alle meinetwegen langsamer gehen mussten. Sie nahmen zwar selbstverständlich Rücksicht auf mich, aber ich empfand mich doch als Hemmschuh. So bin ich damals zu dem Entschluss gekommen, diese Städtereisen nicht mehr mitzumachen. Zum einen, um die anderen nicht zu behindern, und zum anderen, weil ich bei den gemeinsamen Unternehmungen zu Fuß nicht wirklich viel mitbekam. In der Folgezeit sprachen wir öfter über die schöne Woche in Berlin, und es hieß dann, das machen wir bald wieder. Ich dachte an meine Überlegung, nicht mehr mitzufahren, sagte nichts dazu und grübelte, ob ich es noch mal riskieren könnte. Nach und nach reifte der Entschluss, es vielleicht doch mit einem Mobilitätstraining zu versuchen. Das hieße, mit dem Blindenlangstock zu laufen und für alle sichtbar behindert zu sein. Ob das meinen Begleitern peinlich wäre? Alles in mir sträubte sich dagegen. Ich hatte schon große Probleme damit gehabt, den gelben Anstecker mit den drei schwarzen Punkten zu tragen. Natürlich war mir verstandesmäßig klar, dass es sicherer wäre, mich als sehbehindert beziehungsweise blind zu kennzeichnen, aber ich empfinde mich nicht als bedauernswertes Geschöpf, das ständig auf Hilfe angewiesen ist. Ich will nicht über meine Seheinschränkung definiert werden!

Den Blinden-Anstecker hatte ich mir 2011 gekauft, weil eine Freundin mich zu einem Urlaub auf Mallorca mitgenommen hatte. Allerdings nur unter der Bedingung, dass ich mich kennzeichne. Na gut, hatte ich mir gedacht, dort kennt dich ja keiner, da kannst du mal testen, wie die Leute darauf reagieren. Da ich entgegen meiner Befürchtung nicht das Gefühl hatte, von allen komisch angesehen zu werden, sondern dass allenfalls auf mich Rücksicht genommen wurde, trug ich den Anstecker dann auch zu Hause und machte keine negativen Erfahrungen. Im Gegenteil: Wenn ich an der Haltestelle fragte, welche U-Bahn gerade einfuhr, ersparte ich mir Antworten wie „Das steht doch dran!" und meine Rechtfertigung „Ich kann es aber nicht mehr lesen."

Das führte dazu, dass ich mich seitdem unsicher, ja sogar etwas „unbeschützt" fühle, wenn ich mal vergesse, meinen Button an die Jacke zu stecken, die ich gerade trage. Könnte es möglich sein, dass es mir mit dem Langstock ähnlich gehen würde?

Beim Stammtisch, der vom Blinden- und Sehbehindertenbund einmal monatlich für von Makula-Degeneration Betroffene in Frankfurt angeboten wird und den ich seit Jahren regelmäßig besuche, wurde immer mal wieder über Mobilitätstraining und Orientierung gesprochen. So beschloss ich endlich, es einfach auszuprobieren. Ich müsste den Stock ja nicht ständig benutzen, wenn es mir unangenehm ist.

Bei meinem nächsten Augenarzt-Besuch ließ ich mir also eine Verordnung für einen Weißen Stock und die dazugehörige Schulung ausstellen. Mit einer Rehabilitationslehrerin übte ich den richtigen Gebrauch des Langstocks und erhielt außerdem viele hilfreiche Hinweise bezüglich Ampelanlagen, Bodenindikatoren und vieles mehr.

Kurze Wege, die ich gut kenne, laufe ich auch heute noch manchmal ohne Stock ab, aber ich fühle mich mit ihm auf jeden Fall sicherer. Außerdem bewege ich mich damit gerade im Menschengewühl viel unbehelligter, weil alle dem Stock aus dem Weg gehen, und Fahrradfahrer, die sonst ganz dicht an mir vorbeifuhren, jetzt einen Bogen um mich machen. Bei unserem nächsten Berlin-Trip sagte meine Schwester: „Seit Carmen mit ihrem Stöckchen geht, läuft sie blitzeflink vor uns her!" Ich wünsche, ich könnte allen Menschen, denen es so geht wie mir, nur für eine halbe Stunde das großartige Gefühl der Entlastung und Freiheit vermitteln, die das unbeschwerte Laufen mit dem Stock zurückgibt.

Wenn ich heute aus einer fremden Stadt berichte, erzähle ich nicht, wie oft der Straßenbelag wechselt, sondern von schönen Häuserfassaden und interessanten Schaufensterauslagen, von den Sehenswürdigkeiten, die es zu bestaunen gibt, und von Menschen, die an mir vorbeieilen, lässig schlendern oder an einem Springbrunnen in der Sonne sitzen.

MICHELLE STRUCKL, METNITZ IN KÄRNTEN, ÖSTERREICH

Bittersüße Wirklichkeit – Eine liebevolle Begegnung

(als Beitrag zur Inklusionsforschung)

Zwei junge Frauen treffen aufgrund einer Arbeitsstelle an einer Hochschule aufeinander. Aus einem Abhängigkeitsverhältnis während der Ausbildung heraus kommen die Damen – nennen wir die erste Doktorin und die zweite eine Behinderte – in eine Situation, in welcher beide völlig neue Rollen einnehmen müssen. Tatsächlich stellen die beiden im Laufe der neuen Zusammenarbeit fest, dass einen Perspektivenwechsel theoretisch zu besprechen sehr viel einfacher ist, als diesen praktisch zu erleben. Was letztendlich so viel bedeutet, dass nur wenige Monate nach dem beruflich bedingten Erstgespräch eine zwischenmenschliche Bombe dazu führte, dass die Rollen zerplatzten. Damit einhergehend auch die Vorstellungen beider darüber, dass der Auftrag – wofür sich beide Damen stark machten – nichts anderes war als eine Luftblase, die dem Wind nicht mehr standhielt und sich letztlich mitsamt der vielen gesellschaftlichen und hochschulischen Erwartungen und Maßnahmen in Luft auflöste: die Inklusion.

Machen wir zunächst einige Schritte zurück auf diesem sogenannten Weg der Inklusion. Ich möchte die menschlichen Eigenschaften der Damen nicht außen vor lassen. Es soll schließlich verstanden werden, warum solche Haltungen und Rollenbilder heute immer noch präsent sind, trotz dieser vielen Errungenschaften wie der Behindertenrechtskonvention, der Chancengleichheit oder Barrierefreiheit. Wichtig ist es, Einblicke zu gewinnen, wie Menschen, deren Ziel die Umsetzung der Inklusion ist, sich auf einem Brett voller Verklärungen befinden und selbst den Nährboden der Ausgrenzung und Separation lebhaft machen, ohne mit der Wimper zu zucken. Beginnend mit der zweiten Dame – die wir bewusst als Behinderte bezeichnen. Sie lebt, wohnt und arbeitet seit ihrer Geburt mit einer hochgradigen Sehbehinderung. Diagnostiziert im Alter von sieben Jahren, waren ihre Eltern ab diesem Zeitpunkt konfrontiert mit einer Wahrheit, die diese selbst bis zum heutigen Tag nicht verstehen können. Das behinderte Kind wird vom Tag seiner Geburt bis zum siebten Lebensjahr wie ein im Sprachgebrauch genanntes ‚normales' Kind behandelt. Erst nach der Diagnose wird Kind samt Eltern im Rahmen der schulischen Bildung mit diversen Problemen konfrontiert. So kommt es immer wieder zu Diskussionen zwischen Eltern und PädagogInnen. Die einen, die es gut meinen! Die anderen, die es besser wissen! Die, die Klugscheißer spielen, und alle, die das Kind zum Objekt der Behandlungen, Maßnahmen, Bewertungen und Anordnungen machen. Die Behinderte wird vom frühkindlichen subjektiven Menschen zum Objekt der klugen Ratschläge von MedizinerInnen, Objekt der Maßnahmen und Bewertungen von PädagogInnen und Objekt der Behandlungen von Ämtern und öffentlichen Stellen. Hört sich alles noch ‚normal' an – und ist es erschreckenderweise auch. Weiter im Fall der Behinderten. Nach dem Wechsel in die Hauptschule folgt der Eintritt in die Pubertät und alles, was damit einhergeht. Die Behinderte wird zwar immer noch zum Objekt sämtlicher Besserwisser gemacht, entwickelt jedoch dadurch ein besonders feines Gespür dafür, wenn es jemand mal wieder zu gut mit ihr meint. Gehorsam und Anpassung stehen in diesem Alter für viele Jugendliche auf der Tagesordnung. Schrecklich dabei ist, dass diese von Grund auf widerwertigen gesellschaftlichen Prozesse mit allen Jugendlichen vorgenommen werden. Nicht für die Behinderte, denn in ihrem Fall ist es nicht möglich, durch Anpassung und Gehorsam gegenüber den Erwachsenen etwas zu leisten. Aufgrund dieser zu hinterfragenden Ereignisse ist es der Behinderten möglich, sich selbst mit viel ‚Eigensinn' auszustatten. Täglich stehen Diskussionen mit den Obrigkeiten im Programm der jungen Frau. Aber zum Glück nicht nur das, die Einbettung und daraus resultierende Kraft aus der Peergroup ist gegeben, welche einer zusätzlichen Stärkung der Herausbildung von Eigensinn dient. Die einzige Sonderbehandlung, auf die die Behinderte im Jugendalter gegenüber ihrer ErzieherInnen bestehen muss, sind ein Platz in der ersten Reihe im Klassenzimmer, eine vergrößerte Schrift sowie verlängerte Zeit bei Schulaufgaben. Nicht sehr anspruchsvolle Forderungen, trotzdem müssen sie fast täglich neu erkämpft werden, weil es nicht die ‚Norm' ist.

Nun ist es so weit, denn die Behinderte muss sich über die weitere Ausbildung Gedanken machen und eine Entscheidung treffen. Bevor jedoch eine Entscheidung getroffen werden kann, passiert eine weitere große Misere. Ein sogenannter Behindertenpädagoge wird auf sie aufmerksam. Warum Misere? Ganz einfach, weil die Behinderte ab jetzt wirklich behindert wird, und zwar von außen. Der schwere Kampf um Anpassung und Gehorsam geht ab diesem Zeitpunkt weiter. Wiederholend muss zum Abbau von schulischen Barrieren der Eigensinn der Behinderten stark in den Vordergrund gerückt werden. In den folgenden Jahren hinterlässt der Kampf nach schulischer Integration enorme persönliche Spuren. Anpassungsdruck und Leistungszwang können nicht mehr vom Eigensinn der Behinderten bezwungen werden. Es folgt ein schwerer persönlicher Kampf. Dadurch bilden sich Eigenschaften heraus. Eine davon ist, dass sie sich selbst zum Objekt von Maßnahmen und Bewertungen macht. Die Konfrontation mit Obrigkeiten wird zum täglichen Geschäft. Der Umgang mit Barrieren geht zum Teil mit großen persönlichen Veränderungen einher.

Der Behindertenpädagoge sagt zu ihr, sie sei die Königin der Sehbehinderten und solle nicht Maßnahmen fordern, die ihr nicht zustehen. Die Direktorin einer Schule sagt zu ihr, sie solle den Sonderpädagogischen Förderbedarf (abnorme Stellung in der schulischen Integration) eintragen lassen, dann würde man sie nicht mehr wie ‚normale' MaturantInnen bewerten. Die Schuldirektion zeigt ihr gegenüber Gleichgültigkeit, denn Behinderte gehören ohnehin in Sondereinrichtungen und nicht unter die ‚Normalen' – all das ist täglich Brot. Jetzt klingt es so, als hätte die Behinderte niemanden an ihrer Seite. So ganz stimmt das nicht. Es gibt Menschen, die kann man an einer Hand abzählen, die ihr als MentorInnen im Laufe der vielen schwierigen Jahre zur Seite stehen. Sie geben Unterstützung und Hilfe zur Selbsthilfe. Sie geben Verständnis und Rückhalt in besonders schweren Zeiten. Sie bringen Diskriminierungen auf das Tablett und setzen sich für Chancengleichheit ein. Sie sind Kämpfer für Inklusion.

All diese Personen und Erlebnisse prägen die Behinderte, bis sie auf die andere Dame trifft. Am Tag des Kennenlernens steht die Doktorin vor ihr, sie ist auch noch jung, frisch von der Universität, unterrichtet an der Hochschule in der Inklusionsforschung. Bis hierher kommt die Behinderte im Rahmen ihrer schulischen Ausbildung. Sie beginnt, das zu studieren, womit sie seit ihrem siebten Lebensjahr konfrontiert ist. Endlich ist sie angekommen, dort, wo die Behinderte lernen kann, warum die Gesellschaft sie zu einer Behinderten macht. Schließlich ist sie nur ein Mädchen und später eine junge Frau, die eben nicht gut sehen kann und dafür Hilfe braucht.

Die Doktorin lehrt an der Hochschule, weil sie Kenntnisse und Wissen darüber hat, was Behinderung und gesellschaftliche Vielfalt bedeuten. Und das sind die Schlagwörter. Sie hat viel Wissen, Kenntnisse und Forschungen zu den Themen der Inklusionsforschung. Was sie nicht hat, ist Selbsterfahrung und Bewusstsein dafür, täglich mit einer Behinderung konfrontiert zu sein. Ihr weiterer Hintergrund kann an dieser Stelle nicht näher beleuchtet werden.

Zwei Objekte – oder noch besser – zwei Bedürftige, die zufällig aufeinandertreffen: Die beiden Damen treffen demnach in dem Abhängigkeitsverhältnis als Studierende und als Lehrende aufeinander. Der weitere Weg bis zum Abschluss der Ausbildung ist klar, es gelten für die Behinderte wieder einmal mehr Anpassung und Gehorsam. Häufig kommt es zu Konflikten, weil das Wissen der Doktorin über den Bereich der Inklusionsforschung im Umgang mit der Behinderten nicht ausreicht, um eine zwischenmenschliche Beziehung aufzubauen. Die Behinderte bleibt das Objekt der Erwartungen und Maßnahmen ihrer Lehrenden. Diese Maßnahmen zeigen sich beispielsweise durch den Einsatz von nicht barrierefreiem Lehrmaterial oder Abwertungen der Doktorin gegenüber der Behinderten. Nun hat sich jedoch das Verständnis der Behinderten gegenüber Obrigkeiten völlig verändert, denn ihr ist es nicht wichtig, Wissen anzuhäufen, sondern dazu beizutragen, dass sie als Mensch mit Potenzialen und Stärken in der Gesellschaft unterwegs sein möchte. Somit ändert sich laufend das Selbstbild der Behinderten. Viele Jahre Anpassung, Dressur und Gehorsam gegenüber denjenigen, die es eben besser wissen, wie man mit ihr umgeht, als sie selbst es weiß.

Die Formung des Selbstbildes führt dazu, dass der Eigensinn der Behinderten wieder stärker herausgebildet wird, ganz zum Entsetzen der Doktorin. Einige Konflikte hin und einige her, die Behinderte sei es schließlich gewohnt, dass Konflikte die einzige Lösung für das Angenommenwerden ihrer selbst seien.

Der Abschluss der Hochschule ist der Behinderten trotz vieler Konfrontationen wie auch Kompromisse gelungen.

Schockierende Feststellungen der Behinderten nach weiteren Jahren des Gehorsams und der Anpassung sind: Eine Doktorin, die zwar Botschaften verteilt, aber selbst nicht die Botschaft ist. Eine sich selbst ernennende Inklusionsbeauftragte, die Ausgrenzung und Diskriminierung zu ihrem täglich Brot macht, indem sie InteressenvertreterInnen als Ignoranten beschimpft, von oben herab auf Menschen blickt, die andere Meinungen vertreten, Anpassungsleistungen zu ihrem Ziel verklärt. So eine Person steht vor der Zukunft der InklusionsvertreterInnen und bildet diese mit ihrem eigenen Verständnis und ihren bis dahin angelernten Vorstellungen von einem Miteinander der Vielfalt aus. Wohin soll dieser Umgang miteinander und Haltungen gegenüber nicht ‚normalen' Menschen in unserer Gesellschaft führen?

Für die Behinderte ist es ein Bewusstwerdungsprozess. Warum, fragen Sie sich? Ganz einfach – weil diese Form der Herausbildung von Haltungen dazu führt, dass wir Menschen uns in all unseren Gemeinschaften – Familien, Vereinen, Unternehmen und vor allem in schulischen und hochschulischen Einrichtungen – zu Objekten von Maßnahmen, Anordnungen, Behandlungen und Forderungen machen. Dieser Umgang miteinander führt dazu, dass wir Haltungen herausbilden, wie wir uns gegenseitig ständig verletzen und einer den anderen für seine persönlichen Interessen benutzt. Und besonders der Inklusionsbereich ist davon nicht ausgenommen. Ganz im Gegenteil. Es scheint, als würde gerade die Forderung nach Inklusion dazu führen, den Irrweg der gegenseitigen Benutzung zu verstärken. Solange wir uns gegenseitig so behandeln, werden wir unsere Stärken nicht leben können, sondern nur weiter diesem irrgeleiteten Pfad der gegenseitigen Verletzungen folgen. Um Himmels willen! – Die Behinderte hat gelernt, dass sie nicht behindert ist, sondern behindert gemacht wird. Von außen, von anderen, von Bedürftigen, von Barrieren, von Forderungen. Auch von der Forderung nach Inklusion.

Das tief berührende Aufeinandertreffen der Behinderten und der Doktorin führt erst zum Verständnis, dass das zwischen ihnen keine Begegnung ist. Es sei nur eine Fortsetzung davon, dass die Doktorin sich in ihrer Rolle bestärkt fühlen kann, andere Menschen für ihr Forschungsinteresse zu benutzen. Im Rahmen der Arbeitsstelle zeigt sich ausschließlich das Interesse der Doktorin, wieder jemandem zu zeigen, wie es richtig zu sein hat. In diesem Fall ist es eben die Behinderte, die das zu spüren bekommt, wieder Objekt der Forscherin zu sein. Mache alles, wie ich es sage, in der Zeit, die ich dir vorgebe, mit den Inhalten, die ich von dir verlange, mit dem Ergebnis, welches ich benötige! Not trifft es am besten. Die Behinderte wird, wie jeder andere zuvor, genötigt, die Erwartungen und Forderungen zu erfüllen.

Zu Anfang wird die Behinderte von der Doktorin für die Bearbeitung eines inklusiven Forschungsprojekts aufgenommen. Nach außen hin sollte es authentisch sein. Eine Behinderte sollte an dem Forschungsprojekt an der Hochschule mitwirken. Es geht schließlich um Inklusion. Nach kurzer Zeit der Aufgabenverteilung muss die Behinderte jedoch mit folgendem klarkommen: Sie soll nach außen hin als partizipierende Teilnehmerin wirken und dadurch ein passendes Bild für die Hochschule erfüllen. Tatsächlich ist sie in diesem Prozess nie auf Augenhöhe mit der Doktorin. *Für die Doktorin ist die Behinderte ein Mittel zum Zweck. Die von der Behinderten subjektiv wahrgenommene und eindrucksvolle Aussage:* Wir sprechen mit den Menschen mit Behinderungen nur darüber, was wir im Vorhinein intern festgelegt haben. Die behinderten Personen sollen nur das bestätigen, was wir als ForscherInnen zuvor erarbeitet und festgelegt haben.

Das Forschungsprojekt ist für Auftraggebende und diese Doktorin in den Augen der Behinderten ein gut bezahlter Zeitvertreib. Für die Behinderte wird es zunehmend Zeitverschwendung. Sie ist nie auf Augenhöhe und würde es als Teil dieser sozialen Gemeinschaft nie sein. Sie trifft die Entscheidung, sich diesen aus persönlicher Sicht grausamen und aus gesellschaftlicher Sicht irreführenden und verklärenden Film zu cutten. Eine der schwierigsten Entscheidungen ihres Lebens, nennt die Behinderte diese Notwendigkeit. Die Notwendigkeit wäre sonst zu einer tickenden Zeitbombe geworden.

Selbsterkenntnis – Die Behinderte kann durch diese erdrückende Erfahrung das Verständnis und die Haltung dafür herausbilden, dass für sie Botschafter auch die Botschaft selbst sein müssen. Nur die Haltung und der liebevolle Umgang mit sich selbst können dazu beitragen, dass zukünftig Begegnungen mit Gemeinschaften gelingen, in denen man als subjektives soziales Wesen aufgenommen wird. Warum die Behinderte an diese Idee glaubt und zunehmend Vertrauen daraus schöpft, fragen Sie sich? – Weil ich die Behinderte bin!

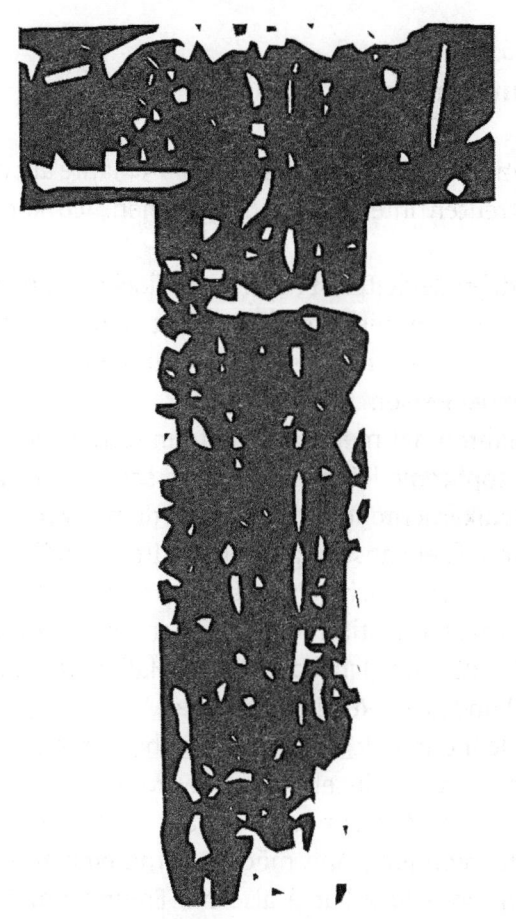

TINA THIES, BERLIN
Eine Freundin für Flocke

Hallo, mein Name ist Tina Thiers, ich bin 34 Jahre alt, wohne in einem betreuten intensiven Einzelwohnen. Ich komme aus Berlin. Mein ständiger Begleiter ist mein Kater Flocke, der mir auch zu Corona-Zeiten sehr viel Freude bereitet und ich ihm umgekehrt genauso. Er wird dieses Jahr im Mai vier Jahre alt. Nun zu meiner Person. Vor zehn Jahren hat meine Psychiaterin festgestellt, dass ich unter Schizophrenie leide. Es hat circa sechs Jahre gedauert mit der Medikamenteneinstellung und damit war es gefühlsmäßig im Kopf sehr anstrengend. Ich wurde zum Teil auch depressiv. Nun nehme ich seit einem Jahr Antidepressiva und Tabletten gegen die Stimmen. Seit über einem Jahr kann ich wieder klar denken. Ich habe keine Halluzinationen mehr (Stimmen) und keine Realitätsverluste.

Mittlerweile nehme ich meine Krankheit mit Humor. Ich konnte ins ‚Betreute Einzelwohnen', worauf ich drei Jahre hingearbeitet habe. Momentan bin ich auf der Suche nach einer Zwei-Raum-Wohnung und möchte gerne eine zweite Katze anschaffen, eine Glückskatze, also eine Freundin für Flocke.

SABINE TOLLKÜHN-KLEIN, BOTTROP
Meine bittersüße Wirklichkeit
als Mensch mit Asperger-Syndrom

Sie können auf den nächsten Seiten etwas aus meinem Leben erfahren. Ich habe meine Gedanken zu Papier gebracht. Zudem war ich mutig und habe diese auch wirklich abgeschickt.

Oft lebe ich in meiner eigenen Welt. Dann fällt es mir schwer, die Realität zu erkennen. Es füllt sich an, als wären Spaghetti im meinem Kopf, die ich nicht entknoten kann. Wenn doch, kann Wunderbares zum Vorschein kommen. Meine Ehrlichkeit ist oft ein Hindernis im zwischenmenschlichen Miteinander. Witz und Ironie kann ich nicht immer verstehen, da ich vieles wörtlich nehme. Körpersprache wie Mimik und Gestik kann ich nur selten deuten. Hin und wieder gibt es einen Lichtblick und dann habe ich verstanden. Dieser Lichtblick kann jedoch genauso schnell wieder verglühen und ich muss erneut nach Deutung suchen.

Meine Gleichgewichtsstörungen schränken mich im täglichen Leben ein. Der Umgang mit diesen Störungen ist nicht leicht. Ebenso höre ich Geräusche im Hochtonbereich schrecklich laut. Diese verursachen große Unruhe und Kopfschmerzen.

Große Menschenansammlungen in Einkaufszentren, der Kirmes sowie auf Partys meide ich bewusst. Diese zusätzlichen Reizüberflutungen kann ich nicht ertragen. Zu meinem Glück gibt es noch einige Tante-Emma-Läden und kleine, individuelle Geschäfte jeglicher Art.

In meiner Kindheit gab es einen kleinen Tante-Emma-Laden und einen Kiosk in unserem Stadtteil. Ich habe diese Geschäfte geliebt. Sonntags gab es Taschengeld, damals noch in D-Mark.

Selbst Pfennige waren für mich ein stattliches Vermögen. Dieses Geld wurde sofort für Leckereien ausgegeben. Dann gab es Klümpchen, Mausespeck, Wassereis und noch vieles mehr. Für mich sind in dieser Zeit Rituale entstanden, die zum täglichen Leben dazugehören. Diese geben mir Sicherheit und Halt. Sollten jedoch meine Rituale gestört werden, kann es schon mal im zwischenmenschlichen Umgang ungemütlich werden. Solche Tage ziehen sich dann schleppend dahin. Ich werde unruhig und habe keine Energie mehr. Meine Liebe zu Museen und Ausstellungen sind Balsam für mich. Klassische Musik lässt meine Kreativität wachsen. In meiner Fantasie entstehen Farbenexplosionen, die mit der Musik harmonieren. In dieser Phase genieße ich bewusst meinen mentalen Zustand. Diese Zeit ist dann für mich nicht mehr messbar.

Das Herunterfahren des sozialen Miteinanders ab März 2020 war sicherlich wichtig. Mir persönlich bereiten diese Einschränkungen allerdings kein Unwohlsein. Ich kann mir jedoch vorstellen, dass viele Menschen die Leichtigkeit des Lebens vermissen. Schnell mal in ein Restaurant, zum Friseur oder zum Shoppen zu gehen, ist in dieser schwierigen Zeit nicht denkbar. Das soziale Leben ist stark eingeschränkt. Diese ‚bittersüße Wirklichkeit' betrifft uns nun alle.

Unser Garten wurde in dieser Zeit eine Oase der Ruhe und Sicherheit. Ich bin sehr glücklich, in einer solchen Oase ausspannen zu können. Auch die Gartenarbeit ist nicht zu kurz gekommen. In einem kleinen Gewächshaus habe ich Tomaten und Kräuter gezüchtet. Die Ernte war ertragreich. Das hat mich sehr stolz gemacht. Die Vögel haben neue Wassertränken erhalten. Im Frühling konnte ich die Insektenwelt, besonders die Bienen, beobachten. Selbst das Malen im Garten hat mir Spaß gemacht. Bis in den Herbst hinein habe ich kreativ Ölbilder gemalt. So ist für das örtliche Hospiz ein farbenfrohes Bild entstanden.

Nun war ich bereit, einen Teil meiner Bilder ausstellen zu lassen. Daraus wurde nur leider nichts, denn das Museum wurde coronabedingt wieder geschlossen. Ein wenig traurig war ich schon.

In der Weihnachtszeit habe ich besondere Karten versandt. Es waren kleine Kopien meiner Ölbilder, versehen mit weihnachtlichen Grüßen. Diese Karten haben es bis zum Druck in einer örtlichen Zeitung geschafft.

Im Winter habe ich nach fast 40 Jahren wieder angefangen zu puzzeln. Die Auswahl an guten Puzzles ist riesig geworden. Die Puzzles wurden sehr schnell schwieriger und anspruchsvoller. Das Jahr 2020 hat mich mental wachsen lassen.

Des Weiteren habe ich meine Gedanken über Corona und deren Auswirkungen aufgeschrieben, da mich das Coronavirus sprachlos macht.

Tag des ersten Lockdown, 16.03.2020

Ich - Du - Wir
zusammen mit Abstand
gegen das Virus...

März 2020

Schwierige Zeiten

warten und hoffen
von nah und fern

arm und reich
an ERFAHRUNG
hin und her
immer und wieder
sauber und steril
gegen das UNSICHTBARE
wenig und viel
klein und groß
jung und alt
aus FEHLER lernen
sozial bleiben
immer wieder
ein ANFANG
wahren und halten
den ABSTAND
Mensch sein
Mensch bleiben
       in der Corona Krise...

April 2020

Schenke öfters ein Lächeln
dieses Lächeln kann verzaubern.
Bitte nehme Rücksicht
diese Rücksicht kann Leben retten.
Bewahre Ruhe
sie gibt Sicherheit.
Unbeliebte Hausarbeit
kannst du nun erledigen.
Faulenzen und Spielen

ist natürlich besser.
Ein gutes Gespräch zu Hause
fördert das Beisammensein.
Bitte bleibe anständig
horte kein Toilettenpapier.
Danke allen Menschen
die dir helfen aus der Krise zu kommen.

Nun beginnt das neue Jahr 2021 und ich wünsche mir von ganzem Herzen, dass das Virus eingedämmt werden kann. Des Weiteren hoffe ich, dass der Impfstoff sehr schnell für alle Menschen verfügbar sein wird.

Auch wenn ich als Asperger Autistin eine etwas andere soziale Wahrnehmung habe, finde ich die Hilfe untereinander wichtig. Ich versuche mit meinen Mitteln der Gesellschaft etwas zu geben.

Nun lebe ich mit meiner Vergangenheit in der Gegenwart, damit mir die Zukunft Zufriedenheit gibt...

CAROLIN TREML, WALDSASSEN
Bewegung und Faszination

Andere Menschen faszinieren mich. Ich beobachte sie, blicke in ihre unergründlichen Mienen und frage mich, wie es sich wohl anfühlt, in ihrer Haut zu stecken. Wie sieht die Welt durch ihre Augen aus? Fühlen sie sich manchmal genauso orientierungslos, wie ich es tue? Denn alles, was ich wahrnehme, ist die Selbstverständlichkeit, mit der sie durch ein Leben tänzeln, welches scheinbar keine Barrieren bereithält. Ihre Bewegungen sind so intuitiv, so selbstbewusst. Ohne jede Trägheit.

Was verspürt die schwarzhaarige Frau am Tisch neben mir wohl, während sie die Kaffeetasse an ihre Lippen führt? Ist ihr bewusst, dass diese kleine, unscheinbare Geste Tausende und Abertausende Möglichkeiten eröffnet, ein Leben zu gestalten, welches keine Grenzen kennt?

Nein, damit meine ich nicht die Tätigkeit, eine Tasse zu halten. Es geht darum, keine Angst vor dem Scheitern zu haben.

Wie befreiend es sein muss, sich keine Gedanken um alltägliche Kleinigkeiten machen zu müssen.

Habe ich den Strohhalm auch wirklich eingepackt? Hat das Café eine Schwelle am Eingang oder nicht? Ist es draußen warm genug, dass meine Fingerspitzen vor Kälte nicht ganz starr werden?

Ich versuche mir jede Bewegung der Frau einzuprägen. Die Art, wie sie ihren kleinen Finger spreizt, während sie den Henkel der Tasse umklammert hält. Oder wie sie eifrig mit dem Kopf nickt, sobald die Bedienung sie anspricht. Ihre dunklen Locken wippen dabei auf und ab wie Flummibälle, und ihr gesamter Oberkörper ist in Aktion, während sie spricht. Schon die Vorstellung, mich so zu bewegen wie sie, erscheint mir abstrakt. Als würde ich ein Lied summen, dessen Zeilen ich nicht verstehe. Die Melodie ist zwar präsent in meinem Kopf, doch ich weiß nicht, worum es in dem Stück eigentlich geht.

Genauso fühlt es sich mit meinem Körper an. Er ist da und irgendwie auch nicht. Manchmal weiß ich selbst nicht, wie so etwas möglich ist. Könnte es jemals anders sein? Ich bin daran gewöhnt, in einer Position zu verharren. Die Unbeweglichkeit ist mir vertraut. Ich empfinde sie sogar als ganz natürlich. Welch ein Wunder der menschliche Organismus doch ist, denke ich ehrfürchtig. Wie robust und anpassungsfähig.

Und noch erstaunlicher finde ich die Tatsache, dass wir alle scheinbar Gefangene unseres eigenen Bewusstseins sind. Ich weiß ganz genau, welche Gedanken mir in den Sinn kommen, während ich mein Umfeld mustere. Aber ich kann mir nicht im Entferntesten ausmalen, wie ich selbst von anderen Menschen wahrgenommen werde.

Was sehen sie in meinen Augen?
Sehen sie mich überhaupt?

CAROLIN TREML, WALDSASSEN
Nicht die Norm

Mein Körper ist voller Male
Narben
Kurven
Krümmungen
deren Bedeutung
du niemals verstehen wirst.

Und ich bitte dich nicht um deine Meinung
oder um deine Ratschläge
oder um deine Anerkennung.

Denn mein Körper ist eine wunderbare Schöpfung
eigenartig und schön zugleich
voller Erinnerungen
die du niemals verstehen wirst
und das musst du auch nicht
denn ich selbst
kenne meinen Körper gut genug.

Die Diagnose

Ich sehe die Bilder noch vor mir.

Auf dem Parkplatz vor der Uniklinik sitze ich im Heck meines silbernen Opel Astras und rauche in aller Ruhe eine Zigarette. Vor wenigen Minuten hatte ich die Diagnose Amyotrophe Lateralsklerose (kurz: ALS) bekommen und stand ein wenig neben mir. Zu dem Zeitpunkt waren mir die Folgen und Auswirkungen dieser Krankheit noch nicht bewusst. Der Professor klärte mich diesbezüglich auch gar nicht weiter auf. Dass die ganze Sache für mich tödlich enden sollte, die Lebenserwartung bei zwei bis fünf Jahre lag, erfuhr ich später durch das Fernsehen. Auf der Heimfahrt war ich nahezu entspannt. Ich kannte zwar den Namen der Erkrankung, aber nicht, was noch alles vor mir und meiner Familie lag.

Da ich mich strikt weigerte, im Internet Informationen über die Krankheit einzuholen, war meine Familie bald besser im Bilde als ich, was mir damals gar nicht in den Sinn kam. Ich war sehr stur und hatte große Angst, mehr über ALS zu erfahren. Überall zeigte ich mich gut gelaunt und äußerst positiv gestimmt, wenn es um mich und meine Erkrankung ging, die mittlerweile ein fester Bestandteil meines Lebens war. Ich wurde zum Weltmeister des Verharmlosens, auch dann noch, als ich ALS komplett verstanden hatte. Niemand in meinem direkten Umfeld sollte sich Sorgen um mich machen. Die Gedanken, die in meinem Kopf herumschwirrten, reichten vollkommen aus. Selbst bei der Arbeit zeigte ich mich stets optimistisch, obwohl einige Kollegen diese Haltung nicht teilen wollten.

Die Beeinträchtigung betraf zunächst nur meinen rechten Fuß. Da ich ihn nicht mehr richtig anheben konnte, stolperte ich des

Öfteren und legte mich bald regelmäßig lang. Vor der Haustür mit den Einkäufen in der Hand, vor dem Supermarkt mitten auf dem Parkplatz oder auf dem Weg zur Physiotherapeutin. Mir war das immer äußerst unangenehm, somit stand ich stets schnell wieder auf, damit auch keiner etwas mitbekommen konnte. Ständig den äußeren Anschein wahren, mir geht es blendend, alles in bester Ordnung ...

Ich war damals ein sehr sportlicher Mensch. Ich spielte Fußball in einem Verein, einmal die Woche Squash, ich liebte es, mit den Kindern Inliner zu laufen und mit der Familie Rad zu fahren. Auch Joggen stand auf meiner Sportliste, um konditionell auf der Höhe bleiben zu können. Zu meinen Lieblingsbeschäftigungen gehörte das Laufen allerdings nicht. Als ich es später noch mal mit dem Joggen probierte, musste ich ganz schnell feststellen, dass es sich hierbei um einen sinnlosen Versuch handelte. Es war eine einzige Stolperei, und wenn meine Tochter nicht dabei gewesen wäre, hätte ich am liebsten einfach losgeheult. Ich legte mir sogar ein Ergometer zu, mit dem ich im Keller meine Runden drehte. Aber auch diese sportliche Betätigung war schon bald nicht mehr zu bewältigen.

Mein Körper ließ mich nach und nach im Stich, und als ich zum wiederholten Mal bei der Arbeit stürzte, war auch diese nicht mehr möglich.

Es folgte eine fünfwöchige Reha, in der man mir einen Rollstuhl ermöglichte, wodurch die Krankheit nicht mehr zu verheimlichen war. Trotzdem traute ich mich höchst selten in die Öffentlichkeit, weil ich mich vor erstaunten und mitleidigen Blicken schützen wollte. Aus denselben Gründen verweigerte ich sämtliche Besuche, die alle nur gut gemeint waren.

Jetzt, da ich schon dreieinhalb Jahre ans Bett gebunden bin, sehe ich das Ganze wesentlich entspannter. Ich habe keinerlei

Schmerzen, die Pflege ist fürsorglich und meine großartige Familie gibt mir Kraft und Zuversicht. Über ALS kann ich ausführlich reden und, wie ihr mit eigenen Augen sehen könnt, auch schreiben.

Das Schreiben und das Dichten erfüllen mich mit Freude und bestimmen meinen Alltag. Für meinen Kommunikator ,Tobii' bin ich unbeschreiblich dankbar und möchte ihn nie wieder missen.

Ich denke, dass ich mich mit meiner Krankheit arrangiert habe. Allerdings werden ALS und ich niemals Freunde.

BETTINA UNGER, BERLIN
Boxen

Im Frühjahr starb Mutter und Carolin erlebte die erste Liebe. Ein langhaariger Junge öffnet den Polizisten. Entsetzen im Blick. Neben ihm in schwarzen Netzstrümpfen und Shorts das Mädchen hat vom Weinen dicke Augen. Carolin bewegt sich mit einem Rollstuhl. Sie breitet die Arme aus, bedeutet zu folgen und rollt nach rechts durch den Flur. In der großen Küche liegen am Boden Scherben. Unter dem roten Lampenschirm hängt eine Frau blutüberströmt in einem der Stühle am runden weißen Esstisch. Auf den Fliesen eine große Lache. Heute Morgen im Bad die Stimmung angespannt. Mutter cremt sich in Unterwäsche einen gebräunten Anblick. Das Unterhemd in Unterhose und Strumpfhose steht sie vor dem Spiegel. Caro verzieht das Gesicht. Ah, Madame kommt auch schon, die Begrüßung. Gleich kritisch, ob sie heute etwa so in die Schule gehen wolle. Wann sie denn gestern zurück gewesen sei nach dem Boxtraining, die Mutter weiter, während Caro eine Jeans überzieht. Die wird sie vor der Schule wieder ausziehen.

Wie es gestern war, wer alles dabei gewesen sei, will die Mutter wissen. Ob ER auch da war, interessiert sie natürlich, fragt sie aber nicht. Ja ... Julian war da. Caro wird warm im Bauch. Das Herz pocht bis zu den glühenden Wangen. Der sieht aber gut aus, hört sie noch den Kommentar der Mutter, als sie Julian einmal gemeinsam vor der Schule trafen, der kann doch jede haben.

Komm, ich mache das, die Mutter am Frühstückstisch. Über Caro gelehnt, zielt sie mit einem Kaffeelöffel auf das Ei, klopft darauf und beginnt es zu schälen. Nein! Die Tochter packt ihre

Mutter am Handgelenk, dreht den Löffel weg. Seit Jahren löffelt sie ihr Ei lieber aus. Glatt und glibbrig fließt ihr so das Gelb aus dem Mund, läuft auf die Kleidung. Na, dann hoffen wir mal, dass das hilft, faul, wie du in letzter Zeit bist, der Abschied der Mutter, toi toi toi. An Prüfungstagen bestand sie immer auf einem Ei zum Frühstück.

Erleichtert rollt Caro auf die Straße. Es riecht nach Frühling und Benzin. Frisch und milchig trägt der Tag bereits die kommende Wärme in sich. Wie frei die Luft, wie blöd die Mutter, die kapiert es nie. Vor lauter Ding muss sie sich jetzt auch noch beeilen. Wütend treibt sie die Reifen an. Die Coffee-to-go-Becher auf dem Gehweg kommen ihr gerade recht, zack, weg damit! Den tratschenden älteren Damen nicht in die Hacken fahren. Die Leute, also wirklich. Stehen mitten auf dem Bürgersteig, ohne einen Schritt zur Seite zu gehen. Vor Ärger hätte sie sich fast die Hand an der Hauswand aufgeratscht.

Mit einem kraftvollen Impuls in die Greifreifen bringt sie die Vorderreifen am Fußgängerübergang zum Steigen, springt mit angekippten Reifen vom Bordstein auf die Straße, fährt auf die andere Straßenseite. Fast hätte sie die Glasscherben in der Rille übersehen. Höchste Gefahr für die Luftbereifung. Ein Platten hätte ihr gerade noch gefehlt. Dann in den Aufzug zur U-Bahn. Auf dem vollen morgendlichen Bahnsteig drängen dunkle Schemen, nehmen ihr die Sicht. Platz da! Ich muss mit, rollt sie zwischen die Leute. Als gäbe es nur eine Tür zum Einsteigen, drücken die Fahrgäste vor ihr hinein. Die Leute ... wirklich. An der Haltestelle für die Schule geht es eine Etage nach oben auf die Straße, dann noch 200 m und schon ist sie angekommen. Den Rollstuhl zur Tür gedreht und sie rollt auf den Bahnsteig und dann Richtung Ausgang. Menschen drängen und schieben und versperren ihr erneut die Sicht. Erst direkt vor dem Aufzug sieht sie rot leuchtend den eckigen Schalter an der Tür. Dunkelrot strahlt ein roter Kreis mit weißen Balken über dem Ruf-Schalter. Die morgendliche Fahrt ist erst einmal beendet.

In Sekundenbruchteilen überschlägt Caro die Lösungsmöglichkeiten. Weiter- oder zurückfahren und an einer anderen Station umsteigen? Dann kommt sie viel zu spät zur Schule, und Lotzer, der blöde Mathelehrer, fühlt sich wieder bestätigt. Also auf die Rolltreppe und hoch zur Straße. Mit dem Rollstuhl die Rolltreppe zu benutzen, kostet Caro immer Überwindung, nicht dass sich die kleinen Vorderräder verdrehen, der Stuhl zur Seite und sie aus ihm fällt. Also durchatmen, kräftig in die Greifräder, die kleinen Räder steigen und die erste flache Stufe der Treppe ist unter ihr. Puh. Nun mit beiden Händen am Geländer festhalten, oben ankommen, einfach weiterfahren. Mutig. Easy!

Außer Atem erreicht Caro das Schulgelände. An der Ecke stehen bereits die Jungs, zeigen sich die Handys und geben sich cool. Julian ist auch dabei, Caro fährt schnell an der Gruppe vorbei, beachtet sie kaum, nickt nur flüchtig.

Was hat sie denn, was ist los mit Caro? Julian zu seinem Kumpel. Was willst du denn von der? Chris zurück. Er holt Caro auf dem Weg zum Gebäude ein. Na? Madame auch schon da? Er stützt sich auf die Schiebegriffe ihres Rollstuhls. Hände weg, wehrt sich Caro, nicht anfassen! Lass das! Was das solle, empört sie sich. Chris grinst und äfft sie nach, na, na, na, was soll das ... Das soll das: Achtung, Kontrolle! Caro stöhnt und dreht sich weg. Chris packt sie am Arm, reißt ihn hoch. Hallo, seht euch unseren Spasti an, zu blöd zum Essen. Er sieht zu Julian und mit einer Geste auf Caros T-Shirt: Gab wohl heute wieder ein Ei zum Frühstück, dass unser Carolinchen die Prüfung schafft. Julian bedeutet seinem Freund mit einem Griff auf die Schulter und bestimmtem Blick aufzuhören.

Prüfung war bizarr. Caro war schnell fertig, gab ihr Blatt ab. Kopfschüttelnd nahm Lotzer das Aufgabenblatt entgegen. Als sie anschließend das Klassenzimmer verlässt, fährt sie Julian fast über die Füße. Hat er etwa auf sie gewartet? Wie gut er ihr gefällt mit seinen langen Haaren, verwegen der Blick. Grüne Augen, die sie tief anblicken. Wie es gelaufen sei? Mal sehen, war okay. Ob er gleich noch Lust auf ein paar Schläge habe, fragt ihn Caro mit wummerndem Herzen und Röte im Gesicht. Szenariotraining, Schläge parieren und so. Können wir machen, die lapidare Antwort.

Scherzend gehen sie auf den Sportplatz. Weiße Flocken tanzen in der Nachmittagssonne. Nicht schlecht, kommentiert Julian die erste Verteidigung. Versuch doch einmal, die Hände anfangs so hochzunehmen. Er geht in die Ausgangsposition, die Arme vor der Brust, und nickt ihr zu. Im flachen Spätnachmittagslicht fliegen kleine weiße Flocken, Blütenblätter und Julians Haare.

Froh spazieren sie anschließend zu Caros Wohnung. Julian läuft neben ihr, passt das Tempo Caros Fahrt an und beugt sich sanft ganz nah zu ihr, leise die Frage. Caro spürt die Röte in ihrem Gesicht, wie peinlich. Aber sie trainieren morgen nach der Schule weiter.

Als Caro die Wohnungstür aufschließt, schlägt ihnen ein übler Geruch entgegen. Gibt es heute etwa Schlachtplatte? Julian freudig. Angewidert bittet Caro ihn einzutreten. Hey Dicker, wieso so eilig?, ruft sie Karl, dem Kater, nach, der sich zwischen Julians Beinen aus dem Haus drückt.

In der Küche wartet statt Essen ein Gemetzel.

Weiß und Rot die Szenerie.

Mama liegt bewegungslos am Küchentisch.
Ein Film – Still.

Leere.
Mama! Caro berührt ihre Mutter an den Schultern. Was machst du denn für Sachen. Tränen laufen über ihre Wangen.
Julian legt sich die Haare über die Schulter und leise die Hand auf ihre.

MARIA UNGER, BAD BRÜCKENAU
Der Weg ist das Ziel

Eigentlich wollten wir gar nicht nach Redding. Eigentlich wollten wir zum Lassen-Volcanic-National Park im Norden von Kalifornien. Das Wetter war an diesem Morgen wunderbar, blauer Himmel, klare Luft. Der kalifornische Oktober erinnerte ein bisschen an den deutschen Altweibersommer im Harz, in der Rhön oder dem Odenwald, nur etwas kühler war es. Mit jeder Meile, die uns der alte Jeep weiter die Serpentinenstraße emportrug, sank die Temperatur. Wir zählten schon die Meilen bis zum Eingang des Parks. Endlich sahen wir die Ranger, die dort unter einem riesigen ,Welcome'-Schild vor quer geparkten Autos standen. Sie waren aber nicht da, um uns Eintrittskarten zu verkaufen oder Verhaltensanweisungen zu erteilen, sie sagten „closed"; höflich, freundlich, aber unmissverständlich: „closed". Seit diesem Morgen bekämen sie von der Regierung kein Geld mehr, deshalb seien sämtliche amerikanischen Nationalparks geschlossen.

Die Enttäuschung war groß, vor allem für meinen Mann, der sich für alles Vulkanische begeistert; ich hatte mich ein wenig vor längeren und anstrengenden Wanderwegen gefürchtet. Außerdem wurde bei mir die Enttäuschung durch die Vorfreude auf den Lake Tahoe ausgeglichen, den wir am Abend erreichen würden. Das war mein Lieblingsziel.

Wir beschlossen also, den Weg dorthin ganz gemütlich anzugehen: kürzere Autoetappen, kleinere Besichtigungen und Pausen in den Kneipen an der Straße, die durch ein ovales Schild ,open' signalisierten.

So kamen wir nach Redding, eine in Goldgräbertagen wichtige Stadt. Dort konnte man sich damals Proviant beschaffen und das nötige Material kaufen, um die Eisenbahn noch weiter nach Westen voranzutreiben. Es muss eine wilde Zeit gewesen sein, aber nur wenig erinnert noch an die Abenteuer vergangener Generationen: Ruinen und Schautafeln mit Schwarz-Weiß-Fotos von Arbeitern oder ernst blickenden Honoratioren. Heute ist Redding als die sonnenreichste Stadt Kaliforniens bekannt, die man aber eher wegen der berühmten Fußgängerbrücke des spanischen Architekten Calatrava besucht. Eine Brücke nur für Fußgänger im Land der Autofahrer, kann man sich das vorstellen? Ein Wunder aus Stahl und Glas, gehalten nur von einem einzigen, steil in den Himmel zeigenden Pylonen, dem ‚sundial‘, dem Zeiger der weltweit größten Sonnenuhr. Amerika, du Land der Superlative und Gegensätze!

Natürlich sind auch wir über diese Brücke gegangen, mein Mann, schneller als ich, ausgerüstet mit neuer Kamera, um das Wunder der Technik aus den verschiedensten Blickwinkeln in zahllosen Aufnahmen für die spätere Betrachtung zu bannen, ich, mit meinen Walking-Stöcken, langsamer. Wunderbar, an diesem sommerwarmen Spätnachmittag auf der Brücke zu stehen, über mir das blaue Himmelsgewölbe, unter mir das silbrig-blaue Schlängelband des Sacramento – und ich, ich darf das erleben.

Ich weiß nicht, wie lange wir auf dieser Brücke waren, aber lang genug, um danach im Visitor's Bureau einen Kaffee zu trinken und uns vom anstrengenden Stehen und Gehen auszuruhen. Auch andere Touristen waren dort, schrieben Postkarten, genossen die Sonne mit geschlossenen Augen. Nur zwei junge Frauen saßen am Tisch uns gegenüber, die offensichtlich arbeiteten, in Skripten nachschlugen, wichtige Stellen in Büchern markierten, und wenn sie die Augen geschlossen hielten, dann, um sich eine Passage des Texts konzentriert einzuprägen.

Dann mussten wir weiter. Ich ging noch zur Toilette, und als ich zurückkam, hörte ich meinen Mann lachen und sah, dass er sich angeregt mit den beiden Frauen unterhielt. Sie wandten sich aber gleich wieder ihren Büchern zu, als ich mich an unseren Tisch setzte. Meine neugierige Frage nach seinen schönen Gesprächspartnerinnen beantwortete er nur ganz knapp. „Nicht jetzt, sag ich dir gleich. Ich hab schon bezahlt." Ich trank meinen letzten Schluck Kaffee, stand auf, schulterte meinen Rucksack und griff nach meinen Stöcken. Ein verbindliches „Have a good day" für die jungen Frauen und dann wollten wir zum Auto.

Wir wollten, doch schon nach wenigen Schritten spürte ich, wie eine der beiden aufstand, mir nachlief und ihre Hand auf meine Schultern legte: „What's wrong with you?" Sie hatte mein Hinken bemerkt. „It's multiple sclerosis." Und dann ging alles schnell, ganz schnell. „May I pray for you?" Sicher, habe ich genickt, denn ich fühlte mich auf meinen Stuhl geschoben, die rechte Hand der Frau auf meiner Schulter, mit der linken hielt sie die Hand meines Mannes. Dann wurde ich eingehüllt von einer Wortwolke, einem Wortwirbel, aus dem mich nur wenig Konkretes erreichte, aber was zu mir durchdrang, öffnete meine Tränenschleusen, ließ meine Schultern beben und mein Herz änderte seinen Rhythmus. „O Jesus, o god, help our sister" hörte ich ein inständiges Flehen. Dann ging die Stimme über in ein kehliges Stammeln, ein unverständliches Stottern und tiefes Seufzen, in Laute, wie ich sie nie zuvor gehört hatte. Und wieder: „O Jesus, help our sister, heal her body and her soul!" Wie lange ich im Zentrum dieses Wirbelsturms war, weiß ich nicht, nur dass ich am Ende zitternd meine ‚Schwester' umarmte, die mich liebevoll streichelte. Bis dahin habe ich nicht gewusst, dass so viele ungeweinte Tränen in mir waren. Als allmählich mein Tagesbewusstsein wieder einsetzte, kehrte auch das zurück, was ich doch eigentlich war oder sein wollte, und um die Scham über meine Tränenflut zu kaschieren, fragte ich meine ‚Schwester' nach der unverständlichen Sprache und dem inneren Erdbeben, durch das sie mich geführt hatte. So erfuhr ich, dass sie mit ihrer Freundin am Kongress einer evangelikalen Gemeinschaft teilnahm, der jedes Jahr in Redding stattfindet. Sie habe mit ‚Stimmen' gesprochen, nicht in einer speziellen Sprache, mit ‚Stimmen'. Ich nickte nur, obwohl ich es nicht verstand, aber das war auch nicht nötig.

Auf dem Rückweg zum Auto sagte ich zu meinem Mann: „Bitte jetzt nichts reden." Als wir am Abend Lake Tahoe erreichten, war es fast dunkel. Ich habe auf der ganzen Fahrt kein Wort gesprochen.

CORINNA WAGNER, LÜBECK
Bittere Wirklichkeit

So fern von mir selbst, wer bin ich?

Sag, wo ist die Endlichkeit? Die Endlichkeit des Lebens und damit die Freiheit. Meine Augen füllen sich mit Tränen, wo ist mein Leben? Das Leben und mit diesem meine Illusion zur Daseinsberechtigung? Wer bin ich? Ohne dieses Leben der Endlichkeit.

Mit der Einschränkung zu dieser Freiheit verstehe ich mein Dasein nicht. Welche Berechtigung habe ich noch? „Die Würde des Menschen ist unantastbar", schrieb einmal Justitia, doch frage ich mich, von welchen Menschen. Muss ich allein sterben, wenn noch einmal mehr der Schwarze vor mir steht und ich gegen ihn kämpfe? Die Kämpfe, die ich seit der Kindheit kämpfe. Und die mich bei der ersten Freiheitseinschränkung, beim ersten Lockdown noch mehr quälten. Meine Kämpfe gegen den Tod, doch was sind die Kämpfe wert ohne Freiheit? An was soll ich meine Freiheit festmachen? Wenn mir diese genommen wurde?
Diese Freiheit von Selbstständigkeit und Selbstbestimmung. Diese Freiheit zu sagen, dass ich nach der selbstständigen Tätigkeit trotz Behinderung hinausgehe. Ich neben dem zusätzlichen berufsbegleitenden Studium, welches ich selbstbestimmt in Angriff nahm, auch zum Konzert oder zum Sport ging. Hätte es mich irgendwann umgebracht? Oder wäre ich durch den ganzen Stress gestorben? Ja! Doch wäre ich in Freiheit gestorben. „Die Würde des Menschen ist unantastbar", auch wenn diese Würde in dieser Freiheit nicht bestand. Mit

dem Begriff der Würde gehen für mich zwei entscheidende Faktoren voraus: Geld und Freiheit. Ich konnte mir ein Leben ohne viel Geld und trotzdem Freiheit ermöglichen. Im Januar vor einem Jahr konnte ich noch Konzerte, Sportgruppen besuchen. Auch wenn ich ungefähr einen 120-Stunden-Arbeitsmonat und ein monatliches 120-Stunden-Studiumspensum packte, wollte ich trotzdem, trotz einem 70-prozentigen Körperbehindertengrad, noch mehr Freiheit. Mein Leben bestand aus Arbeit. Mein Körper bestand aus Arbeit. Mein Gehirn war auf Arbeit eingerichtet. Mit dieser enormen Arbeitseinstellung hatte sich mein Leben ungefähr drei Jahre um die eigene Achse gedreht. Egal, ob ich mal wieder im Krankenhaus lag. Mein persönlicher Rekord war der zweimalige Notfalltransporteinsatz in einem Monat. Einem Sanitäter war ich bekannt: „Ach ja, der neurologische Notfall." Wieder war ich hilflos und lag krampfend auf dem Boden. Meine ehemaligen Mitbewohner riefen den Notarzt, jedes Mal. Ich hatte Todesangst mit jedem meiner Krämpfe, und nicht immer musste der Notarzt kommen. So lag ich allein in meinem Zimmer und hatte mal wieder einen Kampf mit dem Schwarzen. Nach über einem Jahr meines Arbeitspensums und sämtlichen Arztbesuchen verschlimmerte sich mein Blut und beim letzten wirklich großen Anfall war es ein echter Überlebenskampf, sowohl mein Blutzucker als auch anschließend mein Blutdruck sanken. Nachdem ich nur noch mitbekommen hatte, dass ich einen Blutzucker von 15 hatte und ich anschließend eine Glucose-Injektion bekam, fiel ich in die Bewusstlosigkeit. Ich weiß nur noch, dass ich kurz das Essen auf dem Tisch sah und den Doktor im weißen Kittel, meinen Mitbewohner sitzend an meinem Bett und ich ihn nur kurz wahrnahm und wieder ins schwarze Loch fiel. Am nächsten Tag erlangte ich mein vollständiges Bewusstsein wieder.

Ich rief meine Mutter an und erzählte, dass ich im Krankenhaus war. „Das hast du gestern erzählt." Ich erinnerte mich nicht. War ich in einem Delirium oder Schock? Niemand in meiner Familie wusste immer, was ich genau hatte. Als Kind war ich in zahlreichen Krankenhäusern gewesen. Kein Klinikum, kein Arzt, kein Heilpraktiker konnte meinen Eltern und mir eine Auskunft geben. Mit meinem zusätzlichen Arbeitspensum und dem Stress äußerte sich die Krankheit noch mehr. Ich wurde nach 32 Jahren zum Humangenetiker überwiesen. Damals noch in einem Masterstudium der Geisteswissenschaften. Nach der Diagnose hatte ich nie richtig Zeit, um mich damit auseinanderzusetzen, viel zu sehr musste ich mich mit meinem eigenen Arsch über Wasser halten. Nachdem ich keinen Drittversuch für eine Hausarbeit bekam und nur noch diese und die Masterarbeit übrig war, war die Diagnose an dritter Stelle, neben Diskriminierungswut und Zukunftsangst. Anschließend arbeitete ich nur noch in der Selbstständigkeit und schrieb mich aus Krankenkassenkosten im Bachelor Medieninformatik ein. Wenig ernsthaftes Interesse, aber bessere Noten ließen mich auf einen Ingenieurtitel funktionieren

Nun, zwei Jahre später nach meiner Diagnose, sitze ich in meinem Zimmer und stelle mir so viele Fragen. Liegt es am Lockdown, dass man wieder mehr Zeit hat, sich über gesellschaftliche Ungerechtigkeiten und Diskriminierung Gedanken zu machen? Obwohl ich schon immer deutlich in dieser Argumentation war, scheint es heute noch eher hilflos und nichtssagend zu sein. Die Medien verschleiern Tatsachen und plötzlich hat jeder Corona und stirbt an Corona. Vergessen sind Grippe, Lungenentzündung, Krebs und sämtliche anderen Krankheiten. Stattdessen werden 5G-Masten verstärkt hochgezogen und Handys und Laptops zahlreich verkauft. Natürlich empfiehlt jeder WLAN, sodass die Frequenzen zahlreich in vielen geschwächten Körpern fließen. Dass niemand mehr über soziale Ungerechtigkeiten sprechen will, ist in dieser Pandemiezeit selbstverständlich. Stattdessen hört man „Wir haben alle dasselbe Leid". Ja, das stimmt, jedoch scheint es mir, dass jeder noch mal mehr erreichbar sein will oder sein muss.

Im zweiten Lockdown habe ich mein Smartphone gegen die Wand geschmissen, bis das Display vollständig kaputt war, heute nutze ich ein einfaches Handy. Zudem ist mein Rechner mit einem Kabel verbunden. Mit dem Einzug in meine eigene Wohnung habe ich auch Internet gebraucht, ich arbeite in einer IT-Firma. Nachdem ich alles eingestellt hatte, war mein Smartphone als einziges Gerät mit dem WLAN verbunden. Ich fühlte mich nach einem Monat krank, hatte verstärkt Kopfschmerzen und allgemein Konzentrationsprobleme, oftmals bahnten sich Schnupfen und Husten an. Mit einem ehemaligen Kommilitonen sprach ich darüber und anschließend stellte ich das Funksignal von 5 GHz und 2,4 GHz nur auf 2,4 GHz sowie die komplette 1000 Leistung auf 6 % herunter. Mir ging es zunehmend besser und mit dem Smartphone-Wurf gegen die Wand noch besser. Das ganze Haus stellte seine Signalfrequenzen auf 2,4 GHz und ich sehe meine älteren Nachbarn viel agiler und gesünder. Zudem schaue ich keine Nachrichten, demnach habe ich keine psychologischen Einflüsse, die Angst und Panik schüren. COVID-19 gibt es, doch welche Komponenten dies verschlimmern, wird verschleiert. Ich schütze mich, indem ich diese Komponenten bewusst deaktiviere und mein Leben ohne Angst lebe. Ob ich mit dem Fahrrad überfahren werde, ist am Ende egal, da wahrscheinlich auf dem Todesbrief COVID-19 steht. Obwohl diese Diagnostik abhängig von den Medien ist. Mit meiner eigenen Diagnose wird eine Grippe mich nicht so schnell angreifen, dafür ist mein Lifestyle zu gesund.

Tatsächlich ordne ich mein Leben als gesund ein, jedoch kommt dann die bittere Wirklichkeit, die einen an die Behinderung erinnert. Das ist wie ein Schatten. Damit gehen sämtliche Nachteile einher, (gesellschaftliche) Ignoranz der Menschen, ständige Unterlassung von Unterstützungsangeboten und die permanente Diskriminierung gegenüber Menschen mit Behinderung. Manchmal schäme ich mich für dieses Land und dessen Menschen. Warum ich mich nicht für mich schäme? Kann ich etwas für die Behinderung? Andere können aber etwas für die Blödheit.

Kein anderes industrielles Land macht ‚andersartigen' Menschen das Leben schwerer als Deutschland. Ich lebte in Kanada, Norwegen und der Türkei, studierte und arbeitete dort. Mit sämtlichen Erfahrungen und Zeugnissen lande ich als Frau mit Behinderung an einem Armutsgehalt. Was verbirgt sich hinter Lebensläufen? Welche Geschichte? Frauen mit einem akademischen Grad haben oftmals mehr darunter zu leiden, weil sie gesellschaftliche und mathematische, naturwissenschaftliche Kenntnisse haben und noch bewusster den gesellschaftlichen Strukturen unterlegen sind. Frauen mit Einschränkungen sind auf die ‚Gnade' der Gesellschaft angewiesen. Schon diese Metapher zeigt, dass der Wert von andersartigen Menschen einem Nichtwert, Nutzlosigkeit, Sklaverei gleichkommt. Die Würde des Menschen ist unantastbar, doch Menschen sind halt nicht alle gleich Menschen. Andere müssen sich einen Menschenstatus erarbeiten, um die Würde zu erhalten. Einige werden aber vorab lange unwürdig behandelt. Mein Sternzeichen ist Löwe, und ich halte sowohl die Sonne als auch die Venus in meinem engeren Kreis. Mit dem Beginn der

Kampfkunst zeigt sich noch mehr die Ungerechtigkeit in unserem System. Oftmals frage ich mich, bin ich das Symbol sozialer Ungerechtigkeit? Mit dem Kampfgeist eines Kriegers, der Geduld eines buddhistischen Mönchs, dem Talent eines weiblichen Goethes, der kritischen Auseinandersetzung einer Hannah Arendt und dem naturwissenschaftlichen Intellekt eines verkappten Wissenschaftlers.

Wer bin ich?, schreit es in mir. In diesem Land ein Nichts! Solange der Wettbewerb und die Medien in eine falsche Richtung gehen. Mir rufen Schönheitsideale entgegen und oberflächliche Einstellungen mit einer Kombination aus rechtsextremem Inhalt und Verhalten. Wer bin ich ohne Freiheit? Eine paternalistische Antwort schreit mir entgegen. Grenzen statt Grenzenlosigkeit. Krankheit statt Gesundheit. Gab es nicht schon vorher Krankheiten und nicht nur unter einem Namen? In meinem Kokon schaue ich mit zwei Augen und in meinem Innenleben blicke ich zurück auf ein anderes Leben. In meinem Wesen vermischen sich Vergangenheit, Wissen und das aktuelle Sein. Bin ich allein? Wo fängt Leben an und wo hört es auf? Leben unter ständiger Kontrolle, wie kann dies Leben sein? Die Freiheit endet dort, wo sie für andere beginnt. Mit einem weinenden Auge und einem lachenden Auge stehen viele Leute der Situation entgegen. Wenn es nicht zum Lachen wäre, wäre es zum Heulen – hört man und im selben Augenblick den Gegensatz. Es scheint, dass Yin und Yang schon einige Zeit außer Gleichgewicht sind.

Eine Depression, eine Einsamkeit, eine ständige Überforderung gehen in vielen Ecken herum. Zum anderen sind andere Menschen in ständigem Kontakt mit Menschen. Vor dem ersten Lockdown war ich ständig unter Leuten, meine Aufträge waren immer dementsprechend auf Menschen orientiert. Ich habe gerne persönlich Menschen unterstützt und beraten, wurde auch von anderen Agenturen immer wieder gebucht. Bei einigen Veranstaltungen gehörte ich zum festen Team dazu. Man kannte sich, auch wenn jeder zwischenzeitlich andere Aufträge entgegennahm. Als dies alles wegfiel, versank ich in einem Loch. Die Welt schien ausgestorben zu sein. Nicht mehr zu funktionieren. Aus heutiger Sicht frage ich mich, wie konnte ich nur so funktionieren. Viele Freunde sagten, du bist überirdisch. Ich organisierte alles in der Selbstständigkeit, kümmerte mich um alles, die 120 Stunden im Monat waren die reine Arbeitszeit und nicht noch die Organisation darüber. Hinzu kam das Studium und mit diesem die Ungerechtigkeit. Wie konnte es sein, dass andere so viel mehr verdienen und weniger leisten? Ich war wütend auf meine Kommilitonen und diese unsoziale Art mir gegenüber. Das Verhalten jener hat sich wenig geändert. Doch rutscht es es mir zunehmend den Buckel herunter, zum einem, weil ich weiß, ich bin um einiges besser und ich habe weniger Unterstützung erhalten als jene. Oftmals regen sich die falschen Leute auf und jene, die ein Recht haben, sind still, werden ignoriert oder ihnen wird eine Selbstschuld gegeben. Abgesehen von Behinderung, Geschlecht war doch die Allgemeinheit von jahrerlangen arbeitenden Informatikern die Selbstschuld am Nutzer. Doch das Programmierer/Informatiker schon bei der Entwicklung und Einstellung der Funktionen auf die gläsernen Nutzer abzielen, wurde unter den Tisch gewischt. Konfrontationen wurden mit Stillschweigen gelöst. Dem Ego anderer sind keine Grenzen gesetzt. Menschen mit Behinderung sind diesen gnadenlos unterlegen – Frauen sowieso. Die Würde des Menschen ist unantastbar, doch ist es wie mit der Freiheit. Wir leben in einem industriellen Land, doch die Würde für Menschen mit

Behinderung ist einem Entwicklungsland nahe. Manche Schwellenländer sind kollektiv würdevoller im Umgang mit beeinträchtigten Menschen als Deutschland. Demnach gibt es hochintelligente Frauen mit Einschränkung, die ernsthaft gezwungen werden, mit einem angefangenen Doktorat in einer Behindertenwerkstatt Arbeit zu finden, um überhaupt eine Arbeit zu bekommen. Früher wurden massenweise Juden in Arbeitslager geschickt und Menschen mit Behinderung für medizinische Experimente benutzt, heute arbeiten Menschen mit Behinderung unter Armutsgehalt in separierten Institutionen. Der Utopie des Egos der Deutschen sind keinen Grenzen gesetzt.

Mit dem Lockdown erhielt kaum jemand Unterstützung, nur jene, die sich darum kümmerten, und auch da gab es keine Grenzen bezüglich des Egos. Von Hackerangriffen bis zum Dokumentenmissbrauch habe ich alles miterlebt. Nicht nur, dass der Lockdown einem psychisch zugesetzt hatte, nein, vielmehr versuchten korrupte Cyberkriminelle, einen Gewinn daraus zu ziehen. Infolgedessen kann ich sagen, dass Menschen, die mit Cyberkriminalität arbeiten, nicht am Hungertuch nagen, und Leute, die kurz davor stehen, werden ausgenutzt. Auch diesbezüglich war ich wieder auf mich gestellt. Nach zehn Jahren eines Onlinebanking-Accounts habe ich einen Schnitt gemacht. Gerade das Studium und die bis dahin gewerbliche Selbstständigkeit ließen meine Wachsamkeit und Mistrauen zu einem Selbstschutz entfachen. Ich musste in diesem Fall ein Stück voraus sein, da ich keine jahrelange Informatik Arbeitserfahrung hatte. Denn wo fangen Kleinkriminelle an? Bei den Kleinen. Kleinvieh macht halt auch Mist, heißt es doch! Den Großen unterlegen und keine oder das Minimum an Unterstützung! Ein perfektes System für sozial Verkappte.

Während des ersten Lockdowns lernte ich zusammen mit einer Freundin Fahrrad fahren, ich war fest entschlossen, längere Strecken und straßentauglich Fahrrad fahren zu lernen. Am Anfang waren es 10 Minuten auf dem Rasen, nachdem ich mir ein eigenes Fahrrad gekauft hatte, wurde täglich auf dem Asphalt geübt. Dieses Fahrrad hieß Randell, ein blaues Faltfahrrad, mit dem ich direkt am ersten Tag unter einem Balkon stecken blieb und damit indirekt Randale provozierte. Ich fuhr gegen die Wand, weil ich die Kurve nicht bekam. Blaue Flecken und Schürfwunden trug ich davon, doch wenn ich heute Fahrrad fahre, weiß ich, dass es sich für dieses Freiheitsgefühl gelohnt hat. Wieso Freiheit? Wahrscheinlich, um mir meine Freiheit zu geben, welche ich mit meiner Krankheit nicht habe. Mit meinen Krämpfen fühle ich mich gefangen, es sind keine standardisierten epileptischen Krämpfe.

Aus Randell ist Bianca geworden, ich habe ihn guten Gewissens eingetauscht. Am Ende waren wir uns beide einig, dass weitere Randale nur gefährlicher werden. Wahrscheinlich hat das Fahrrad-Fahren-Lernen mir über diese Zeit geholfen. Es war das Einzige, auf das ich mich in dieser Zeit richtig fokussiert hatte. Viele Yogaübungen und Armmuskulaturübungen waren nötig. Für mich war es ein Lebensziel, diese banale Sache. Heute rase ich wie eine Jugendliche und benehme mich auch wie jene.

Meine Krampfanfälle haben im ersten Lockdown zugenommen, sodass ich im Juni kurz vor dem Selbstmord stand. Mir war alles zu viel, die Ausweglosigkeit, die Einsamkeit, keine Organisationsstruktur, die Krämpfe. Eine Woche länger in diesem Zustand, ich hätte mich umgebracht. Doch ich bekam endlich die entsprechenden Medikamente, die mein Magen vertrug. Mit dem Ende der Krämpfe bildeten sich auch meine

Muskeln zurück. Mit zwei wöchentlichen Physiotherapiestunden wurde Schlimmeres verhindert. Auch im zweiten Lockdown musste ich mich um meine physische Stabilität kümmern. Nach der letzten großen Anfallsperiode bin ich nicht mehr so agil. Meine Kondition hat sich um zwei Drittel reduziert. Obwohl ich immer noch zu diesem Zeitpunkt fit bin, da ich für mich allein trainiere. Was bleibt einen auch im Lockdown übrig. Es ärgert mich persönlich, und gleichermaßen habe ich Angst um die Zukunft. Manchmal weiß ich nicht, wie lange ich noch lebe. Niemand hat diese Kombination dieser Behinderung.

Alle Gedanken und das eigene Leben lassen mich alles hinterfragen!

Sag, wer bin ich und wo ist die Endlichkeit?

JURI WALD, HILDESHEIM
Ein Dialog zwischen mir

Die Plage des Makels, sie umgibt meinen lebend Körper. Nur die Physis desselben hält mich im Hier, dem Ort, wo ich begreife, dass ich nichts fürchten muss.

Was ist, wenn ihr verehrt absurde Schönheit, die sich misst an Gott und also ist vom Wahnwitz kaum zu trennen? Ist das mein Problem?

JA!

Normales ist nur dann normal, wenn alle blindlings um sich schauen. Sie gieren ob des eignen Hasses, den Durst der Flamme wollen sie löschen, die in ihnen, hoch lodernd, alles frisst, was das Bild des Heros auf seidenen Stoffen zu beflecken und beschmutzen droht.

Ich sehe eure blanke Rohheit, wenn ihr mich richtet nach den Maßstäben unerfahrenen Hirns.

DU WAGST ES, KÜHN DAHERZUREDEN
GOTTGEWOLLT MISSGLÜCKTES WESEN
DAS PASSEN WILL UND DOCH NICHT PASST
UND DARUM WIRD ZU RECHT GEHASST

Die Einfalt, sie quillt euch von den Lippen. Ich weiß, doch fühle nicht, was ich da sag. Es bleibt mir nur zu hoffen, dass diese Ganzheit einst mich leitet. Die Ganzheit aus Verstand und Herz.

Doch solang sie nicht gekommen ...

UNBEENDET – MISSGEBOREN
DIE GUNST DES HERRN GING DIR VERLOREN

Der Haus-
s
e
g
e
n

So trage ich von Anfang an,
　Leichnam, der nicht leben kann.
　　Leich', gebaut, um sich zu beugen.

　Kinderkram, so unberührt,
　doch Geister-Faden Feuer schürt,
entfleuchend wartend auf die Zeit,
auf die Wund', die nie verheilt.

　Obwohl transparent, doch am Verkleiden.
　Im Stummen, dann entkommt ein Seufzen.
　Der gläserne Korpus verliert den Glanz,
　　Ranke um die Innerei, ohne Sonne, verliert Substanz,
　　adaptiert, mutiert, wird Schattengewächs.

　　Der Glas-Fassad' unvermeidlich Risse,
　　sprengt nicht nur Rahmen, auch Kulisse.
　Das Fundament, so feucht und modernd –
　knickt zur Seit', jetzt Flammen lodernd.
　Nichts verschont. Bleibt ewig so.
　Im Innern brennt es lichterloh.

　Wirbel für Wirbel, kein Entgehen.
　Wird' mit dem Hause untergehen.

σκολίωσις

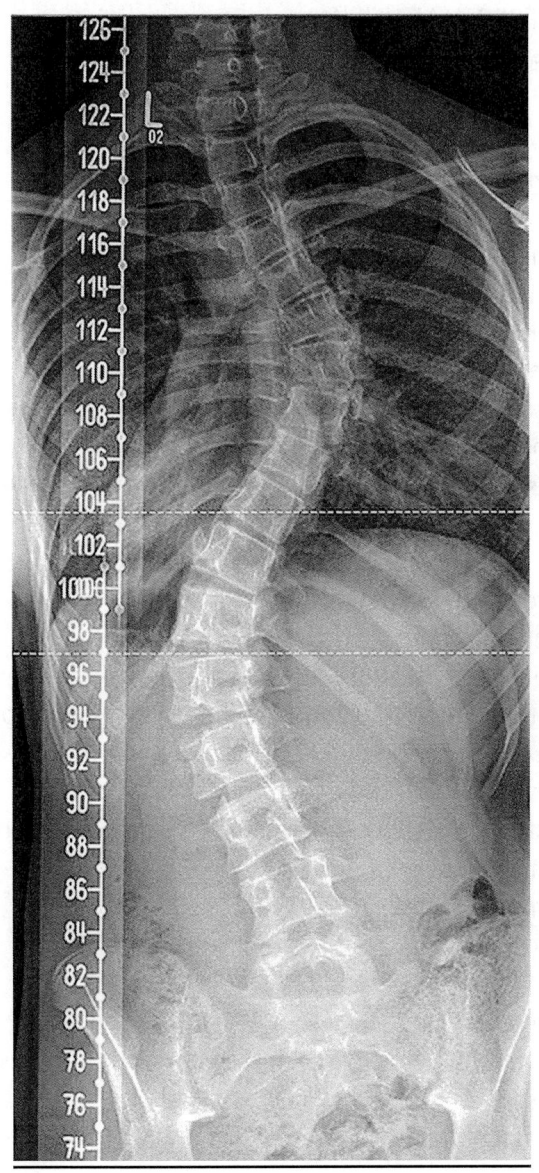

ULRIKE WEBER, MANNHEIM
Eigne Geschichte – einfach so

Aortenanomalie-OP, 2001
Aufwachen.
Und doch nicht wach sein.
Unendliche Müdigkeit. Mich nicht mitteilen können.
Wo ... Wo ... Verdammt, warum geht das nicht!
Chaos im Kopf. Was ist los?
Was wollen diese Leute in Weiß von mir?
Ich will wieder ins Bett!
Weiterschlafen.
Was ist los?
Warum kommen die Worte nicht aus meinen Mund?
„Sie muss in die Psychiatrie. Ich denke, sie hat einen Schub."
Von was redet diese Frau da?
„Wollen oder können Sie nicht reden?"
Was für eine bescheuerte Frage!
Mitteilen über Zettel und dann das mühsame Finden von Wörtern, Erinnerungen, Einzelteile, die im Kopf herumschwirren.
Laufen lernen, meine Finger gehören nicht zu mir.
Warum kann ich nicht mehr greifen, nichts mehr halten?
Warum mich nicht erinnern?
Sind das meine Söhne?

Reha
Ich verweigere mich.
Will nicht reden, keine Treppen steigen, nicht auf dieses verdammte Rad!
Ich will einfach meine Ruhe!

Vorzeitige Entlassung mit der Diagnose: mittelschwere Depression.

Ab 2002
Daheim, was ist das?
Wörter, die ich nicht finde, Gesichter, die ich verwechsle, Erinnerungen, die einfach weg sind.
Gefühlsausbrüche, alles regt mich auf, himmelhochjauchzend, zu Tode betrübt.
Was ist los? Warum finde ich mich nicht zurecht, wo bin ich?
Wer bin ich?
Wörter auf meiner Zunge, die nicht herauswollen.

Ich blamiere mich vor Leuten, werde schräg angesehen, verwechsle, erkenne Leute nicht, werde als arrogant abgetan.
Irgendwas stimmt nicht, irgendwas ist nicht in Ordnung. Keiner glaubt mir.
Ich kann nicht mehr.
X-mal der Gedanke und auch fast Gelingen eines Suizids.
Nicht lebensfähig, abhängig von einem Mann, der mich als blöd betitelt, weil ich den Ort, an dem ich schon hundertmal war, nicht finde.

Letzter Ausweg psychosomatische Klinik, nachdem mir dieser Mann schriftlich mitgeteilt hat:
„Ich will die Scheidung!"
Drei Monate Hölle!
Drei Monate weinen, brüllen, toben, mit anderen aneinander geraten.
Außenseiter, nicht verstehen, kämpfen, mich endgültig aufgeben.

Entlassen mit der endgültigen Diagnose: mittelschwere Depression, verhaltensauffällig, wir empfehlen der Klientin, in eine Psychiatrie zu gehen.

Zurück ins Leben, aber wie?
He, ich kann das nicht! Ich will das nicht!
NEIN!
Tabletten, Suizidversuche, brüllen, toben!
NEIN!!!

Crashkurs fürs Leben:
Wie eröffne ich ein Konto, wie schließe ich eine Versicherung ab, wie geht das mit der Krankenkasse, wie fahre ich mit dem Zug ...!

Und es wird nicht besser.
Betrinken, Tabletten, Versuch, zu arbeiten, Überforderung, Einsamkeit. Selbsthilfegruppe: Menschen mit Depression.
Das bin ich nicht! Hier gehöre ich nicht hin!
Aber wer bin ich?
Was stimmt nicht?

Warum gehe ich fünfmal zum Auto, um zu schauen, ob es wirklich abgeschlossen ist, viermal zurück in die Wohnung, weil ich mir nicht sicher bin, ob ich den Herd ausgeschaltet habe, warum kann ich mir die Namen von Therapeuten und die Termine nicht merken, muss mir alles aufschreiben, raste gleich aus ...!
Warum?
Warum kann ich dieses Gedankenkarussell nicht abschalten?
Warum?

Und immer noch Tränen, so unendlich viele.
Überforderung auf der ganzen Linie!
He, Ulrike, nimm dich zusammen. Vor 18 Jahren hast du deine
staatliche Anerkennung mit 1,6 bestanden.

Der Satz meines Sohnes: „Mama, versuch es doch noch mal. So
schwer ist das doch nicht."
Nach dem 30. Versuch kann ich diesen Satz nicht mehr hören.
Oder: „Mama, das hast du schon hundertmal erzählt!"
Meine Söhne kommen mit mir nicht klar. Sie wollen eine ‚re-
parierte' Mutter, keine, die nervt, keine, die weint,
Keine, die in Bezug auf Gefühlsausbrüche unberechenbar ist.

Ich verstehe sie.
Aber die Sehnsucht erdrückt mich.
Und die Einsamkeit.
Dann innerhalb von zwei Jahren zwei Knöchelbrüche. Selbst
verschuldet, aus Verzweiflung und weil ich mich nicht kon-
zentrieren kann.

2020
Was sagt dieser Idiot da? Von wem redet er da?
„Sie wissen ja, dass Sie vor längerer Zeit einen Frontalhirn-
schlag hatten."
Sagte er und zeigte auf einen Kopf, auf dem eine weiße Linie zu
erkennen war.
Wie bin ich heimgekommen, wie nur.
Einzelteile fügen sich zusammen. Ergeben einen Sinn.
He, ich habe keine Depression, sondern einen Hirnschlag!
Aber gleichzeitig mit dem Verstehen, dass dieser vor fast
20 Jahren war und man ihn nicht gesehen hat.

Wut, Hass, Verzweiflung!

In der Schmiederklinik erklärte man es mir: Die Klientin ist nicht fähig, komplexe Zusammenhänge zu verstehen, sie hat Wortfindungsstörungen, eine Persönlichkeitsveränderung fand statt, sie hat eine beginnende Demenz ...

Ja, wie gehe ich damit um?

Ich bin jetzt erwerbsunfähig und bekomme vom ‚Betreute n Wohnen‘ Hilfe. Meine Söhne kommen mit meiner Krankheit nicht klar und ich habe den Kontakt abgebrochen.

Aber dann kam Covid.

Ach ja – und diese verfluchte Angst, dass die beginnende Demenz schlimmer wird.

Nicht unbedingt ein schönes Gefühl.

Wie war die Erklärung im Film, als die Enkeltochter fragte: „Du, Opa, wie fühlt sich das an?"

„Wie Honig im Kopf!"

Stimmt. An manchen Tagen weiß ich nicht einmal, wann meine Söhne geboren wurden, weiß nicht einmal das Jahr, muss x-mal zum Kalender gehen.

Aber gleichzeitig der Satz, den ich in der Schmiederklinik gelernt habe: Man kann vieles planen, man sollte nur flexibel sein.

HANNES WEGNER, HAMBURG
Meine bittersüße Wirklichkeit

Meine Oma wird nie mehr für uns kochen. Sie wird uns nie mehr ihre Lebensweisheit schenken, sie wird uns nie mehr Äpfel schälen beim gemeinsamen Fernsehgucken. Wir werden nie mehr zusammen Kompostabfälle umgraben. Wir werden auch nie mehr Rommé oder Halma mit ihr spielen. Die Veranda ist leer. Wir trinken nie mehr mit ihr Kaffee. Meine Oma ist gestorben.

Das macht mich traurig.

Jetzt geht sie mit Opa im Himmel spazieren, sagt meine Cousine. Später durchlebt sie die Reinkarnation in ein anderes Lebewesen, vermute ich. Der Gedanke tröstet mich.

Ich habe sehr viele schöne Erinnerungen an meine starke, zähe, lebenskluge und lebenslustige Oma. Sie sagte immer: „Arbeit ist die beste Medizin!" Sie empfahl mir: „Vergiss das Schlechte, erinnere das Gute." Das hat mich immer ermuntert.

Meine Oma stand zu mir, auch als ich krank und misstrauisch wurde und gar nicht mehr abschätzen konnte, wie mein Leben weitergehen würde. Es war eine schreckliche Zeit für mich und für alle um mich herum. Auch meine Eltern, Geschwister, andere Verwandte, viele Freunde und vor allem meine Freundin standen zu mir. Meine Freundin lebt sogar mit mir zusammen, obwohl ich schwierig bin. Die Krankheit macht mich ohne Vorankündigung unleidlich. Das ist schlimm für mich und auch schlimm für meine Freundin und meine Umwelt. In solchen Phasen explodiert die Bitterkeit in mir.

Ich flüchte in ein dunkles Zimmer. Meine wilden Gedanken kreisen, und ich muss meine negativen Gefühle aushalten, aushalten, aushalten. Ich versuche, still zu werden, an gute

Erlebnisse zu denken und mich endlich zu entspannen. Dann geht auch wieder etwas Süßes in mir auf. Ich habe das Glück, in einer Werkstatt für Behinderte arbeiten zu können. Da sind nicht alle Kollegen und Kolleginnen immer nett. Manche sind verschlossen, grummelig, laut, andere sind sehr zurückhaltend und kriegen Probleme mit der Chefin. Das kann bitter werden.

Meine Arbeit dort wird gebraucht. Ich werde gebraucht. Manchmal erzählen die Kollegen Witze und dann lachen wir gemeinsam. Die Kontakte im Betrieb und unsere Aufgabe stärken mich. Wir werden alle durch die Arbeit etwas unabhängiger, weil wir eigenes Geld verdienen. Manchmal lobt mich die Chefin. Das freut mich. Im Werkstattrat bin ich auch für andere hilfreich. Da bekomme ich Anerkennung. Meine Chefin sagt dann zum Beispiel: „Das hast du gut gemacht, schön, dass du so konzentriert gearbeitet hast."

Das ist Schokolade für meine Seele.

Ich lebe in einem demokratischen Staat. Die Gesellschaft aber hat es im Allgemeinen schwer, Menschen mit Behinderung zu akzeptieren. Wenn ich erzähle, dass ich in einer Werkstatt für Behinderte arbeite, werde ich von meinen Gesprächspartnern gelegentlich gefragt: „Als Anleiter oder als Behinderter?" Da bin ich einerseits stolz, dass mein Gegenüber nicht merkt, dass ich behindert bin. Andererseits spüre ich den Graben zwischen Gesunden und Kranken und fühle mich sofort stigmatisiert. Das ist bitter.

Ich freue mich, dass wir von der Politik nicht ganz und gar vergessen werden und dass wir Vergünstigungen haben, die uns das Leben erleichtern. Ich kann kostenlos an einer Schreibwerkstatt teilnehmen, ich arbeite in einer Zeitungsredaktion unserer Werkstatt und ich muss nur wenige Stunden am Tag arbeiten.

Das beruhigt mich.

Ich bin gern in der Natur. Doch Umweltzerstörung, laute Geräusche und Abgase in der Stadt machen mir zu schaffen, es sind zu viele Reize. Gerne würde ich in einem Dorf an einem See leben. Das wäre für meine Gesundheit besser. Aber meine Arbeitsstelle liegt nun mal in der lauten Stadt. Das ist zeitweise bitter für mich.

Andererseits bin ich trotz Umweltschäden immer noch gerne in der Natur, auch in der Stadtnatur. Ich mache Spaziergänge im Park. Auch allein. Ich denke nach und beobachte Vögel und Pflanzen in den verschiedenen Jahreszeiten. Diese Freude teile ich mit meinen Freunden. Meine Freunde wohnen nicht weit weg und wir kommen mit öffentlichen Verkehrsmitteln gut zueinander.

Das macht mein Leben schön.

Ich schreibe gern. Manchmal gelingt die Geschichte allerdings nicht so gut. Dann bin ich enttäuscht. Das ist etwas bitter. Aber ich finde es schön, wenn meine Fantasie sich entfaltet. Und: Niemand bestraft mich wegen einer schlechteren Geschichte. Es gibt keine Zensuren. Ich lerne innere Gelassenheit. Und ich erfreue mich an meiner eigenen Geschichte, auch wenn sie nicht perfekt ist. Noch größer ist meine Freude, wenn sie auch anderen gefällt.

Das ist Zuckerguss für die Geschichte und für mich.

Meine Freundin ist großartig. Wir streiten uns über Haushaltsfragen, denn ich erfülle meine Aufgaben nicht immer pünktlich. Aber wir kochen gern zusammen und unternehmen viel gemeinsam. Wir fahren mit den Rädern schöne Nebenwege durch Gärten und Parks oder gehen an der Elbe spazieren. Das gelingt uns immer sehr gut. Ich bin sehr, sehr glücklich mit ihr. Sie ist wunderbar! Es gibt zwischen uns keine Bitterkeit. Ich finde, in meinem Leben überwiegt die Süße. Ich nehme teil am Leben auf der Arbeit und in der Freizeit und kann es meistens genießen. Manchmal bin ich sehr gern allein. Meine Krankheit bleibt auf gewisse Phasen beschränkt und belastet mich nicht ständig. Klar, früher ging es mir besser, aber ich halte meine Krankheit im Zaum. Andere erleiden schließlich noch schwerere Schicksalsschläge und müssen damit leben. Ich bin nicht allein mit meiner Krankheit.

Ich habe Freunde, die das Gleiche erlebt haben wie ich, und wir helfen uns gegenseitig aus unseren kleinen und großen Krisen heraus. Und ich habe Familie und eine Freundin, die für mich und meine Situation Verständnis haben. Das entlastet mich, das Süße steigt in mir auf und ich fühle mich frei und glücklich. Alle Bitterkeit ist in solchen Momenten vergessen.

Manchmal ist der Weg aus der Bitterkeit ganz einfach. Ich lege meine Lieblingsplatte auf und höre Musik. Sie beschwingt mich und ich spüre das Leichte in mir aufsteigen. Dann werde ich euphorisch und nehme mir vor, öfter mal einen Musikklub zu besuchen und meine Lieblingsmusik zu hören. Das letzte Ska-Konzert ist schon wieder zwei Jahre her. Daran denke ich gerne zurück. Die Band hieß ‚The Busters‘ und ihr Kultsong ‚Summertime‘. Den höre ich rauf und runter und der hilft mir, die trübe und dunkle Jahreszeit zu überstehen. Musik versüßt mir das Leben.

Am liebsten würde ich in einer Band spielen, aber ich habe dazu kein Talent und keine Ausbildung. Vielleicht wäre ich als Sänger brauchbar. Es kommt auf einen Versuch an, denn die Möglichkeit liegt in der Schwierigkeit. Damit meine ich, dass ich aus mancher Unsicherheit Stärke für den nächsten Schritt ziehen kann. Ich kann Fehler, die ich gemacht habe, erkennen, um sie in Zukunft nicht zu wiederholen. Die Fehler sind vielleicht bitter. Das Gelernte aber ist oft süß.

Sibylle Hoffmann, die Leiterin der Werkstatt Schreiblust, Hamburg, hat mir bei der Zusammenstellung meiner Gedanken geholfen und Korrektur gelesen.

ANDREA WEIHS, BLOMBERG
Bittersüßes Leben!

Jetzt lebe ich mein Leben in Freude und Farbe!
War das schon alles in meinem Leben?
Ich bin eine starke Frau. Groß geworden unter seltsamen Bedingungen. Als ich selbst spürte, dass mein Leben ein einziger Scherbenhaufen war, gab es für mich zwei Möglichkeiten: Entweder lebe ich mein Leben positiv oder ich beende mein Leben. Hätte Gott es gewollt, dass wir Menschen dem Leben ein Ende bereiten? Hat Gott mir nicht die Liebe geschenkt, welche ich sehnsuchtsvoll und unter Schmerzen gebar?
Meine Gedanken brachten mich um meinen Verstand!

Liebes Leben,
es musste etwas geschehen! Ich wollte leiden, mich zerstören, verhungern, bis ich nicht mehr gesehen wurde. Von Tag zu Tag schrie meine Seele nach Hunger und Anerkennung, nach Liebe und Freiheit. Jahrelang entzog ich meinem Körper Nahrung, die er dringend gebraucht hätte. Ich war hin- und hergerissen zwischen Schönheit, Nervenzusammenbruch und körperlicher Erschöpfung. Entweder das Extrem des Nahrungsentzugs oder ich fraß, bis ich nicht mehr konnte, und kotzte mir den Magen blutig. Das Ende war der körperliche Verfall, Zähne und Haare fielen aus und schwere Depressionen folgten. Da war diese Angst. Angst davor, in der Gesellschaft als verrückt zu gelten. Leider ist unsere Gesellschaft stigmatisierend, wenn es um das Thema ‚anders leben' geht! Immer wieder kämpft man um Anerkennung und Integration in dieser Gesellschaft! Das macht ängstlich, das macht viele Menschen schwach.

Liebes Leben,
es blieb nicht bei diesem Schicksalsschlag, es folgten weitere. Immer wieder gab es im Leben Niederschläge, die mir den Boden unter den Füßen wegzogen. Man trat sogar noch oben drauf. Trotzdem stand ich immer wieder auf. Dann kam der Tag, an dem ich diesen Anruf bekam. Mein Engel lebte zwischen Leben und Sterben. Ich raffte mich auf, stand auf, um für sie da zu sein. Ich fing alles ab, was ich abhalten konnte, und versuchte ihr beizustehen. So wurde ich immer wieder traumatisiert, ohne es zu merken. Ich durchlebte immer wieder Intrusionen, ohne zu wissen, was das war. Ich hatte schwere Amnesien.

Liebes Leben,
ich lebte weiter unter anstrengenden Verhältnissen und bekam die nächste Diagnose: Gebärmutterhalskrebs. Ein Hammerschlag ins Gesicht. Jetzt wechselte mein Körper zwischen mehreren Operationen und einer Darmerkrankung. Ich kämpfte und gewann, doch meine Psyche litt weiterhin. Ich bekam eine Kur und dort lernte ich, dass Krankheiten aus einer kranken Seele entstehen können. In mir lebte ein Trauma und trotzdem lebte ich weiter mein Leben. Meine Familie war toll, trug und stützte mich, trotzdem war ich unzufrieden. Wo war mein Glück? Immer wieder war ich auf der Suche danach! Durch die Traumatisierungen meines Kindes wurde auch sie krank und der nächste Schicksalsschlag kam. Meiner Tochter lehnte mich ab und das, obwohl ich Großmutter wurde. Da war wieder der Auslöser, sterben zu wollen. Ich hatte keinen Lebensinhalt mehr, kein Tag verging ohne Traurigkeit und jeder Tag war mit Leere und Starre gebeutelt. War es das, was ich wirklich wollte?

Liebes Leben,
ich wurde geboren, um zu leben! Ich wollte das Leben mit meinem Enkel genießen und dafür musste ich leben! Ich bekam plötzlich Eingebungen. Spürte, ohne zu sehen, fühlte ihren Schmerz und spürte seine Geburt. Er sagte mir auf die Minute genau, wann er das Licht der Welt erblickte. Ich träumte und wurde wach, nein, es war Realität. Er zeigte mir meinen Weg. Stunden später der ersehnte Anruf, doch ich wusste längst, dass er geboren war. Ich musste etwas ändern!

Liebes Leben,
nun bekam ich die Diagnose Depressionen und Angststörungen. Auslöser waren traumatische Ereignisse, Lebenssituationen, die langjährig in meinem Unterbewusstsein brodelten und in meinen Zellen abgespeichert waren. Ich selbst musste mir bewusst werden, was ich für einen Seelenschmerz hatte und welche Belastungen da waren. Ich hatte immer wiederkehrende Panikattacken, die mich immer dahin brachten, dass ich Angst hatte, sterben zu müssen. Diese Todesangst, diese verdammte Angst.

Liebes Leben,
lass mich lernen, auf mich selbst zu achten, das heißt, achtsam zu leben und auch mal NEIN sagen zu können und mir Gutes zu tun. Vor allen Dingen, mir Ruhe zu gönnen und ohne Stress zu leben. Ich gab mein Geschäft auf und widmete mich der Kunst und der Schriftstellerei. Ich schrieb und malte. So verarbeite ich mein Leben. Eine weitere Therapie wurde mir angeboten. Eine Traumatherapie, das Verarbeiten meiner Erlebnisse. Die Therapie, die mein Untergang war? Ich ließ mich darauf ein und merkte zum

ersten Mal, was in einer Therapie Grenzerfahrungen waren. Ich legte meine Lebenslinie. Steine für das Trauma, Blumen für die schönen Erinnerungen im Leben. Leider gab es mehr Steine als Blumen. So stellte man schnell fest, was mit mir los war, so stellte ich fest, was mir widerfahren war. Ich musste nach und nach meine Traumen erzählen. Ich erlitt einen Zusammenbruch nach dem nächsten, weil mir alles so unwirklich vorkam. Es fühlte sich an wie in einem Horrorfilm. Ich hatte das Gefühl, das war nicht ICH, das war eine andere Person. Als ich zu den wichtigen Ereignissen kam, merkte ich, dass ich Jahre aus meinem Gedächtnis radiert hatte. Ich konnte mich zwischen Erinnern, Verwechseln, Durcheinanderbringen nicht wirklich an diesen erlebten Film erinnern. Man diagnostizierte eine schwere Amnesie. Mein Gehirn stellte sich während des Erlebens einfach auf Taub und Tot. Es gab diese Jahre nicht bis zur Therapie! Jede einzelne Zelle war mit meinem Erleben beseelt und zeigte sich jeden Tag.
Ich distanzierte mich vom Leben, von mir selbst, fühlte mich kalt, tot und leer. Zunehmend wurde ich ein anderer Mensch. Mein Leben entglitt mir. Ich konnte nicht mehr lachen, selten Freude haben, und was Glück war, wusste ich erst recht nicht mehr. Als ich zu meinem schlimmsten Ereignis kam, brach ich zusammen und landete in der Psychiatrie. Dort erlebte ich weitere traumatische Ereignisse. Menschen, die schlimm behandelt wurden, alles war so unreal. Ich hielt diese Zustände nicht mehr aus und ließ mich von meiner Familie holen. Mittlerweile schrieb ich meinen Abschiedsbrief und plante meinen Tod. Doch irgendetwas hielt mich zurück.

Liebes Leben,
ich kämpfte, ich wollte leben, ja, ich wollte weiterleben, ich wollte überleben! Jetzt war meine Zeit gekommen. Ich arbei-

tete mit mir selbst. Schnell bestellte ich mir Fachbücher, um mich selbst zu verstehen und um meine Erkrankung verstehen zu können. Langsam spürte ich, was es heißt, psychisch krank zu sein. Ich verstand meine Emotionen, ich verstand meine Blockaden, ich verstand meine Reaktionen. Ich litt grenzenlos. Empfand ich Freude, war ich stark, konnte mich abgrenzen, konnte Selbstwert fühlen, spüren, mich selbst lieben und Glück sowie Freude empfinden. Ich konnte lachen und lustig sein, das Leben mit Leichtigkeit genießen. War ich gespalten? Empfand ich Traurigkeit, war ich schwach, angreifbar, nahm alles hin, handelte willenlos, ich funktionierte nur, war gelähmt in meiner Starre ohne Emotionen. Oftmals konnte ich nicht weinen, und wenn ich weinte, brach ich psychisch zusammen. Meine Nerven lagen blank, ich hielt den Druck nicht aus, bekam Ängste, Panik, Todesängste. Ich fühlte nichts. Nach außen spielte ich eine Rolle, die ich gut erfüllen konnte. Niemand merkte mir an, wie ich litt. Eingekapselt ohne Freude, mit all meiner Schwere und Schwäche, gab ich mich auf. Der Kampf war erneut verloren. Ich erlebte Erregungszustände rund um die Uhr, die ich nicht abstellen konnte. Meine Ambivalenz machte es mir immer schwerer und ich merkte, wie ich emotional immer instabiler wurde.

Liebes Leben,
im richtigen Augenblick kam ein Licht. Ich lernte eine Therapeutin kennen, die sich meiner annahm. Zum ersten Mal erlebte ich etwas, was mir Sinn machte. Ich lebte ständig in der emotionalen Vergangenheit. Das sollte sich bald ändern. Sie erklärte mir genau, wie unsere Psyche auf Traumata reagiert. Sie schaffte es, mein Erregungsniveau zu senken, und aktivierte meine Sinne im Hier und Jetzt. Mein Ich kam erneut

hervor. So schaffte sie es, mich aus meiner Lethargie zu holen. Ich arbeitete meine Gefühls- und Emotionswelt auf. Dieses immer wieder abholen zu können, schaffte für mich eine Basis der Vertrautheit. Nach zwei Monaten konnte ich im Hier und Jetzt fast normal leben. Mit jedem Tag ging es mir besser.

Liebes Leben, es gibt so viel Therapiemöglichkeiten, doch niemand weiß, welche Therapie für Menschen die richtige sein soll. Man muss es einfach ausprobieren. Mein Traum war es, noch einmal studieren zu können beziehungsweise zu dürfen, auch wenn ich schon älter war. Mein Ziel war es, nicht zu jammern, sondern mein Leben endlich in die Hand zu nehmen. Glück und meinen Frieden zu finden. Nach zwei Jahren ins Leben zurückkämpfen fing ich an, in Freiheit und mit Leichtigkeit zu leben. Jetzt lebe ich und ich bin stark. Ich lebe mein Leben in Freude und Farbe, denn mein Traum ging und geht in Erfüllung. Nachdem ich diese Therapie hinter mir hatte, wurde ich als gesund diagnostiziert. Ich lebe mein Leben mit meiner Vergangenheit. Doch diese quält mich nicht mehr. Nach meinen Ausbildungen darf ich endlich Menschen helfen, unterstützen und begleiten. Ich darf Menschen lehren: Schenke der Vergangenheit keine Macht. Für traumatisierte Menschen habe ich Möglichkeiten geschaffen, dass sie das Licht im Dunkeln wieder sehen können. Ich lernte zuzuhören und dem Menschen zu sagen: Du bist dein bester Therapeut, schenk dir selbst Vertrauen und lass dich eine Zeit lang begleiten.

Wir alle haben überlebt, wir werden weiterleben und leben in Frieden, Gleichgewicht und tanzen unser Leben in Farbe. Jeder Niederfall macht uns stark!
Ich habe überlebt, das hat mich geprägt und stark gemacht! Geboren, um zu leben und zu lieben. In Süße geboren, in Bitterkeit erwacht, doch wieder etwas aus dem Leben gemacht! Jeder hat es selbst in der Hand, aus der Bitterkeit in die Süße zu gelangen!

Ein Blick auf meine Wirklichkeit

Gedanken lesen, das wäre jetzt toll. Dann müsste ich nicht alles aussprechen, um es aufschreiben zu lassen. Ich habe oft Schwierigkeiten beim Sprechen. Grundsätzlich vorneweg – mein Leben ist schön! Dennoch habe ich oft das Gefühl, am Rande zu stehen. Am Rande des Lebens und des Wissens. Ich höre so viele Dinge – gerade durch meine Schwester –, von denen ich nichts weiß. Unterrichtsfächer, die ich selbst nie an der Förderschule hatte. Ich mache mir Gedanken um die Zukunft. Was ich werden will oder kann, weiß ich auch nicht. Ich wünsche mir eine Arbeit mit Tieren. Die mag ich. Aber eine genaue Vorstellung habe ich nicht. Mein Zukunftstraum ist – kein Corona mehr. Mehr Freiräume, endlich wieder Cavalluna anschauen, Geburtstag mit Freunden feiern und shoppen gehen. Am liebsten DVDs und CDs. Frei, ja, da fällt mir ein – ich wäre gern ein Adler, der alles von oben sieht. Er hat eine andere Sicht und er ist frei.

Ich bin Deborah, Autistin, bin 19 Jahre alt und lebe mit meinen Eltern, meiner Schwester und meiner Oma in einem Haus. Ich höre gern Musik und Geschichten, schaue gern Filme und lese Bücher. Ich mag Tiere – am liebsten Pferde. Und ich liebe meine Familie – und sie mich auch. Über meine Kindergartenzeit kann ich nur sagen, dass ich da schon gern Theater gespielt habe. Einmal gab es eine Hänsel-und-Gretel-Aufführung, da habe ich mitgesungen und bei der Aufführung von Frau Holle probte ich die Stiefmutter, diese hat dann allerdings jemand anderes gespielt, da ich dafür wohl nicht geeignet war.

Zu Hause habe ich dann mit Papa und meiner Schwester oft Puppentheater gespielt. Theater mag ich bis heute und spiele auch noch immer in einer Theatergruppe mit. Die Kindergartenzeit endete mit der Zuckertüte. Eine mit Winnie Puuh. Daran erinnere ich mich gut, ich mochte Winnie Puuh. Obendrauf war eine Kuschelpuppe. Ein Mädchen. Nun kam die Schulzeit, erst mal die normale Grundschule. Hier erinnere ich mich hauptsächlich an die Hofpausen. Im Winter. Ich war meist einfach nur Zuschauer und habe beobachtet, wie andere eine Schneeballschlacht gemacht haben. Ich war gern allein. Auf dem Schulhof gab es klingende Tasten. Die haben Geräusche gemacht – ich habe sie gern genutzt. Im Unterricht haben wir ein Märchen behandelt. ‚Der Vogel Phönix'. So habe ich den Phönix kennengelernt. Er saß im Baum mit einem goldenen Apfel und hat von der Prinzessin gesungen. Er konnte mithilfe einer Feder die Prinzessin von einem Zauber befreien. Ich mag auch Märchen. Mein liebstes Märchen ist ‚Der Hirsch mit dem goldenen Geweih'.

Während der Schulzeit gab es auch einen Kuchenbasar, daran habe ich wieder gedacht, als ich in den ersten Wochen meiner Zeit in der Werkstatt wieder einen Kuchenbasar miterlebt habe. Es war so eine schöne Erinnerung – es gab Schokoladenkuchen!

Was mich am Ende meiner dreijährigen Grundschulzeit (Schuleingangsphase) ehrlich genervt hat, war die Gruppenaufteilung. Oft musste ich die Zeit mit kleineren Kindern oder Erstklässlern verbringen und nicht mit meiner Klasse, da ich bei einigen Dingen nicht mithalten konnte. Ich wurde dann in den Förderbereich der GS umgeschult und kam in eine

Förderschulklasse – mit einem Mädchen, welches ich nicht gern mochte. Doch das änderte sich.

Trauriger war ich über den Schulwechsel. Ich musste an eine Förderschule wechseln. Auch das Mädchen kam mit – und war wieder in meiner Klasse. Hier freundeten wir uns an. Ich fand die Schule dann ganz gut. Wir waren Schlitten fahren hinter der Schule auf der Rodelbahn und ich fuhr auf meine erste Klassenfahrt. Wohin, weiß ich nicht mehr genau, aber es war schön. Wir haben abends gemeinsam einen Film geschaut. An dieser Schule habe ich auch Theater spielen können. Zum Beispiel beim ‚Grüffelo‘ hatte ich die Rolle der Maus.

Ich lernte dann bald lesen. Das war gut, ich lese seitdem gerne ganze Bücher! Ich war ganz glücklich, dass ich nun endlich lesen konnte, und freute mich auf die erste Lesenacht in der Schule. Als dann ein neuer Schulwechsel anstand, an eine andere Förderschule, habe ich sehr geweint. Es hieß, ich würde mich „im Kreis drehen" und „nicht vorwärtskommen".

In der neuen Schule angekommen, erschien mir alles so leicht, das gab mir ein gutes Gefühl. Leider hat das nicht lange angehalten. Genau bis zur ersten Sportstunde. Es fiel mir schwer, mich anzustrengen und mitzumachen. Vor allem die Übung für den Crosslauf. Schöner war dann das Reiten direkt vor der Schule, das Basketballspielen und beim Sportfest, den anderen beim Fußballspielen zuzusehen. Einmal waren wir auch in einer anderen Schule zum Schwimmwettkampf. Dort haben wir sogar übernachtet. Der Wettkampf war gegen meine alte Schule. Wir haben den 3. Platz belegt und uns gefreut.

An einem Abend war ich mit meiner Lehrerin und einem weiteren Jungen im Theater. Das Stück war sehr schön.

Auch die Klassenfahrt nach Eisenach hat mir gefallen, wo wir die Wartburg besuchten. Unsere Abschlussfahrt sollte nach

Weimar gehen, alle haben sich darauf gefreut, nur dann kam Corona und die Fahrt fiel aus. Aber ich habe die Fahrt mit Papa nachgeholt und wir waren einen ganzen Tag in Weimar. Mit ihm gehe ich auch sehr gern ins Kino. Es kann auch gern die 20-Uhr-Vorstellung sein.

Am Ende der Schulzeit habe ich ein Zeugnis von der Schule bekommen – und auch Abschiedsgeschenke. Den Bilderrahmen mit den Fotos aus der Schulzeit behalte ich als Erinnerung.

Am Anfang fand ich die Coronazeit interessant. Eine Woche zu Hause, eine Woche in der Schule – so hätte es weitergehen können. Aber auf Dauer wurde es nervig. Ich bin froh, dass es jetzt in der Werkstatt nicht mehr so ist. Aber während dieser Zeit habe ich mit meiner Familie viel erlebt. Wir waren alle zusammen mit Huskys wandern und ich war mit Mama reiten.

Wie ging es für mich in der Coronazeit nach der Schule weiter? Erst besuchte ich eine Maßnahme, um zu schauen, ob ich eine Ausbildung machen kann. Danach hatte ich lange Zeit frei. Das war recht schön, bis mich die Langeweile einholte. Ich habe gelesen, Filme geschaut, Musik gehört und war draußen. Alles Dinge, die ich gerne mache. Am 1. Februar konnte ich dann endlich die Berufsausbildung in der Werkstatt beginnen. Nun ist es fürs Erste beschlossen, dass mein Wunsch, mit Tieren zu arbeiten, erst mal nicht in Erfüllung geht. Aber dieser Wunsch bleibt – und es ist ja nicht endgültig. Wer weiß, wie es vielleicht in zwei Jahren weitergeht.

Manchmal träume ich auch, einfach so für mich – und spiele in einem Musical oder einem Film mit. Und vielleicht habe ich da auch die Hauptrolle. Der Film handelt von Freundschaft und spannenden Abenteuern.

Mein Leben ist manchmal bitter, aber meistens schön!

Ich bin die bittere Traurigkeit

Ich möchte nicht, dass Elisa hängen gelassen oder gar ignoriert wird. Sie hat Angst, ihre süßen Gefühle zu zeigen in dieser schwierigen Zeit.

Sie geht nur mit den Betreuern raus, aber nie allein, weil sie bittere Angst davor hat, von anderen Leuten ausgelacht zu werden. Von bestimmten Personen, die es echt nicht mitkriegen, was sie fühlt oder denkt oder in ihren SMS schreibt. Und immer wieder holt die bittere Vergangenheit sie ein. Sie möchte so gerne wieder fröhlich sein, aber das kann sie leider nicht, weil sie Angst hat, wieder in der Werkstatt aggro zu werden.

Und fast alle lassen sie bitter im Stich oder sie wird ignoriert. Sie bekommt einfach keine Chance. So etwas ist nicht schön. Genauso wie im Bus, als sie den Jungen angeschrien hat, nachdem sie gecheckt hatte, dass die ‚Boxsackfrau' die WhatsApp-Nachrichten geschrieben hat. Dann wollte sie sich entschuldigen, aber der Junge sagte sauer: „Geh mir aus den Augen, raus hier." Und dann ist sie freiwillig aus dem Bus gestiegen, weil sie den Jungen nicht hauen wollte.

Sie hat dann auf den nächsten Bus gewartet, traurig, allein, und keiner hat ihre Hand genommen oder sie in den Arm genommen. Niemand ist mit ihr aus dem Bus gestiegen, um sie zu trösten, und dann wurde sie auch noch von anderen ausgelacht. Das ist echt nicht schön und traurig und bitter.

Stellt euch einmal vor, ihr wärt wie sie. Ihr würdet ausgelacht oder ignoriert und würdet keine Unterstützung bekommen. Ihr wohnt allein und keiner redete mit euch oder besucht euch. Das ist echt bitter.

Elisa würde euch nicht hängen lassen, aber ihr lasst sie im Stich. Sie hat Angst, wieder allein dazustehen, ohne Hilfe, und keiner ist da, der mit ihr redet.

Wundert euch nicht, wenn sie dann bitter schweigt. Dann müsst ihr etwas tun, schnell zu ihr gehen, ihr helfen, ihr Vertrauen zurückbekommen, bevor es zu spät ist.

In dieser schwierigen Zeit wird sie hängen gelassen und im Stich gelassen wegen des Coronavirus'. Das ist sehr schade und traurig. Das ist bitter. Niemand hat das Recht, jemand anderes im Stich zu lassen.

Sie möchte gerne wieder fröhlich sein, aber ohne Freunde klappt das nicht.

Sie braucht eure Hilfe. Sie kann nicht mehr.

Ich bin die bittere Traurigkeit. Das war's von mir.

RACHEL WENDLAND, KÖLN
Bittersüße Wirklichkeit

Es ist das Jahr 2005, ein langer, heißer Sommer liegt hinter uns. Ich bin gerade mal sechs Jahre alt und ein sehr wichtiger Lebensabschnitt liegt direkt vor mir. Ich werde ein Schulkind! Doch ich bin kein Kind wie jedes andere. Ich bin ein pummeliges kleines Mädchen mit blonden Haaren, einer großen Klappe und einem Rollstuhl.

In der heutigen Zeit spielt Letzteres meist keine große Rolle mehr, wir schreiben die Worte Inklusion und Gleichstellung groß. Damals, im Jahr 2005, sah das noch etwas anders aus. „Ein Kind wie sie gehört unter ihresgleichen!", sagte die Schulrätin, als sie unseren Bescheid auf einen Regelschulplatz ansah.

Ich verstehe den Satz bis zum heutigen Tag nicht. Ich war doch kein wildes Tier im Zoo, ich war ein kleines Kind von sechs Jahren, welches mit allen anderen zur Schule gehen wollte, doch das schien wegen der Laune einer Frau nicht möglich zu sein. Stattdessen schlug sie uns einen schönen Schulplatz in der näheren Umgebung vor.

Dieser lag gut 20 Kilometer von meinem Zuhause entfernt in einer ländlicheren Umgebung. Den Schulweg konnte ich somit nicht allein bestreiten, und Freunde zu finden, welche ich wie alle anderen Kinder nach der Schule sehen konnte, war bei der Entfernung meist auch nicht einfach. Die Jungs und Mädchen der Nachbarschaft besuchten die Schule in meinem Heimatort. Ich verlor also zunehmend den Kontakt zu all den Kindern, die ich bis dato kennengelernt hatte.

Anfänglich klang die Idee toll – eine Schule voller Kinder, die waren wie ich.

Damals konnte ich nicht wissen, dass dies der Anfang meines Untergangs war. Es war ein Pakt mit dem Teufel.

Aus einem wissbegierigen und toughen Mädchen wurde ich: eine Erwachsene mit Komplexen, Sozialphobien, Panikattacken und Depressionen, herbeigeführt durch Traumata einer Schulzeit, die ich unter ‚meinesgleichen' verbracht hatte. Eine Zeit, geprägt von Mobbing jeglicher Art. Man hat mich mit Müll beworfen, mit Dreck eingeschmiert und mich auch so behandelt. Es begann mit dem Einsteigen ins Taxi und endete mit dem Aussteigen aus selbigem.

Meine Probleme vertraute ich den Lehrern an, doch bis auf ein paar verhöhnende Kommentare erhielt ich nichts, keine Hilfe, keine Möglichkeiten, dem Ganzen zu entkommen. Man sollte nicht meinen, dass Erwachsene, Sonderpädagogen, ebenfalls Mobber sein können, und doch war dies der Fall an jener Schule. Es war der unausgesprochene Alltag.

Sie machten es subtiler. Es passierten Dinge, von denen ich mit meinem heutigen Wissen sagen kann, dass sie fahrlässig und geradezu kriminell waren. Ich besuchte gerade einmal sechs Wochen die Förderschule, in die ich wegen des Aspekts meiner körperlichen Behinderung eingeschult worden war, und erhielt von den Lehrern die Wertung ‚lernbehindert', welche zukünftig alle meine Zeugnisse zieren sollte.

Was meine Mutter und auch ich zum damaligen Zeitpunkt nicht wussten war, dass dieses kleine Wort einen gehörigen Einfluss auf mein späteres Leben haben würde und dass es enorme Kraft und Geduld brauchte, diese Wertung loszuwerden.

Ich hangelte mich also von Jahr zu Jahr, wurde älter und reifer und musste erkennen, dass dies in meiner damaligen Umgebung nicht für alle galt. Zuerst war mir nicht bewusst, ob das an meiner bisherigen, durch Hindernisse geprägten Schulzeit lag und ich mich dadurch anders entwickelte. Doch es dauerte nicht lange und ich begriff, dass ich dort wahrlich fehl am Platz war. Auch hier fanden mehrere Gespräche mit Lehrern statt, die mir immer wieder bestätigten, dass ich nicht auf diese Schule gehöre. Ich sei ein ‚Exot', beschrieb mich eine meiner späteren Lehrerinnen und irgendwie stimmte es, ich passte nicht in diese Welt, das hatte ich noch nie gefühlt. Den Umständen der damaligen Zeit war es geschuldet, dass ich dort war.

Es ist niemals die richtige Entscheidung, einen rein körperbehinderten Menschen aufgrund seiner körperlichen Verfassung in ein für ihn unpassendes System zu stecken.

Es dauerte gut zehn Jahre, bis ich die Schulrätin im Jahr 2015 wiedersah und ihr als 16-Jährige gegenübersaß.

Ein lang ersehnter Termin stand an, viele Emotionen spielten mit hinein, es lagen Monate hinter mir, die ich niemandem im Leben wünschen würde. Wieder einmal war ich die Zielscheibe des Mobbings geworden, doch diesmal waren es nicht die Schüler, nein, es waren die Lehrer, die mich nun kurz vor dem Ende meiner Schulzeit fertigmachten, so sehr, dass ich einen Zusammenbruch erlitt.

Ich saß der älteren Dame gegenüber und erzählte ihr, was mir nun in all den Jahren zwischen dem ersten und dem zweiten Termin bei ihr widerfahren war.

Sie wirkte sichtlich geschockt und war fassungslos, als sie erkannte, dass sie mir den Weg für all das geebnet hatte. Auch sie bestätigte mir einmal mehr, dass ich keinerlei Anzeichen für eine Lernbehinderung hatte und dass sie sich aufrichtig entschuldige für das, was sie mir mit ihren Entscheidungen angetan hatte. Sie versprach mir, dass ich meine Schule von diesem Tag an nie wieder betreten müsse und sie sich aktiv dafür einsetze, dass ich einen geeigneten Schulplatz finde, an dem ich mein letztes Schuljahr in Ruhe verbringen könnte und sogar die Möglichkeit bekäme, mit einem besseren Abschluss abzugehen.

Und so kam es, dass ich am Ende, zeitgleich zu meinem 17. Geburtstag, mein Abschlusszeugnis in den Händen hielt mit einem Abschluss, welcher mir vor Jahren entsagt worden war.

Und doch hatte ich ihn und wusste, dass sich alles gelohnt hatte für diesen einen Augenblick, den mir niemand mehr nehmen konnte.

Es brauchte Jahre, um all die Dinge verstehen und verarbeiten zu können. Noch heute gibt es einige Tage, an denen es mir schwerfällt und mich die Geister der Vergangenheit heimsuchen, doch ich habe gelernt, die Tage als solche zu nehmen und das Beste daraus zu machen. Nichts wird je wieder so sein wie im Sommer 2005, das ist mir bewusst. Nichts und niemand kann ungeschehen machen, was mir an jenem Ort widerfahren ist. Nie wieder werde ich dieselbe Person wie damals sein, dafür ist zu viel passiert, aber wenn ich eines mit erhobenem Haupt sagen kann, dann ist es, dass ich die Wunden der Vergangenheit zu Narben gemacht habe, die ich mit Stolz an mir trage. Sie sind ein Teil meiner Geschichte und gehören zu mir wie jede andere Eigenschaft, die mich zu der Person gemacht hat, die ich heute bin.

Hinter jeder starken Person steckt eine Geschichte, die einem keine andere Wahl lässt.

Manchmal zieht die Vergangenheit Risse nach sich, die dich auf deinem Weg begleiten.

Manchmal erweist sich der Weg nicht als grundsätzlich schlecht, bringt dich dorthin, wo du unter anderen Umständen niemals hingelangt wärst. Manchmal weiß man nicht, wofür etwas gut war (oder ist), wir müssen geduldig sein und Mut haben.

Und manchmal, da braucht es auch einfach nur eine extra Portion Hoffnung darauf, dass, egal wo uns der Weg hinführt, wir ‚OKAY' sein werden.

Es ist die Realität, die ich niederschreibe, es ist ein Einblick in das Leben eines Menschen mit Behinderungen, welche zum damaligen Zeitpunkt zur Gänze falsch behandelt wurden und es teilweise noch immer werden. Solange es das Wort ‚Inklusion' für eigentlich selbstverständliche Dinge braucht, sind wir noch nicht da angekommen, wo wir hinwollen. Es muss noch einiges mehr passieren, um allen Menschen eine wahrhaft faire Chance im Leben geben zu können. Es sollte unser Ziel sein, ein würdiges Leben leben zu dürfen, in dem es keinerlei Limitierungen und Herabsetzungen gibt. Inklusion ist kein Luxusgut! Es ist ein Recht, das jedem zusteht!

JUTTA WESTENDORF, HOLDORF
Großes Monster werde klein

Als Kind sah ich meine Eltern als den Mittelpunkt des Lebens, ich dachte, sie wären Superhelden. Sie wüssten und könnten alles, hätten auf alles eine Antwort. Je älter ich wurde, umso schmerzlicher musste ich erkennen, dass die Eltern nicht die Superhelden waren, für die ich sie gehalten hatte, auch sie waren nicht ohne Fehler. Mein Vater war ein Egoist, er verletzte mich verbal sogar so sehr, dass ich mich nur noch klein und als Versager fühlte. Ich fragte mich oft, wie meine Mutter das ausgehalten hat. Doch sie war in einer Zeit geboren, in der man zu tun hatte, was der Mann sagte. Auch ich wurde so erzogen. Die Frau hat zu tun, was der Mann sagt.

Mit extremen Selbstzweifeln kam ich in die Pubertät, fragte mich nach dem Sinn des Lebens, fragte mich, was man überhaupt auf dieser Welt sollte. Wir waren arme Leute, und ich war nicht die Klügste in der Schule, das ließen mich so einige Mitschüler und Lehrer gerne spüren. Auch meine Eltern waren nicht hilfreich dabei, mein Selbstwertgefühl zu entwickeln. Man hatte den Mund zu halten. Ob ich damals schon an einer Depression gelitten habe? Vielleicht, doch dieses Wort gab es zu meiner Zeit nicht. „Reiß dich zusammen und stell dich nicht so an", das bekam man oft zu hören. Alles geht irgendwann vorbei, auch meine Zweifel konnte ich irgendwie, so glaubte ich jedenfalls, ablegen. Doch im Laufe meines Lebens musste ich erkennen, dass es niemanden gab, der mir die Liebe schenkte, die ich mir wünschte. Menschen, die ich für Freunde hielt, hintergingen mich, saugten mich teilweise regelrecht aus. Ich glaubte, alles im Griff zu haben, doch das war nie der Fall, ich merkte es nur nicht.

Ich versuchte mich mehr in der Arbeit einzubringen. Mich hochzuarbeiten. Doch als ich dachte, alles liefe super, fiel ich ins Bodenlose. Ich wurde so extrem gemobbt, dass ich es nicht schaffte, mich wieder hochzurappeln. Ich fühlte mich seelisch schrecklich verletzt.

Anfangs dachte ich noch, ich schaffe es allein, ging zum Arzt und ließ mir, wegen einer chronischen Erkrankung, eine Reha verschreiben. Ich wusste in meinem Inneren, dass ich Hilfe brauchte, war aber nicht sicher, was für eine Hilfe ich brauchte und wie sie aussehen sollte.

Die Auszeit tat gut und sie brachte mir eine Erkenntnis, die ich bis dahin versucht hatte zu ignorieren. Es war ein Gespräch mit einer Psychologin, die mir direkt ins Gesicht sagte: „Sie brauchen Hilfe. Ich kann Ihnen hier nicht helfen, darum suchen Sie sich bitte zu Hause einen Psychologen."

Selbst einen Therapeuten suchen, das war für mich der schlimmste Gang überhaupt. Dabei hätte ich dringend eine Hilfe gebrauchen können. Ich bin schließlich zum Hausarzt gegangen und habe mir dort Adressen geben lassen. Doch bis ich den Mut fand anzurufen vergingen Wochen. Als ich dann endlich so weit war und bei Therapeuten anrief, gab es Anrufbeantworter, die sagten, wann man anrufen könnte, oder es wurde gar nicht erst abgenommen. Jede Absage machte mich mutloser und verzagter. Doch dann hatte ich Glück. Es wurde abgenommen und ich bekam einen Termin.

Die ersten Therapiesitzungen waren für mich der pure Horror. Ich, die ich mich immer mehr verschlossen hatte, die sich einen dicken Panzer angelegt hatte, um niemanden mehr an sich heranzulassen, die niemals wieder verletzt werden wollte, musste aus sich herausgehen. Ich fühlte mich schrecklich.

Ich fing wieder an zu arbeiten, doch die Verletzungen waren so tief, dass ich mich bei der Arbeit immer weiter zurückzog. Die Menschen, von denen ich mich am schlimmsten verletzt fühlte, konnte ich kaum noch ertragen. Ich hätte mich am liebsten übergeben. Immer öfter dachte ich darüber nach, Suizid zu begehen.

Da es so keinen Zweck hatte und ich auch Medikamente ablehnte, riet mir der Arzt zu einer weiteren Reha, diesmal aber zu einer psychosomatischen. Bis diese Reha anfing, wurden meine seelischen Schmerzen immer schlimmer, es tat regelrecht körperlich weh. Ich konnte nicht mehr schlafen, dachte immer häufiger über Suizid nach und war, als die Reha begann, sozusagen ein psychisches Wrack. Ich hatte, könnte man sagen, mit meinem Leben abgeschlossen.

In der Reha hat man sofort meinen psychischen Zustand erkannt. Ich musste einen Vertrag unterschreiben, dass ich mir während des Aufenthalts nichts antun würde. Ich habe mich in meinem Leben immer an Verträge gehalten, da kann ich nicht aus meiner Haut. Ich hatte viele Gespräche, musste mich täglich beim Personal melden und schließlich hat man mich überzeugt, Medikamente zu nehmen. Das war, wenn es sich für mich auch fast wie eine Niederlage anfühlte, aus heutiger Sicht die richtige Entscheidung, ohne Medikamente hätte ich es nicht geschafft. Warum ich aber anfing, Panikattacken zu bekommen, das fand man dort nicht heraus. Ich wurde krank entlassen und man legte mir nahe, mich in eine Tagesklinik zu begeben. Den Kontakt hatte ich noch in der Rehaklinik hergestellt.

In der Tagesklinik, so hatte ich das Gefühl, ging es mir anfangs noch schlechter. Ich hatte auch dort weiterhin Suizidgedanken, doch auch dort nahm man mir das Versprechen ab, mir nichts selbst anzutun. Es war, vor allem am Anfang, eine sehr schwere Zeit. Ich bekam immer wieder Migräneanfälle und Panikattacken. Die Pflegekräfte und Therapeuten waren immer sehr bemüht um mich, doch ich habe es ihnen nicht einfach gemacht. Ich zog mich immer wieder in mein Schneckenhaus zurück. Nur sehr langsam fing ich an, mich dem Personal und auch den anderen Mitpatienten zu öffnen. Dort entdeckte man, warum ich immer wieder Panikattacken bekam. Und zwar immer dann, wenn ich glaubte, etwas falsch gemacht zu haben, und das passierte öfter, als ich wollte.

Man sagte mir, dass ich arbeitsunfähig wäre und Erwerbsminderungsrente beantragen sollte, das machte mir wieder erheblich zu schaffen. Ich hatte mein ganzes Leben, 42 Jahre lang, gearbeitet und das sollte nicht mehr gehen? Daran hatte ich sehr zu knabbern.

Noch in der Tagesklinik stellte man mir den ambulanten Dienst vor. Damit ich nach der Tagesklinik weiter jemanden hatte, der zu mir nach Hause kam und mich im Alltag unterstützte. Zwar ging ich auch wieder zum Therapeuten, doch die Gespräche dort waren anders als die mit dem Mitarbeiter vom ambulanten Dienst. Der schaute, dass ich meinen Alltag wieder auf die Reihe bekam, unterstützte mich bei Behördengängen. Alles, was vor der Depression für mich einfach und selbstverständlich gewesen war, wurde in der Depression zu einem fast unüberwindlichen Berg. Durch den ambulanten Dienst hatte ich jemanden, der mir den Weg wies, mir sozusagen ein Hilfeanker war. Insgesamt wurde ich von dort etwa 7 Monate unterstützt. Ich schrieb To-do-Listen, um aus meiner Litanei herauszufinden. Da ja überprüft wurde, ob ich es getan hatte, fing ich langsam an, wieder agiler zu werden. Mir wieder mehr zuzutrauen. Meine Selbstzweifel zu akzeptieren. Ich kann sie bis heute nicht ablegen, aber ich lerne, damit umzugehen. Inzwischen bin ich in Rente, gehe noch alle 4 Wochen zum Psychologen, und, solange es mir von der Krankenkasse erlaubt wird, auch zur Ergotherapie. Auch die Ergotherapie hilft mir, im Alltag zurechtzukommen. Dort kann ich etwas mit den Händen erarbeiten und Gespräche führen, die in meinem Umfeld so nicht möglich wären. Ein weiterer Baustein ist für mich die Selbsthilfegruppe. Dort kann ich sein, wie ich bin, und mit anderen auch bewertungsfrei über meine Ängste und Probleme sprechen. All das hilft mir, mich wieder in ein neues Leben einzufinden. Ich denke immer noch zwischendurch an einen Suizid, doch nicht mehr so heftig und immer nur kurzzeitig. Das ist etwas, was wahrscheinlich mein Leben lang ein Teil von mir bleiben wird. Inzwischen konnte ich die Medikamente etwas reduzieren, doch vollständig absetzen werde ich sie wohl nie können. Ich werde aber weiter daran arbeiten.

Über mich:
Ich bin 62 Jahre alt und leide seit ungefähr 7 Jahren unter einer chronischen rezidivierenden depressiven Störung.

ANDY WIRSZ, FÜRTH
Ausschreibung „Bittersüße Wirklichkeit"

Ich bin ein Mensch mit Behinderung, glaube ich. Davor war ich „behindert", „gehandicapt" oder einfach nur „ein Krüppel". Früher war ich tabu, eine Bürde der Gesellschaft und bemitleidenswert. Heute werde ich übersehen. Wir dürfen kein Geld sparen, solange der Staat für uns zahlt. Aber wir sollen ja dankbar dafür sein. In einer Behindertenwerkstatt verdienen wir nicht einmal den Mindestlohn, aber wir sollen froh sein, dass wir etwas zu tun bekommen. Wir dürfen existieren, aber nicht leben. Wir sollen auf Sonderschulen gehen. Nicht, weil wir besonders sind, sondern weil wir ausgesondert werden. Auf dem Arbeitsmarkt werden wir nicht genommen, weil der bürokratische Aufwand zu groß ist. Aber es ist ja nicht alles schlecht. Wir werden auch bewundert, weil wir so viel erreichen, „obwohl wir behindert sind". Ich bin gerne Inspiration-Porn für euch: „Ich finde es so schön, dass du hier draußen sitzt und einfach Pizza isst." „Es ist so cool, dass du auch hier auf der Dating-App bist! Trotzdem swipe ich jetzt nach links." „Ich finde es toll, wie du auch Spaß hast und nicht nur zu Hause vergammelst und dich selbst bemitleidest!" Ha, ein bisschen Spaß muss sein! Ich weiß nur nicht, wie lange ich es witzig finde ...

CYRIL ANNE WUSSOW, BIEBERGEMÜND
Wunderbares Leben – (1983)

Ich soll nicht hier sein
alles fühlt sich falsch an
ich würd' lieber
im Vorlesungssaal
in einem Büro
oder im chaotischen Labor.

Nur nicht hier.

Vor sechs Jahren
alles war noch anders
bis eines Tages, da lag ich –
wie eine tickende Bombe
schwaches Herz, kaputte Aorta
Aneurysma – da im Bauch.

Marfan – die Ursache.

Alles klingt fremd –
ich verstehe nichts
komplett am Boden
aufgehört zu leben
verzweifelt, frage ich Gott
wieso ich, wieso jetzt?

Wieso?

Vor vier Jahren

alle dachten, das war's
und doch, ich bin hier
ein Lächeln im Gesicht
strahlend und
voll mit Leben.

Obwohl –

Zu laufen ohne Stock
kommt nicht infrage
dreißig Minuten Lauf
ist ein Marathon –
ich bin erschöpft
fertig.

Aus.

Trotz all dem, mein Herz ist voll
jeder Tag ist ein Wunder
behindert, doch gesegnet
mit Freunden und Familien
geschenkt mit einem
wunderbaren zweiten Leben.

Ein Wunder!

Abendlied

Mein Abendlied
Oh du bittersüße Wirklichkeit
bevor ich zu Bett gehe
ein Ritual
ein Gebet
wie auch immer
#Schubladendenken
Möchtegern-Philosophen u. Proleten
Kategorisiert ruhig mein Abendlied
sowie mich
kein Platz in euren dreckigen Schubladen
bin viel zu interessant u. wandelbar
für euch
ein Akt zum Verzweifeln
ihr kriegt mich nicht.

Mein Abendlied
Oh du bittersüße Wirklichkeit
bevor das Karma euch fickt
bete ich
für mehr Menschlichkeit
u. Frieden
Diskriminiert ihr mich
u. stellt meine Behinderung infrage
bin ich es nicht
die euch zum Teufel jagt
denn ihr tragt ihn schon
in euch.

Euer Spiegelbild bekommt Risse
u. Blessuren
denn ich
kann noch in den Spiegel schauen
u. baue auf mein Urvertrauen
Karma ist u. bleibt skrupellos
Es braucht keinen Lockdown
um euch heimzusuchen
The Bitch is on the way.

Mein Abendlied
Oh du bittersüße Wirklichkeit
beinhaltet den Fakt
dass jeder
Mensch u. Tier
seine Daseinsberechtigung hat
selbst ein Mörder o. Vergewaltiger
hinter Gittern
sie denken wenigstens nach
über ihre Taten
aber ihr
die mit Worten u. bösen Blicken
über behinderte Menschen
urteilt

Behinderungen u.
Chronische Erkrankungen
die auf den ersten Blick
nicht sichtbar sind
ihr gehört auch hinter Gitter.

Mein Abendlied
Oh du bittersüße Wirklichkeit
in euer Gehör
es soll Wurzeln schlagen
sich in euch manifestieren
lernen
über den Tellerrand zu schauen
anstatt zu urteilen
meine Seele zu foltern
mich zu mobben
nur weil ich anders bin

Licht aus und gute Nacht
Mein Abendlied ist vollbracht!

AKEXANDER ZALIK
Erwachsenwerden

Als Kind glaubt man, dass man in den Kinderschuhen für ewig
bleibt stecken,

altern sollen nur die anderen, die ihr graues Haar mit Farbe be-
decken.

Als Jugendlicher peilt man gezielt die 18 an,

ab dann ist man erwachsen und mit dem Autofahren dran.

Danach genießt man das Leben in vollen Zügen

und vergisst, wo der kleine Mensch in seinen Kinderschuhen ist
bloß geblieben.

Der Traum von der ewigen Jugend platzt auf einmal wie eine
Seifenblase

und man fällt im Leben des Öfteren auf die eigene Nase.

Meine bipolare Störung und ich

Ich bin ich. Meine Störung ist meine Störung. Wir gehören zusammen. Wir sind eine Einheit. Wir müssen als eine Einheit
fungieren. Ich kann meine bipolare Störung nicht ignorieren.
Ich muss mit ihr arbeiten und nicht gegen sie. Sie wird nicht
weggehen, einfach wieder verschwinden. Sie wird bleiben.
Und sie hat Platz. Ich gebe ihr Raum. Den nötigen Raum, den
sie braucht. Aber ich lasse nicht zu, dass sie mich einnimmt. Sie
ist permanent an meiner Seite. Wir gehen Hand in Hand.
Wenn ich morgens aufstehe, gebe ich ihr zu verstehen, dass ich
weiß, dass sie da ist. Dass ich nicht über Nacht vergessen habe,
dass sie existiert. Dass ich sie auch heute nicht ignorieren
werde. Dass sie auch heute ihren Raum hat. So wie jeden anderen Tag auch.
Meine bipolare Störung hat zwei Seiten. Ihre eine Seite ist aktiv. Energetisch. Euphorisch. Laut. Provokant. Kreativ. Das ist
die pinke Seite. Und sie hat eine blaue Seite. Die blaue Seite ist
ruhig. Ermüdend. Leise. In sich gekehrt. Nachdenklich. Ängstlich. Die beiden Seiten zeigen sich unterschiedlich stark. Einen
Tag ist Pink stärker als Blau und am nächsten Tag ist es anders-
herum. Die pinke Seite bringt mich dazu, meine Energie aus-
zukosten. Sie versorgt mich mit Ideen. Eine Idee nach der anderen. Sie schießen nur so durch meinen Kopf. Gute, kreative,
einzigartige Ideen. Und sie will, dass ich die Ideen sofort um-
setze. Bestenfalls alle gleichzeitig. Und so schnell wie möglich.
Durch die pinke Seite mache ich viele große Pläne. Ich sage zu
vielen Dingen zu. Verspreche vieles. Pink überredet dazu, viele
Sachen zu kaufen. Teure Sachen zu kaufen. Sachen, die ich eigentlich gar nicht brauche. Pink ist so euphorisch, da kommen

keine Bedenken. Und aktiv. Da gibt es gar keine Zeit, sich Gedanken zu machen. Da wird gehandelt. Kreativ gearbeitet. Viel gearbeitet. Lange gearbeitet. Wenig geschlafen. Da gibt es keine Ruhe. Da gibt es nur Euphorie und Energie. Kreativität und Eigensinn.

Und dann zeigt Blau sich. Und dann ist alles anders. Blau ist anders. Blau ist ruhig. Blau braucht Ruhe. Aber Pink hat so viel Arbeit aufgeladen. Blau muss ausbaden, was Pink versprochen hat. Blau muss darunter leiden, dass Pink so viel Energie verbraucht hat. Blau muss daran zehren, dass Pink dazu angestiftet hat, viel Geld auszugeben. Und Blau ist erschöpft. Müde. Blau hat Bedenken. Bedenken, dass alles, was Pink angefangen hat, nicht funktionieren wird. Blau bekommt Angst. Blau muss Dinge absagen, zu denen Pink zugesagt hat.

Weil Pink gerade weg ist und Blau kann das nicht schaffen. Nicht alleine.

Und dann zeigt sich Pink wieder. Alle Bedenken und Ängste sind vergessen.

Anfangs ignorieren sich Pink und Blau. Sprechen nicht miteinander. Hören einander nicht zu. Ich muss vermitteln. Muss einen Weg finden, das zu ändern. Das ist erst schwer, aber es wird immer besser. Jetzt tauschen sie sich aus. Sie wissen mehr voneinander. Sie wissen, dass sie beide immer da sind. Nur dass sie sich nicht gleich zeigen. Einen Tag zeigt sich Pink stärker und den anderen Tag Blau. Zusammen arbeiten sie daran, eine Mitte zu erschaffen. Das Gelb. Sie akzeptieren sich gegenseitig. Akzeptieren, dass sie existieren. Dass sie nicht allein sind. Sie lernen, sich miteinander zu arrangieren. Miteinander zu arbeiten und nicht gegeneinander zu kämpfen. Pink sorgt für Ideen, Kreativität. Für Motivation, Euphorie. Blau passt auf, dass keine unüberlegten Entscheidungen getroffen werden.

Dass mit der Energie sparsam umgegangen wird. Und verordnet ganz klar Ruhe, wenn doch zu viel Energie ausgeschöpft wurde. Im Gegenzug hilft Pink, dass die Bedenken und Ängste nicht überhandnehmen. Blau und Pink sind immer da. Jeden Tag. Sie sprechen miteinander. Sie helfen einander. Aber keine der beiden darf mehr das Steuer übernehmen. Denn am Steuer, da sitze ich.

Meine bipolare Störung und ich. Ich weiß, dass sie da ist. Mit ihren beiden Seiten. Pink und Blau. Und dass sie bleiben wird. Ich akzeptiere sie. Ich nehme sie an. Tag für Tag. Aber ich bin ich. Und ich bin nicht meine bipolare Störung.

(nicht) allein

Alles ist weiß, grau und kahl. So wie man sich eine Klinik vorstellt oder sie kennt. Nur das Gras im Garten ist grün. Und die eine Ente. Wir nennen ihn Frederik. Alles ist weiß, grau und kahl. Abgesehen von den Büchern auf der Station. Und manchen Tabletten. Selbst das Essen ist meist recht farblos. Und geschmacksneutral. Am intensivsten schmecke ich Zigaretten. Und zum ersten Mal, wie Wasser den Geschmack von Tabletten aufnimmt. Ich habe ein Problem mit Tablettenschlucken. Ich brauche manchmal mehrere Minuten. In der Zeit nimmt das sonst natürlich geschmacksfreie Wasser den von den Tabletten auf. Die sich schon ganz langsam anfangen, im Mund zu zersetzen. Da verliert das Wasser das Erfrischende. Aus dem Fernseher im Aufenthaltsraum hört man eigentlich nur Corona, Sicherheitsabstand, Hände waschen, seine Lieben durch Distanz schützen und Lockdown. Darauf folgend tiefes Seufzen der Mitpatient*innen über die neuesten Entwicklungen. Neue und strengere Kontaktbeschränkungen. Für uns ändert sich ohnehin nicht mehr viel. Wir sind eingeschlossen. Keiner von uns darf raus und keiner von draußen rein. Ich spüre die Maske über meinem Gesicht. Ein so ungewohntes Gefühl. Das Gesicht bedeckt. Eine andere, mir neue Art zu atmen. Mehr Konzentration und Genauigkeit, die das Atmen erfordert. Der Bügel, den man oben an der Nase andrückt, fühlt sich an wie eine zu fest sitzende Brille. Zu eng, zu klein. Ich trage obendrein eine Brille. Die muss ich immer tragen. Bei meiner Sehschwäche kann ich kaum die Tür finden in meinem Zimmer. Sie beschlägt immer mal wieder. Noch habe ich die perfekte Positionierung meiner Brille auf der Maske nicht gefunden.

Die Maske spürt man hinter den Ohren. Der Gummi zieht. Das Ziehen erinnert mich an meine Kindheit. An die Brille beim Skifahren oder am Strand, die auch hinter den Ohren und am Hinterkopf irgendwie befestigt wurde, damit sie sicher sitzt. Ich bin froh, dass es mittlerweile die mit den Gummis gibt. Und nicht nur die zum Binden wie in den ersten Tagen. Die blöden Dinger. Einige Patient*innen verstehen nicht ganz, wie die Masken zu tragen sind. Oder vergessen es. Ist eben neu. Dass Patient*innen Maske tragen. Und nicht nur Ärzt*innen bei einer OP. Durch die Maske riecht man weniger intensiv. Aber das Desinfektionsmittel ist so prägnant, da könnte die Maske noch so dick sein. Noch nie zuvor habe ich so viele Desinfektionsmittel gerochen. Ein dauerhafter Geruch, der sich in der Nase festsetzt. Die Hände muss man hier oft desinfizieren. Jedes Mal, wenn man die Station verlässt. Oder auf die Station zurückkommt. Ansonsten auch mindestens alle 2 Stunden. Gut, dass wir in einem Krankenhaus sind. Somit an der Quelle für Desinfektionsmittel und Hygienemasken. Draußen herrscht schon längst das helle Chaos. Masken sind noch nicht strikt verordnet. Aber beim Händewaschen – und beim Desinfizieren drehen die Leute schier am Rad. Wie beim Klopapier. Da wird sich regelrecht drum geprügelt. Auch da können wir von Glück reden, dass wir in einer Klinik untergebracht sind. Da müssen wir uns nicht auf Klopapier stürzen, das letzte Mehl ergattern und uns dann durch den ganzen Supermarkt bis zur Kasse kämpfen. Die ganze Zeit rieche ich das Desinfektionsmittel. Und Zigarettenrauch. Auch der begleitet mich die ganze Zeit. In der Maske setzt sich der Rauch fest. Manchmal bemerke ich noch den Geruch von Ramen-Suppe, eine Mitpatientin kocht die regelmäßig auf der Station. Riecht um Weiten intensiver als das Klinik-Essen. Und besser schmecken tut es. Ich will mich nicht beschweren. Angesichts der Lage da draußen haben wir es ganz gut getroffen. Mag auf den ersten Blick nicht so scheinen. Eingeschlossen in einer Psychiatrie. Man kann sich nur von der Station in den Garten und wieder zurück auf die Station bewegen. Die weiteste Strecke ist von der Station zur Pforte. Da gehen wir hin, wenn uns jemand was vorbeibringt. Oder wir etwas online bestellen müssen. Weil wir nicht raus kommen. Ich hasse, dass ich Amazon auch nur mit einer einzigen Bestellung unterstützen musste. Sachen von draußen. Ohne die wären wir aufgeschmissen. Allen voran ohne meine Eltern wäre ich aufgeschmissen. Der Kiosk in der Klinik hat zu. Da gäbe es normalerweise mal was anderes zu essen oder was zum Knabbern. Und vor allem: Tabak und Zigaretten. Die sind von großer Bedeutung in der Psychiatrie. Für Kettenraucher, für Gelegenheitsraucher, sogar für Nichtraucher. In der Psychiatrie hat schon manch ein Nichtraucher seine Regel gebrochen. Und das Rauchen verbindet. Man kommt ins Gespräch. Wenn nicht gewollt, dann zwangsläufig. Irgendwann lässt man sein Feuerzeug aus Versehen oben liegen. Oder es funktioniert nicht. Und man muss wen anders nach Feuer fragen. Oder um eine Zigarette bitten. Beim Rauchen sitzt oder steht man beieinander und kommt ins Gespräch. Lernt sich kennen. Und beim Rauchen muss man keine Maske tragen. Man sieht das Gesicht der anderen. Die Mimik. Die Reaktion der anderen. Ich war noch nie in einer Psychiatrie. Aber es ist komisch, dass Ärzt*innen, Therapeut*innen und Pflegekräfte Maske tragen. Es fühlt sich falsch an, wenn man sich ihnen gegenüber öffnet, über Gefühle spricht. Und man keine Mimik mitbekommt. Man keine starke Reaktion bekommen kann. Es fühlt sich unnahbar an. Ich kenne sie nur mit Maske. Kenne ihre Gesichter nicht. Ich kann nur die Augen sehen. Den Rest muss ich mir vorstellen.

Beim Rauchen, da werden die Gesichter der Mitpatient*innen mir offenbart. Bei dem ein oder anderen konnte ich mir überhaupt nicht vorstellen, dass die*derjenige in der Psychiatrie ist. Ich war mir sicher, es muss noch eine andere Abteilung mit Zugang zu dem gleichen Garten geben. So gut kann man doch in einer Psychiatrie überhaupt nicht drauf sein. Das war in den ersten Tagen. Als es mir ganz, ganz übel ging. Als ich nicht sprechen konnte. Als ich mich immer gegen den gleichen großen Stein gleich links neben der Tür in den Garten gelehnt habe. Um zu rauchen. Vollkommen kraftlos, hoffnungslos. Mir selbst Vorwürfe gemacht habe, die Schuld an allem gegeben habe. Mit weinerlicher Stimme habe ich meine Eltern, meinen Bruder angerufen. Und meine beste Freundin. Sie angefleht, mich hier rauszuholen. Schluchzend, dass ich hier keine Minute länger aushalten würde. Sie konnten mich nicht abholen. Sie können mich nicht abholen. Denn wegen Corona dürfte ich so schnell nicht wieder hier rein. Es werden keine neuen Patient*innen aufgenommen. Ohnehin mussten einige schon vorzeitig entlassen werden, weil eine Station dichtgemacht wurde. Die Suchtstation, umfunktioniert zu einer Intensivstation für mögliche Corona-Fälle. Es ist ungewiss, wie die Situation sich entwickelt. Und in anderen Krankenhäusern gibt es nicht genug Intensiv-Betten. Mehr müssen zur Verfügung gestellt werden. Die ersten Tage war ich ganz allein. Allein in mir. Ich konnte kaum sprechen. Gegessen wird auf dem Zimmer. Wegen Corona. Nur da wechselte ich ein paar Worte mit meiner Zimmernachbarin. Ein paar Worte, um das unangenehme Schweigen zu brechen. Bis ich mich getraut habe, mich mit anderen Patient*innen auszutauschen. Und spätestens bis sich der Lichtschalter in meinem Gehirn umgelegt hat. Aus dem Nichts heraus. Jetzt fühle ich mich wohl. Geborgen. Sicher. Wie wenn mir nichts passieren könnte. Wie wenn alles gut wird. Ich spüre Hoffnung. Licht. Das Ende des Elends. Ich fühle mich angenommen, akzeptiert. Ich muss mich nicht verstellen. Mich zurücknehmen. Das soll ich sogar gar nicht. Ich darf ich sein. Zu einer korrekten, bestmöglichen Diagnostik soll ich sogar ich sein. Und nicht jemand anderes. Nicht weniger, nicht mehr. Nicht besser, nicht schlechter. Ich darf ich sein. Ohne Vorurteile. Ohne Bewertung. Ohne Kommentare. Ohne Abwertung. Ich werde als Ich wahrgenommen. Als Person. Persönlichkeit. Und nicht nur als ein Teil oder eine Version von mir. Ich fühle mich nicht allein. Ich bin nicht allein. Sehr viel weniger allein als die Menschen da draußen. Hier können sie uns nicht so voneinander isolieren. Im Garten wurden Schilder aufgestellt. Mit einem Eisbär und einer Giraffe drauf. Und einem Zeichen, dass wir 1.5 Meter Mindestabstand halten sollen. Zueinander. Aber das ist schier unmöglich. Schon auf der Station schwierig. Im Zimmer. Im Garten, wenn es regnet. Da sammeln wir uns gemeinsam in dem gläsernen Pavillon. Dem Pavillon 7, wie wir ihn nennen. Es gibt zwar nur einen einzigen, aber den nennen wir Pavillon 7. Weil die Hausnummer der königlichen Psychiatrie, wie an der Pforte in einen Stein gemeißelt steht, die 7 ist. Ich fühle mich nicht allein. Nicht nur physisch, weil andere da sind. Weil andere nah sind. Vor allem psychisch, weil die anderen genauso bekloppt sind. Oder eben anders bekloppt. Aber irgendwie bekloppt. Nicht ganz dicht eben. Weil die anderen auch etwas mit sich tragen. Ein Päckchen mit sich zu tragen haben. Ob das nun groß oder klein ist. Und ob ihnen das nun von wem anders weitergegeben oder aufgedrückt wurde. Alle haben ein Päckchen dabei. Und diese Päckchen können sie zeigen. Vor den anderen öffnen. Wenn sie das möchten. Auspacken. Oder sie können es für sich behalten. Aber wir haben die

Sicherheit, dass wir alle ein Päckchen dabeihaben. Wir kennen vielleicht nicht den Inhalt von jedem, aber wir wissen: Sie sind da. Und sie verbinden uns. Sie haben Platz bei uns. Wir können die Päckchen nicht mehr irgendwo abstellen und stehen lassen. So wie viele von uns es gemacht haben und viele da draußen es immer noch machen. Wir sind hier, weil wir wissen, dass wir die Päckchen mit uns tragen müssen. Weil wir akzeptieren, dass sie da sind. Die Päckchen haben Platz. Obwohl wir dicht im Garten zusammensitzen. Den Abstand einzuhalten, ist oft sehr schwer. Wenn jemand gerade wirklich fertig ist, weint. Wenn jemand einen Nervenzusammenbruch bekommt, eine Panikattacke erleidet. Dann kann man den Abstand nicht mehr einhalten. Denn spätestens unser Leben und unser eigenes Leid hat uns Empathie gelehrt. Ich fühle Gemeinsamkeit. So oft habe ich schon gehört: Wir sitzen alle im gleichen Boot. So ein dämlicher Spruch. Aber hier, hier sitzen wir wirklich alle im gleichen Boot. Besser gesagt: im gleichen gläsernen Pavillon. Wir sind hier gemeinsam eingeschlossen. Ich spüre die Energie von jedem Einzelnen um mich herum. Positiv. Negativ. Hoffnung. Angst. Ich kann fühlen, wie es ihnen geht, was in ihnen vorgeht. Leid, ganz viel Leid. So wie ich es in meinem ganzen Leben nicht verspürt habe. Leben. Grenzenlos viel Leben. Leben in den Köpfen anderer. Rasende Gedanken. Spiralen, aus denen man nicht ausbrechen kann. Die man manchmal auch zulassen muss, aushalten muss. Aber hier müssen wir das nicht alleine. Wir hören einander zu, sind füreinander da. Geben einander Rat. Lebhafte Gespräche, Geschichten. Witz, Freude. Trauer, Tränen. Ich fühle mich so lebendig. Vollkommen. Angenommen. Akzeptiert. So wie nie zuvor. Wir sind hier gemeinsam eingeschlossen. In doppelter Quarantäne. Draußen herrscht Quarantäne und wir sind zudem eingeschlossen in der Klinik. Keiner darf raus und auch keiner rein. Teils wird sogar noch auf den Stationen Quarantäne verhängt. Wenn es einen Verdachtsfall auf der Station gibt. Dann darf auch die Station nicht mehr verlassen werden. Und der Verdachtsfall wird komplett isoliert. Wir sind zusammen eingesperrt.

Aber nie habe ich mich so gefühlt: FREI.

Von einem Engel gestreift

Der Arzt wirkte streng und unterkühlt, wie ein Richter beim Urteilsspruch über lebenslange Haft. Er bewegte kaum die Lippen, als er sprach: „Herr Kunz, Sie werden nie wieder ohne Gehhilfe laufen können, und am Ende brauchen Sie einen Rollstuhl." Aus dem Fenster des Sanitätswagens, der mich nach Hause brachte, sah ich die Gesunden auf dem Trottoir, im Park und in den Cafés und musste an Jimi Hendrix denken und seine Wahrheit: „Der Mensch ist dumm, er denkt nur an das, was er noch haben kann, nicht an das, was er bereits hat." Ich formte Hendrix' Wahrheit in meinem Kopf um und dachte: „Der Mensch erkennt den Wert seiner Gesundheit erst, wenn er sie verliert." Es tat mir weh, dass ich mein ganzes Leben nie meine Beine gelobt habe, weil sie mich wie selbstverständlich durch Büros und Karriere, durch Wälder, Irrpfade und Abwege, in die Sackgasse und wieder heraus, im Kreis herum und geradeaus getragen haben, selbstlos, wie stumme und loyale Diener, die keinen Befehl verweigern und niemals Lohn verlangen.

Vor dem Haus, in dem ich wohnte, stieg ich mithilfe der Sanitäter aus dem Wagen. Mein Nachbar kam gerade aus der Haustür und sagte verblüfft mit offenem Mund als er mich sah: „Ja, das ist bitter!" Ich dachte: ‚Empathie und Einfühlsamkeit gibt es wohl erst ab einem IQ von über 140 Punkten.'

In meiner Wohnung war ich allein. Ich probte und testete alle alltäglichen Verrichtungen mit meiner neu gewonnenen psychischen Gabe. Ins Bett und wieder heraus. Jede Selbstständigkeit ist Gold wert. Kochen. Der Briefkasten. Beim Duschen überlegte ich, ob mich jemals wieder eine Frau attraktiv finden würde mit meinen Krücken. Dieser Gedanke manifestierte sich in meinem Denken, sodass er mich den gesamten Tag nicht mehr richtig in Ruhe ließ.

Ich landete im Internet auf dem Portal: „Ich möchte jetzt verliebt sein! Und zwar richtig!" Ich sah mir die Bilder der Frauen in der üppigen Auslage an und las ihre Selbstbeschreibungen. Nach der zwanzigsten Frau fühlte ich mich wie ein Kuhhändler, der mit fragwürdigen Mitteln auf dem Markt das Gebiss der Kühe prüft für den potentiellen Einkauf. Ein Geschöpf nach dem andern. Ich überlegte bei meiner kalten Auswahltätigkeit: ‚Wo ist der Duft dieser Frauen? Der Klang ihrer Stimmen? Der Humor? Die liebenswerte Eigenheit? Der kleine und verzaubernde entscheidende Fehler? Das Individuelle? Die Art und Weise, wie sie sich bewegen? Der Geist?' Ich mochte Frauen nicht wie Geschöpfe auf dem Markt bei dünnem, amourösem Marketing und geringster Information vergleichen und ersteigern. So scheiterte bald mein virtueller Versuch der Kontaktaufnahme zum schönen Geschlecht, anonym und hoch romantisch durch die WLAN Dose. ‚Und darf man in der Liebe noch anspruchsvoll sein, wenn man behindert ist? Oder muss man beginnen und lernen, Kompromisse zu lieben?', fragte ich mich. Zudem konnte ich mich nicht entscheiden, ob ich dort im Netz mein Handicap erwähnen muss oder nicht. Aus Furcht, abgelehnt zu werden bei Dingen, die ich weder ändern kann noch selbst verschuldet habe. Ich hatte nicht den Mut, mit meinen Unzulänglichkeiten vor einem unbekannten Publikum in einem Internetkabel aufzutreten.

Es wurde Zeit für die Präsentation meiner Krücken in der Öffentlichkeit. Auf der Straße ging es ganz gut, nur innerlich war ich so groß wie eine Maus. Wahrscheinlich spürte ich unangenehm einhundert Blicke auf mir und auf meinem Handicap,

Blicke, die es wahrscheinlich gar nicht gab. Ich dachte, es ist dumm, dass man neben der Behinderung sich zusätzlich Gedanken machen muss, was die Menschen über einen denken. Ich begegnete Menschen, die aufrichtiges Mitgefühl in den Augen hatten, als sie mich sahen. Andere, denen ich früher auf irgendeine Weise Leid zugefügt hatte oder die mich früher aus irgendeinem Grund beneidet hatten, sahen mich mit offener Genugtuung an, als hätten sie schon lange auf diesen Moment gewartet. Als hätte ich mein Missgeschick verdient.

Ich setzte mich in die Sonne in ein Café und instinktiv versteckte ich meine Krücken unter dem Tisch, sodass man sie nicht sehen konnte. Die Zeitung lag angelesen auf dem Tisch und ich begann zu blättern. Ich landete auf der Seite der Kontaktanzeigen. Ich bekam wieder das Kuhmarktgefühl, weil ich es unnatürlich fand, verliebte Leidenschaft in den dünnen Recyclingblättern der Süddeutschen Zeitung finden zu wollen, und war schon dabei, die Zeitung wegzulegen. Mein Blick blieb bei meinem augenblicklich erhöhten Herzschlag an einem Anzeigentext hängen: „Frau sucht behinderten Mann für eine nicht oberflächliche, ernste und langfristige Beziehung. Hinterlassen Sie bitte eine Nachricht. Chiffre Code."

Zu Hause war ich sogleich am Schreibtisch. Ich war aufgeregt, denn die Frau schien mir ein Rätsel und ein Wunder zu sein. Wieso favorisierte sie behinderte Männer, wenn sie doch gesunde haben konnte?

Ich formulierte viel zu geschwollen den Brief an sie: „Liebes Mysterium, ich hatte die Ehre, Ihre Nachricht aus den Zeilen der Zeitung für mein angenehm überraschtes Auge zu gewinnen. Ohne prahlen zu wollen, möchte ich Ihnen mitteilen, dass ich über den großen Vorteil einer noch frischen Behinderung verfüge, die mich wohl meine gesamte Zeit auf diesem Planeten nie wieder verlassen wird. Allein durch diesen Vorzug, den mir unverhofft die Natur geschenkt hat, ist es mir ermöglicht, vielleicht Kontakt zu Ihnen zu haben und erfolgreicher Bewerber zum Zugang Ihres Herzens zu sein. Dem Einschreiten möglicher Konkurrenten in dieser wichtigen Liebesangelegenheit sehe ich mit großer Ruhe und kaltem Blute entgegen, denn ich kann zwar nicht laufen, dafür aber kämpfen, stolz wie der nicht verletzbare Achilles, der Leichtfüßige."

Ich schickte meine Nachricht an die Redaktion der Zeitung mit Unterschrift, Herr Kunz, an die angegebene Chiffre Nummer. Auch meine Telefonnummer angegeben und meine Postadresse hatte ich angegeben. Die Zeitung leitete meine Worte an sie weiter.

Es begann das Warten und das war schlimm. Meine Konzentration war wie feiner, trockener Sand, der durch die Finger rinnt und flieht und fällt, hinab auf noch sehr viel mehr Sand. Jeder Gedanke, den ich dachte, war eine Zeichnung, ein Wort, flüchtig geschrieben in die Brandung und mit der nächsten Welle fortgespült. Ich war um Jahre verjüngt und zurückversetzt in das Gemüt eines törichten Teenagers. ‚Vielleicht hat sie ja viele Männer zur Auswahl mit ihrer Anzeige und meine Bekanntschaft mit ihr ist so wahrscheinlich wie ein Royal Flash im Poker?' ‚Vielleicht hat sie es sich anders überlegt und will lieber einen gesunden Mann, der laufen kann? Das wäre ja natürlich und normal!' ‚Vielleicht schreibt sie niemals zurück wegen meiner dämlichen Wortwahl aus einem völlig falschen Jahrhundert?' Wenn sich Fragen im Kopf sinnlos im Kreise drehen und dabei keine Chance haben, eine Antwort zu finden, sollte man kalt duschen oder sich mit der eigenen Hand zwei Ohrfeigen geben, bis man aufwacht. Ich tat beides und überließ die weiteren Wege meiner drängenden Herzensangelegenheiten erleichtert für eine Weile dem Schicksal.

In der Zeit des Wartens hörte ich manchmal erwartungsvoll das Telefon klingeln, und als ich den Apparat prüfte, war er vollkommen stumm. Ich hörte den Postboten im Treppenhaus, und als ich hinausging, um nachzusehen, war ich völlig allein. Irgendwann dachte ich: ,Neben meinen Beinen hat es jetzt wohl auch meinen Verstand erwischt.' Ich dachte: ,Großartig, jetzt hält mich selbst mein eigener Kopf zum Narren und benötigt Krücken zum vernünftigen Denken.'

Das Klopfen an meiner Wohnungstür eines Abends war deutlich keine Halluzination und beim hektischen Aufstehen vergaß ich, dass ich jetzt Gehilfen brauchte, wenn ich mich fortbewegen wollte. Ich fiel nach vorne um wie ein Brett und schlug auf wie ein Balken, stieß mir die Nase am Boden und brauchte eine ganze Weile, um wieder hochzukommen, diesmal nach medizinischer Vorschrift weise meine Krücken anzuwenden. Es klopfte nochmal. In mir klopfte ein Herz.

Ich öffnete die Tür und da stand sie mit frech glänzenden Augen und einem bezaubernden Lächeln. Sie verwendete die Höflichkeitsform: „Guten Tag. Was ich Ihnen zu sagen habe, passt nicht in ein Telefon. Ebenso wenig wie in einen Brief. Ich muss es Ihnen persönlich sagen. Es liegt mir fern, Sie zu überrumpeln, Herr Kunz, aber ich habe eine Flasche guten Rotwein. Und wenn Sie nichts anderes vorhaben, dann können wir doch zusammen gehaltvoll plaudern."

Ich bat sie in die Küche und musste mir eingestehen, dass jähes Glück gepaart mit unverhoffter, frisch geborener Euphorie durchaus einen Schockzustand erzeugen kann. Ich fiel, diesmal mit Krücken, quer auf die Küchendielen. Sie half mir auf und wir waren uns für einen Augenblick nah. Sie sagte tadelnd:

„Mit den Gehhilfen sollten Sie noch etwas üben, Herr freundlich Kunz." Ich sagte: „Ich habe leider keine Weingläser." Sie
entgegnete: „Dann nehmen wir Ihre Zahnbürstenbecher. Die
tun's auch!"
Wir saßen am Küchentisch und der Wein gab uns bald warme
und rote Wangen. Ich kehrte mit meinem Blick, der oft zum
Schein abschweifte, immer wieder zu ihrem Gesicht zurück, als
gäbe es bei jedem Anlauf meiner Augen noch einmal etwas
Neues und Schönes zu entdecken. Sie nahm mir meine Frage
vorweg: „Herr Kunz, Sie wollen sicher wissen, warum ich behinderte Männer für eine Beziehung bevorzuge? Es gibt zwei
Gründe dafür: Zum einen liegt das in meinem Wesen. Ich bin
mit Leib und Seele Krankenschwester und für mich ist ein
Mensch nicht weniger wert, wenn er eine Schwäche hat. Zum
Zweiten habe ich gelernt, dass behinderte Menschen durch die
Auseinandersetzung mit ihrer Behinderung einfühlsamer,
sensibler, selbstreflektierter, empathischer, zärtlicher, tief-
gründiger und treuer sind als gewöhnliche Menschen. Sie sind
auch dankbarer für die Liebe, die man ihnen schenkt. Ich mag
Oberflächlichkeiten nicht. Am Theater interessiert mich am
wenigsten die Bühne. Ich liebe es, hinter den Kulissen zu sein,
bei den Schminktischen, den Stapeln alter Kostüme und Büh-
nenkleidern, dem Ort, an dem die Hauptdarsteller nervös und
ohne Publikum ihre Texte üben für die Aufführung, im ehrli-
chen Lampenfieber. Die Bühne selbst ist nur Schein und Schau-
spiel, einstudiert und auswendig gelernt und jeder kann sie sehen, der Augen hat. Ich mag die verborgenen Dinge, die man
erst ausgraben und aufspüren muss."
Als sie sprach, sah ich wohl hundertmal auf ihre Lippen und
fünfhundertmal in ihre Augen. Als sie mit beiden Händen ihre
dunklen langen Haare hinter dem Kopf ordnete, sah ich ihre

Achseln und den schönen schlanken Hals mit den wohlgeformten kleinen Ohren. Trotzdem waren es ihre Stimme und ihre Rede, die dominierten. Theater, Oberfläche, Schein und Sein, Behinderte mit einer tieferen Gabe des Gemüts ... Ich ließ ihre Worte wirken und lächelte sie an, lautlos fragend, ob sie noch etwas sagen wollte. Sie sah mich ebenso an, als wollte sie wissen, ob ich noch im Raum war und ihren Worten folgen konnte. Sie schien befriedigt von meiner Reaktion, die sie von meinem Gesicht ablas, und sprach weiter: „Die sogenannten Gesunden haben oftmals auch Behinderungen. Sie werden nur nicht als solche erkannt. Viele Menschen leiden an einem Übermaß von Neid, Geiz, Habgier, übertriebener Eifersucht, Maßlosigkeit, Selbstsucht, Geltungsdrang und -zwang, Hochmut und so weiter. Sie kommen dafür selten zur Therapie in die Klinik, obwohl sie vielleicht mehr Grund dafür haben als mancher Patient, der bei uns in den Betten liegt. In der Klinik gibt es keine letzte Stufe in den tiefen und dunklen Keller des Leids. Es geht immer noch tiefer. Wenn man in der Klinik glaubt, man hätte das größtmögliche Leid gefunden, dann kommt bald ein nächster Patient, der noch gravierender leiden muss. Im Leben mancher sogenannten gesunden Menschen in der freien Gesellschaft ist es wohl ähnlich. Eben versteckter, weil es für die einschränkende Eigenschaft keine wirkliche Diagnose in Büchern der Doktoren gibt."

Sie sah mich wieder an mit ihren neugierigen und frechen Augen und ich wollte sie berühren und legte meine flache Hand auf ihre kleine Hand, die schon eine ganze Weile tatenlos auf dem Tisch lag. Ich dachte, sie würde sie vielleicht wegziehen bei meiner Berührung, aber ihre Hand blieb bewegungslos und warm in meiner Hand.

Wir sprachen über lange Augenblicke nichts. Wir waren nur zwei Menschen, neu zusammen in einem Raum, die ihr neues und verwirrendes Glück stumm und drängend im Innern trugen, verborgen für die ganze Welt. Ihr schöner Kopf hatte wieder eine Idee und einen Gedanken geformt. Sie sprach: „Mit der sinnlichen Liebe ist es wie mit einem sehr guten Wein. Je länger er im Keller lagert, umso besser wird er. Wenn man den Wein zu früh trinkt, dann schmeckt er nicht und verdirbt den späteren Wohlgenuss. Wenn man die Liebe übereilt, ist es, als würde man bei einem köstlichen Fünf-Gänge-Menü die Nachspeise, das Dessert, als Erstes genießen. Der süße Geschmack der Nachspeise lähmt die Geschmacksnerven der Zunge, sodass man nach dem Dessert alle Gänge des Dinners nicht mehr richtig schmecken und genießen kann. Man sollte das Schönste nicht vorwegnehmen. Auch, wenn es wehtut. Die große Kunst ist: Den Saft mit dem edelsten Geschmack der Welt auf der Zunge und im ganzen Mund schmecken. Und nicht schlucken. So lange wie möglich widerstehen, bis es nicht mehr anders geht." Kurzes Schweigen.

„Und deshalb verlasse ich dich jetzt, lieber Herr Kunz. Und noch ein professioneller Rat der begabten Krankenschwester: Freue dich über das, was du noch kannst. Und weine nicht zu lange über das, was du verloren hast. Weil das Weinen über unveränderbare Dinge wertvolle Zeit stiehlt und das Verlorene künstlich größer macht, als es in Wirklichkeit ist. Die Folge von andauerndem Selbstmitleid ist Verbitterung. Und ich will, dass du fröhlich bleibst, Herr Kunz."

Sie stand elegant auf und mir war so, als würde sie den Raum schwebend verlassen, wie ein Engel mit unsichtbaren Flügeln. Es gab kein Geräusch, als sie meine Wohnungstür von außen schloss. Sie ließ mich zurück mit mächtigen und widerstrebenden Gefühlen und ihrem unauffälligen und betörenden Duft. Es schmerzte mich, dass sie fort war. Zugleich fühlte ich das größte Glück, hoffen zu dürfen, dass sie wiederkam.